FANGZHI ZHENDUI ERTONG DE
JIATING BAOLI
FALÜ YU SHIWU

防治针对儿童的
家庭暴力
法律与实务

张柳　朱琛　刘西重／著

知识产权出版社
全国百佳图书出版单位

图书在版编目（CIP）数据

防治针对儿童的家庭暴力法律与实务/张柳，朱琛，刘西重著. —北京：知识产权出版社，2019.7

ISBN 978 – 7 –5130 –6349 –4

Ⅰ.①防… Ⅱ.①张… ②朱… ③刘… Ⅲ.①家庭问题—暴力—妇女儿童权益保护—基本知识—中国 Ⅳ.①D923.904②D922.74

中国版本图书馆 CIP 数据核字（2019）第 131314 号

内容提要

一个国家的进步可以通过它对儿童权利的保护程度来衡量。对遭受家庭暴力的儿童采取必要措施，是全世界各国的普遍做法。父母是儿童的首要职责主体，政府是儿童最终的保护主体。本书系统梳理了我国防治针对儿童的家庭暴力法律政策体系，针对社会组织和社区工作者开展相关服务提供了操作性较强的工具和流程。

责任编辑： 石红华	**责任校对：** 王　岩
封面设计： 张　冀	**责任印制：** 孙婷婷

防治针对儿童的家庭暴力法律与实务

张　柳　朱　琛　刘西重　著

出版发行：知识产权出版社有限责任公司	网　　址：http：//www.ipph.cn
社　　址：北京市海淀区气象路 50 号院	邮　　编：100081
责编电话：010 – 82000860 转 8130	责编邮箱：shihonghua@ sina.com
发行电话：010 – 82000860 转 8101/8102	发行传真：010 – 82000893/82005070/82000270
印　　刷：北京虎彩文化传播有限公司	经　　销：各大网上书店、新华书店及相关专业书店
开　　本：787mm×1092mm　1/16	印　　张：15
版　　次：2019 年 7 月第 1 版	印　　次：2019 年 7 月第 1 次印刷
字　　数：267 千字	定　　价：58.00 元
ISBN 978-7-5130-6349-4	

前 言

近些年来，我国儿童遭受家庭暴力案例时有发生并见诸报端，体罚儿童甚至更严重的暴力行为仍然是很多家庭教育儿童的一种手段。受到"不打不成材""棍棒之下出孝子"的传统观念的影响，父母打骂子女如果没有造成严重伤害则不会受到追究。社会大众，甚至相关部门执法人员对儿童遭受家庭暴力问题往往采取包容或习以为常的态度，人们一般认为管教孩子是家庭内部事务，外人不便干预，大部分时候没有人或组织进行报告和干预。

一个国家的进步可以通过它对儿童权利的保护程度来衡量。对遭受家庭暴力的儿童采取必要措施，是全世界各国的普遍做法。父母是儿童的首要职责主体，政府是儿童最终的保护主体。以儿童为中心，政府和监护人分别履行相应的职责，保障儿童的健康成长。当针对儿童的家庭暴力发生时，国家需要通过一系列措施和程序制度对监护进行干预，必要情况下直接承担监护职责，保障儿童的安全，避免由于监护人的问题而使得儿童受到伤害或者出现监护空缺的状态。

本书系统梳理了我国防治针对儿童的家庭暴力法律政策体系，针对社会组织和社区工作者开展相关服务提供了操作性强的工具和流程。

全书共分为三部分。

第一部分，系统梳理了目前我国防治儿童家庭暴力制度体系建设方面的主要进展和实务保护工作面临的基本挑战。一段时间里，我国儿童保护制度严重滞后于经济发展水平，对遭受家庭侵害儿童的处于无监管、无干预状态。2014年以来，政府在防治针对儿童的家庭暴力立法和政策推进方面的进程不断加快，儿童保护的法制建设进入了一个新阶段，保障儿童权利是全社会共同责任的社会共识已经达成，司法实践取得实质性进展。

第二部分，基于世界宣明会－中国应用由世界卫生组织等开发的"启发：消除针对儿童的暴力行为的七项策略"（INSPIRE）在中国的实践，探索如何将此策略框架应用于防治家暴的实务操作，特别是预防性的服务中来。使用对象可以是社会组织及其工作人员，也可以是学校老师、儿童福利主任等。

第三部分，为儿童遭受家庭暴力个案工作提供一个标准化流程，以供儿童保护工作者参考使用。实务工作者面对的个案千差万别，应根据实际情况提供个别化的服务。

本书是北京师范大学中国公益研究院、世界宣明会－中国、深圳市鹏星家庭暴力防护中心与挪威奥斯陆大学法学院人权中心合作项目的研究成果，在此感谢奥斯陆大学法学院人权中心的王羿女士为本书付出的辛苦与努力！

本书由知识产权出版社出版发行，在此感谢石红华编辑的辛苦工作！

本书写作分工如下：

第一部分　张柳

第二部分　主要由世界宣明会－中国工作人员协作整理编写。朱琛完成第三章和第四章第五、六、八部分以及统稿，麦泳恩完成第四章第一部分，梁靖贤完成第四章第二部分，第四章第七部分由王芳完成。另外，香港中文大学社会福利博士研究生（在读）董镭完成第四章第三、四部分并提出宝贵的修订意见。

第三部分　刘西重

附录　秦睿　曹越

全书由张柳负责统稿。

编者

2019 年 5 月

目　录

第三部分　防治儿童家庭暴力个案管理

第一部分

中国防治儿童家庭暴力制度系统构建

第一章 中国防治儿童 家庭暴力的主要进展

预防和治理儿童遭受家庭暴力事件的发生，是国家与社会必须担负起的职责。针对儿童的家庭暴力和其他暴力一样，是侵犯公民基本人权的违法行为，对于个人、家庭及社会等各方面都会产生严重的负面影响。在我国，家庭暴力更是一个不容忽视的社会问题。长期以来，人们普遍认为管教子女是父母的责任，其他人无权干涉，直到家庭暴力案件中的儿童发生十分严重的伤亡后果，才引起相关部门的介入和社会公众的关注。

建立儿童❶保护制度，对遭受家庭暴力的儿童采取必要措施，是全世界各国的普遍做法。长期以来，我国儿童保护制度严重滞后于经济发展水平，对遭受家庭侵害儿童的无监管、无干预，形成了我国儿童保护制度体系的巨大盲区。2016 年以前，关于监护干预制度的法律规定主要有两部，即 1987 年施行的《中华人民共和国民法通则》，以及 2006 年修订的《中华人民共和国未成年人保护法》。尽管法律规定了在父母不履行监护职责时，可以由父母所在单位、居委会或村委会、民政部门等担任监护人，但由于强制报告制度缺位、提起此类诉讼的原告资格规定不明、撤销资格的前提条件缺乏可操作性，以及撤销资格之后的安置制度不健全等一系列制度原因，导致在父母虐待、忽视儿童的恶性案件中，司法机关和政府无法进行有效介入与及时干预，实践中鲜有因实施家庭暴力而追究儿童父母责任、由国家监护的成功司法案例。

我国正进入儿童福利制度建设的关键时期，妇联、民政等政府部门统筹下

---

❶ 本书中所使用的儿童，是国家法律确认的定义。我国的法律中一般不使用"儿童"一词，而是使用"未成年人"。《中华人民共和国未成年人保护法》规定，未成年人是指未满十八周岁的公民。我国签署的联合国《儿童权利公约》也规定，儿童是指未满十八周岁的人。本书中，儿童的概念，与联合国《儿童权利公约》和《未成年人保护法》界定的概念是一致的，指不满十八周岁的公民。没有特殊说明时，在本书中，儿童和未成年人是通用的，根据不同情况的使用习惯，采用不同的称谓，但所指对象是完全一致的。

的儿童权利保障制度建设得到快速推进。2008 年，全国妇联、中宣部、最高人民检察院、公安部、民政部、司法部、卫生部联合下发了《关于预防和制止家庭暴力对若干意见》。2013 年 5 月，民政部要求在全国 20 个城市开展儿童保护试点，同年 8 月，北京率先出台试点办法，建立基于社区的儿童保护体系，将未成年人监护权的监管、转移和接续列为重点内容。2014 年，最高人民法院、最高人民检察院、公安部、民政部联合印发《关于依法处理监护人侵害未成年人权益行为若干问题的意见》，针对我国日益突出的儿童遭受家庭监护侵害后发现难、起诉难、审理难、安置难等实际问题，对处理儿童监护案件作出了具体规定，明确了行政机关、司法机关的工作程序和内容。2015 年年底，出台了我国第一部反家庭暴力法，即《中华人民共和国反家庭暴力法》，对遭受家庭暴力的儿童给予特殊保护。

本章立足于目前防治儿童家庭暴力的法律规定和工作措施，分别从问题概况、法律法规、机构与机制、司法实践、社会服务等方面，对我国目前防治针对儿童的家庭暴力现状予以梳理。

一、针对儿童的家庭暴力问题

从我国人口规模来看，尽管总人口逐年增加，但儿童人口规模和占总人口的比重自 1982 年以来不断减少，2010 年至 2015 年间虽略有下降但保持相对稳定。2015 年，中国 0～17 岁儿童人口 2.71 亿人，儿童人口占中国总人口的 20%，占世界儿童人口总数的 13%，儿童人口位居世界第二。

从分地区来看，70% 的儿童人口集中在东部和中部地区。2015 年全国 1% 人口抽样调查结果显示，河南儿童人口最多，为 2401 万人；西藏儿童人口最少，仅 91 万人。虽然西部地区儿童人口规模相对较小，但儿童人口占总人口的比重达到 22%，高于东部地区（18%）和中部地区（21%）。

中国出生人口数呈现出长期下降但有波动的变化趋势，体现了不同时期计划生育政策调整的效果。20 世纪 80 年代中期，出现过一个出生人口的小高峰。2014 年开始，中国政府相继实施"单独两孩"和"全面两孩"政策，2016 年出生人口达到 1786 万人，成为 2000 年以来出生人口规模最高的年份。2017 年中国出生人口 1723 万人，虽比 2016 年小幅减少，但仍明显高于 2011—2015 年"十二五"时期年均出生 1644 万人的水平，是 2000 年以来历史第二高值，"全面两孩"政策效果显现（见图 1-1 至图 1-3）。

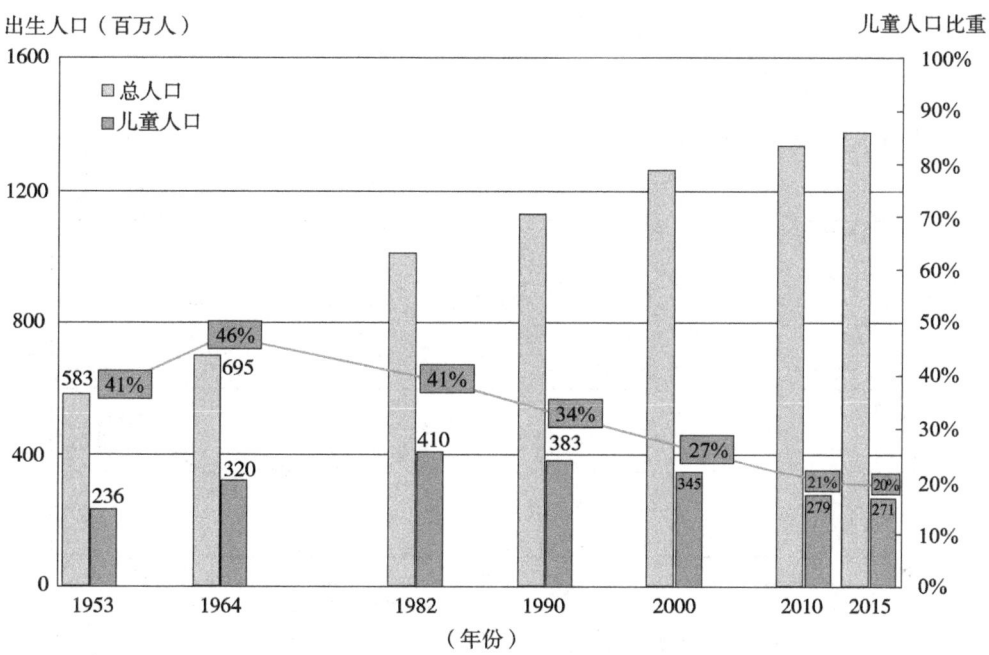

图1-1　全国总人口与儿童人口（1953—2015年）

资料来源：《中国儿童发展指标图集（2018）》。

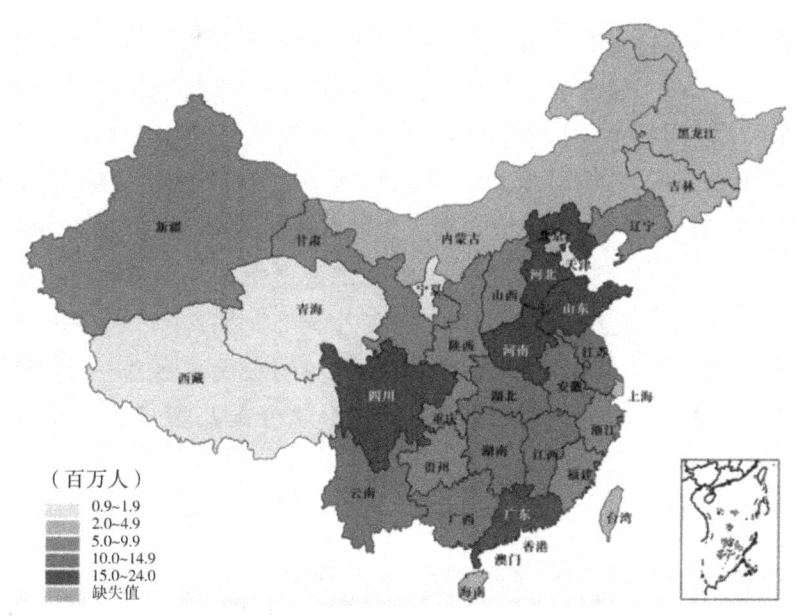

图1-2　分地区儿童人口（2015年）

资料来源：《中国儿童发展指标图集（2018）》。

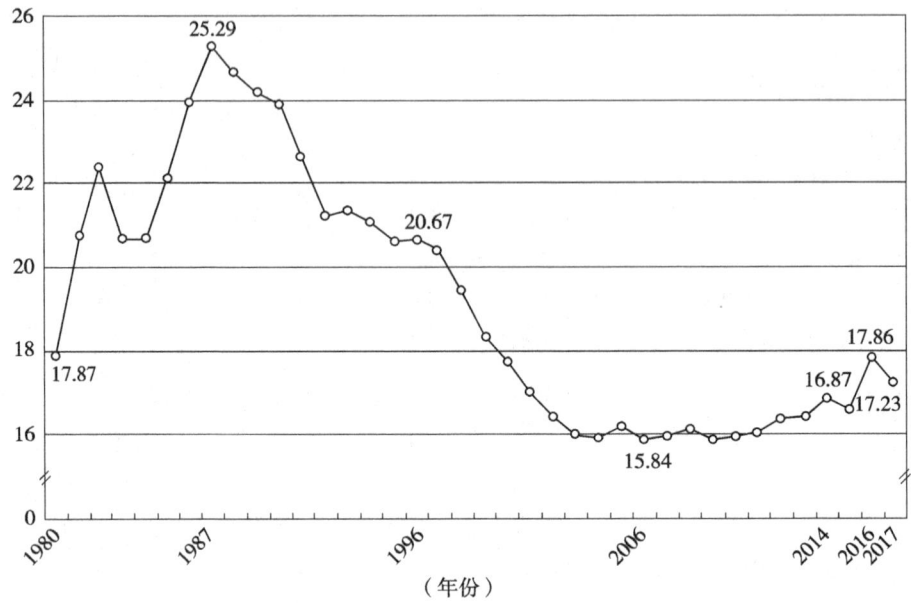

图 1 - 3　出生人口数（1980—2017 年）

资料来源：《中国儿童发展指标图集（2018）》。

我国目前虽然还没有全国性的儿童遭受家庭暴力数据，但是就现有部分地区的调查可以推测，我国的儿童虐待比例较高，而且乡村发生率高于城市。有研究发现，大约有1/3的儿童被家长体罚过，每10个人中有1人童年时代经历过5~6种暴力行为。[1][2] 2012 年对全国 12 个省 24 个城市 7398 名中小学生的调查显示中国城市中小学生忽视度、忽视率分别为 45.34% 和 28.4%。[3]

中国每年有超过 1000 万名 0～17 岁儿童遭受伤害，其中约有超过 6 万名死于伤害。《中国儿童发展纲要（2011—2020 年）》把 0～17 岁儿童伤害死亡率以 2010 年为基数下降 1/6 作为儿童健康领域的主要目标之一。根据国务院妇女儿童工作委员会办公室、国家统计局、联合国儿童基金会联合发布的

---

[1] 《家庭暴力白皮书》：每 5 个人里，就有 1 个遭受过暴力，https://zhidao.baidu.com/daily/view?id=155805。

[2] 陈京奇：《简要报告：中国儿童暴力状况研究》，2005 年。

[3] 建平，张华，王飞，李敏，曹春红，罗莎莎，张松杰，陈晶琦，张慧颖，王桂香，郭蔚蔚，彭玉林，石淑华，陈光虎，弋花妮，傅平，夏黎，古桂雄，俞红，陆彪，段志娴，王应雄，钟朝晖，李建，王琳：《中国城市中小学生忽视状况分析》，中国学校卫生 2012 年版，第 385—387 页。

《中国儿童发展指标图集（2018）》数据显示，溺水、道路交通事故、跌落和中毒是比较常见的儿童致死性伤害原因，其他原因还包括烧烫伤、自杀、暴力、窒息、锐器伤等。不同伤害类型在各年龄段顺位有所不同，2014 年，溺水是1～14 岁儿童第一位伤害死因，道路交通伤害是 15～17 岁儿童第一位伤害死因，暴力伤害占到 1.6%。❶

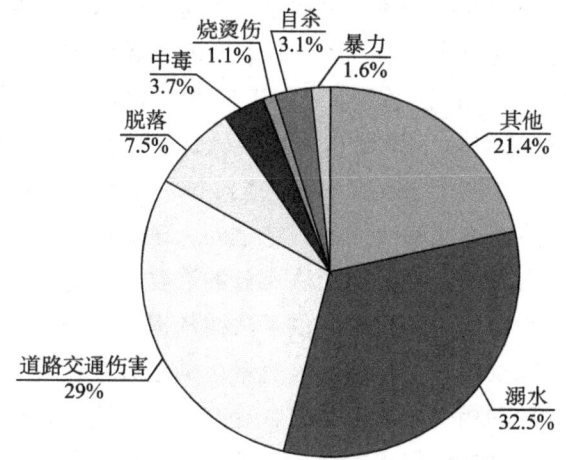

图 1-4　0～17 岁儿童伤害致死的主要原因（2014 年）

资料来源：《中国儿童发展指标图集（2018）》。

　　家庭暴力的危害是全方位的，不仅是对受害妇女、儿童、老年人人权的侵犯，还对社会治安造成直接或潜在危害，是导致刑事案件发生的重要原因之一。儿童遭受家庭暴力和目睹家庭暴力，其身体和心理将造成巨大伤害，容易导致儿童自卑、消极、孤僻、冷漠、残忍等一系列性格和人格缺失，成年后将成为社会的不稳定因素。家庭暴力还极大地增加了其他社会成本，包括：增加了与暴力受害人相关的直接服务成本；增加了雇用和生产损失带来的间接成本；增加了对目睹暴力儿童进行心理辅导、救助的成本；增加了社会不稳定因素，维护社会安定局面的成本增加。

---

　　❶ 国务院妇女儿童工作委员会办公室、国家统计局、联合国儿童基金会：《中国儿童发展指标图集（2018）》。

二、防治儿童家庭暴力的法律法规与政策体系

随着经济的快速发展，政府在保护儿童权利立法和政策推进方面的进程也不断加快，儿童保护的法制建设进入了一个新阶段。保障儿童权利是全社会共同的责任，与儿童权利保护相关的法律与政策是一个综合体系，涉及国家不同层级、不同部门之间的决策和分工。《中华人民共和国宪法》（以下简称《宪法》）、《中华人民共和国民法总则》（以下简称《民法总则》）、《中华人民共和国未成年人保护法》（以下简称《未成年人保护法》）、《中华人民共和国反家庭暴力法》（以下简称《反家庭暴力法》）等一系列的法律中，均对儿童权利作出具体规定。除了宪法和法律的规定之外，政府还有专门的政策文件。最高人民法院、最高人民检察院根据司法实务的需要，制定了诸多涉及未成年人权益的司法解释，为地方司法保护提供了法律依据。国务院及其组成部委的行政法规、部门规章以及各省、自治区、直辖市的地方性法规、地方规章均有涉及未成年人社会保护的相关内容。总之，这些法律、法规、规章以及一般规范性文件共同构成了儿童权利保护的法律框架，进而形成了防治儿童家庭暴力的法律法规与政策体系。

（一）《宪法》对防治儿童家庭暴力的规定

宪法是国家的根本法，我国《宪法》明确规定了儿童享有免受暴力的权利。《宪法》第46条和第49条规定了儿童在政治、经济、文化、社会和家庭方面的权利和对儿童实行特殊保护的基本原则，规定了儿童享有免受虐待的权利，以及儿童享有受保护的权利。

> **第四十六条** 中华人民共和国公民有受教育的权利和义务。
> 国家培养青年、少年、儿童在品德、智力、体质等方面全面发展。
> **第四十九条** 婚姻、家庭、母亲和儿童受国家的保护。
> 夫妻双方有实行计划生育的义务。
> 父母有抚养教育未成年子女的义务，成年子女有赡养扶助父母的义务。
> 禁止破坏婚姻自由，禁止虐待老人、妇女和儿童。

（二）《反家庭暴力法》对儿童权利的保护

我国出台首部反家暴法加强儿童群体特殊保护。2015 年 12 月，全国人大常委会表决通过了《反家庭暴力法》，这是我国第一部反家暴法，于 2016 年 3 月 1 日起实施。该法对家庭暴力的定义、预防、处置、人身安全保护令和法律责任作出规定，强调"国家禁止任何形式的家庭暴力"，并对遭受家庭暴力的儿童、孕期和哺乳期妇女等特殊群体，法律给予特殊保护。

> **第五条**　反家庭暴力工作遵循预防为主，教育、矫治与惩处相结合原则。
>
> 反家庭暴力工作应当尊重受害人真实意愿，保护当事人隐私。
>
> 未成年人、老年人、残疾人、孕期和哺乳期的妇女、重病患者遭受家庭暴力的，应当给予特殊保护。

《反家庭暴力法》专门针对儿童的权利保护，规定了强制报告制度、紧急安置制度、撤销监护人资格制度、人身安全保护令制度，构建保护儿童等受害人的制度体系。同时，《反家庭暴力法》在受害人法律援助制度、公安机关处置制度、学校幼儿园开展反家庭暴力教育内容、引入受害工作服务机构开展预防救助服务工作等方面都有新的突破和探索。❶

《反家庭暴力法》首次明确家庭暴力的范畴。家庭暴力的范畴首次以法律形式明确，"家庭成员之间以殴打、捆绑、残害、限制人身自由以及经常性谩骂、恐吓等方式实施的身体、精神等侵害行为"均属家庭暴力。同时还规定："家庭成员以外共同生活的人之间实施的暴力行为，参照本法规定执行。"这意味着有同居关系的人之间发生的暴力也被纳入家庭暴力，受法律约束。

《反家庭暴力法》明确规定个人和单位可劝阻家暴。家暴受害人及其法定代理人、近亲属可以自主投诉、反映、求助、报案、起诉。此外，"单位、个人发现正在发生的家庭暴力行为，可以及时劝阻"。然而，这一行为并未规定具体内容和相应法律责任，且以"正在进行""及时""可以"等措辞限定，其法律强制性十分模糊。

---

❶　国务院妇女儿童工作委员会办公室主编：《儿童权利保护辅导读本》，中国妇女出版社 2018 年版，第 40 页。

《反家庭暴力法》明确了特殊人群保护责任主体与强制报告义务。法律明确了对无民事行为能力人、限制民事行为能力人的保护措施。当发现这类人群遭受或疑似遭受家庭暴力时，学校、幼儿园、居民委员会、村民委员会、社会工作服务机构、救助管理机构、福利机构及其工作人员有强制报告义务，应当及时向公安机关报案。未按规定报案，造成严重后果的，机构直接负责的主管人员和其他直接责任人员将受到处分。

《反家庭暴力法》的出台，彰显了国家保障妇女儿童的合法权益。经过二十年来国家立法层面的不断努力和地方层面的探索，我国终于出台了反家庭暴力专项立法，逐步完善防治家庭暴力制度，特别注重儿童合法权益的司法保障，是反家庭暴力国家责任的体现。

从国家立法进程上看，关于反家庭暴力最早的立法动议在 1995 年，联合国第四次世界妇女大会在北京召开，家庭暴力概念被首次引入，当时这一议题仅关注到了女性遭受家暴的问题，但因社会普遍对公权力干预"私事"的反对声较大，动议被搁置。2001 年婚姻法修改，2005 年妇女权益保障法修改，均加入了禁止家庭暴力的规定。2008 年，七部委针对预防和制止家暴联合下发意见。2008 年起，连续 6 年两会期间有代表和委员提出反家庭暴力法建议。2011 年，全国人大法工委社会法室开展反家庭暴力立法调研。2012 年全国人大常委会首次将制定反家庭暴力法纳入年度立法计划。2014 年，反家暴法被纳入全国人大立法规划。2015 年，十二届全国人大常委会第十六次会议审议反家庭暴力法草案。

从地方司法实践的探索来看，2000 年，湖南人大常委会通过了关于反家庭暴力的决议，成为我国第一个地方反家庭暴力法令。2008 年，江苏无锡崇安法院颁发了中国大陆第一份人身保护令。2012 年后，湖南、江苏、重庆等地的高级人民法院相继针对"人身安全保护裁定"出台专门文件。截至 2015 年年底，全国 29 个省（区、市）有反家暴的专门立法或多机构的专门文件，为推进全国的反家庭暴力工作提供了良好的实践探索和经验借鉴。

（三）《刑法》对防治儿童家庭暴力的规定

2015 年 8 月，十二届全国人大常委会通过《中华人民共和国刑法修正案（九）》（以下简称《刑法修正案（九）》）。废除了久受社会诟病的嫖宿幼女罪；完善了虐待罪，规定特殊情况下虐待罪启动国家公诉程序，扩大虐待犯罪主体，增加了虐待被监护人、看护人员罪；规定了收买被拐儿童入罪；将遭受性侵和猥亵的男童也纳入保护范围，充分体现出对儿童权利的保护。

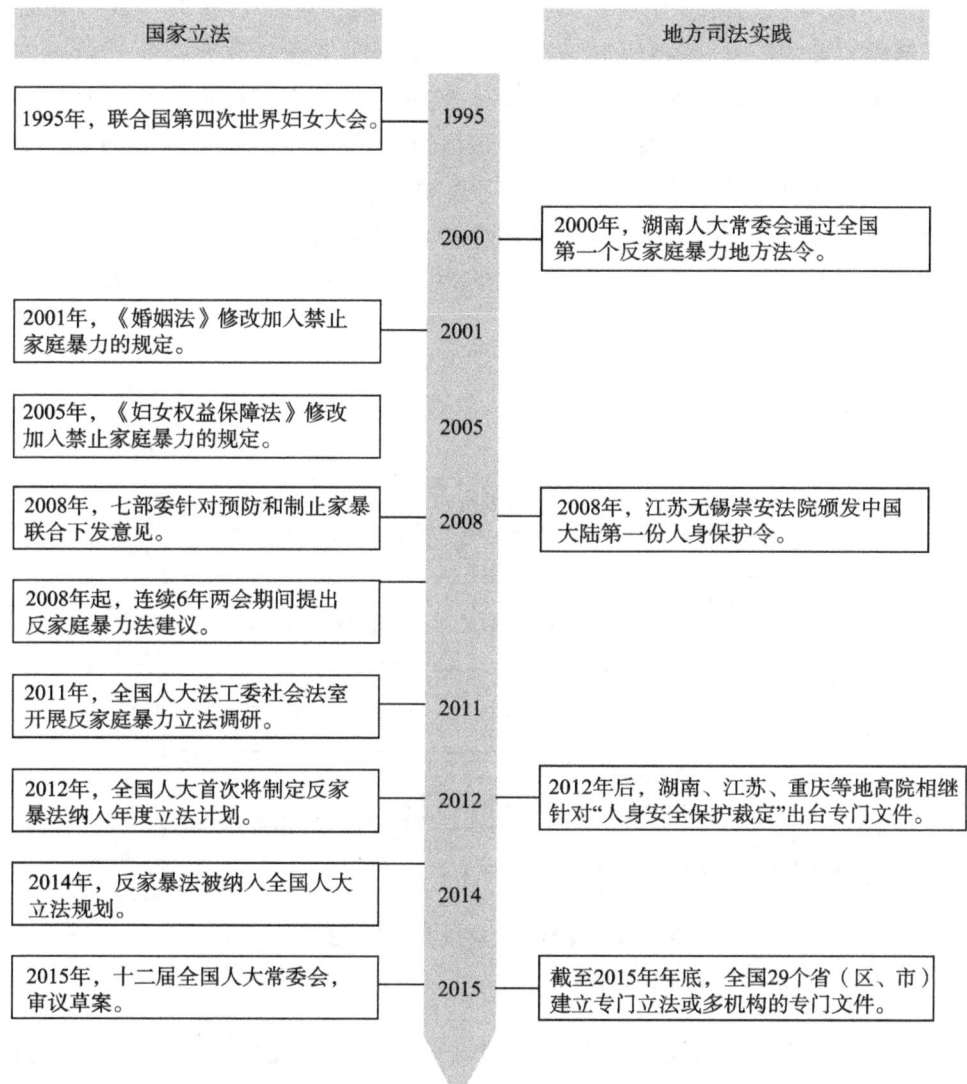

图 1-5　反家庭暴力国家立法与地方司法实践大事记

资料来源：根据全国妇联、全国人大网站相关报道整理。

　　嫖宿幼女罪在实施 18 年后终被废除。《刑法修正案（九）》中，嫖宿幼女不再是独立罪名，今后对此类行为一律适用刑法中关于"奸淫幼女的以强奸论、从重处罚"的规定。罪名的取消，结束了 18 年嫖宿幼女罪存废的争论，更重要的是体现了对幼女的尊重和保护。

在我国 1979 年《刑法》中，嫖宿幼女行为一律按强奸罪论处。"嫖宿幼女"自 1986 年《治安管理处罚条例》被首次提及，直到 1991 年《关于严禁卖淫嫖娼的决定》，都是按强奸定罪。1997 年，刑法修订将嫖宿幼女单独定罪，规定"嫖宿不满十四周岁的幼女的，处五年以上有期徒刑，并处罚金"。自贵州习水、浙江丽水、福建安溪等地嫖宿幼女案发生以来，司法界乃至整个社会废除嫖宿幼女罪的呼声一直很高。废除嫖宿幼女罪是立法层面保护女童合法权益的重要纠正。当初立法设立嫖宿幼女罪旨在有效保护未成年人权益，如今被废除，但初衷并没有变，表明立法机关在法律规定引发社会问题后勇于纠偏。

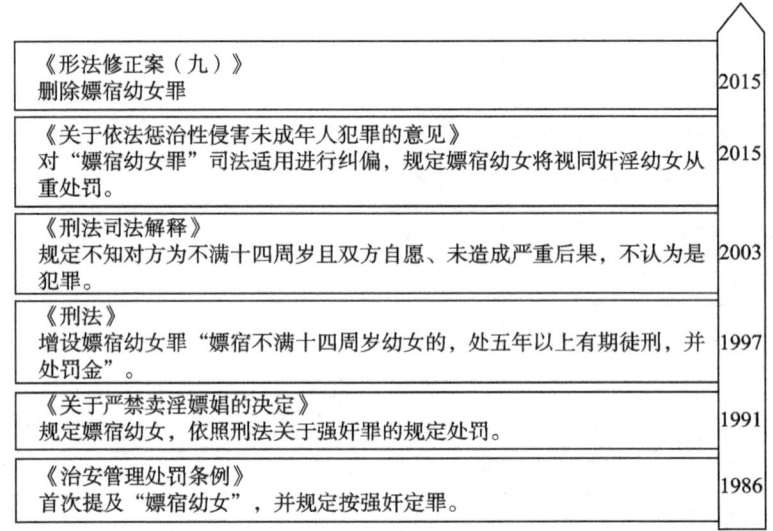

图 1 −6　嫖宿幼女罪设立与废除进程

资料来源：根据相关法律法规整理。

虐童行为入罪，增设虐待被监护、看护人员罪。在此之前，对未成年人负有监护、看护职责的人虐待被监护、看护者的行为，刑法并没有作为犯罪表现形式之一予以规定，现实中往往以"寻衅滋事"定罪处罚，并不利于对未成年人等特殊群体合法权益的保护。《刑法修正案（九）》增设了虐待被监护、看护人罪主体，主要是针对在学校（含幼儿园等育婴机构）、医院、福利院等单位中对儿童等负有监护、看护职责的人员以及直接负责的主管人员和其他直接责任人员。

虐待罪自诉案件特定情况变公诉。长期以来，虐待罪的自诉追诉程序备受争议，特别是虐待儿童的案件，尽管被媒体频频曝光，相当一部分案件难以进入到司法程序，这与刑法规定的虐待罪属于告诉才处理的自诉案件直接相关。《刑法修正案（九）》在原有自诉程序设置基础上，补充规定了特定除外的情形："第一款罪，告诉的才处理，但被害人没有能力告诉，或者因受到强制、威吓无法告诉的除外。"改变了传统的自诉限制，是国家立法推动儿童保护制度的重大进步。

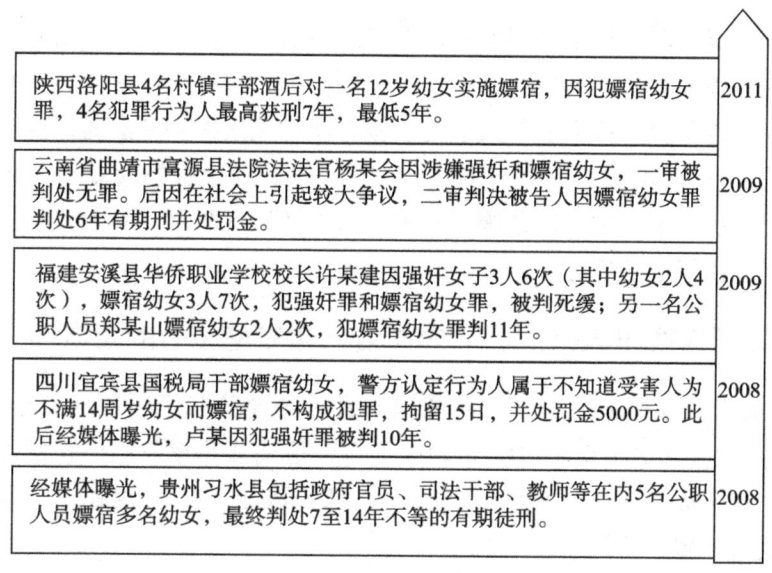

图 1-7　近年媒体报道的部分嫖宿幼女案件

资料来源：根据相关法律法规整理。

收买被拐卖儿童行为将一律追究刑责。《刑法修正案（九）》将《刑法》第 241 条第 6 款修改为："收买被拐卖的妇女、儿童，对被买儿童没有虐待行为，不阻碍对其进行解救的，可以从轻处罚；按照被买妇女的意愿，不阻碍其返回原居住地的，可以从轻或者减轻处罚。"这意味着今后收买被拐卖的妇女、儿童的行为将一律被追究刑事责任。这是我国打击拐卖犯罪立法的根本转变，通过一律追究买方的刑责，加大收买犯罪成本，将对铲除买方市场具有十分重要的作用。

表 1 - 1　嫖宿幼女罪与强奸罪

修订前之规定	修订后之规定
收买被拐卖的妇女、儿童，按照被买妇女的意愿，不阻碍其返回原居住地的，对被买儿童没有虐待行为，不阻碍对其进行解救的，可以不追究刑事责任。	收买被拐卖的妇女、儿童，对被买儿童没有虐待行为，不阻碍对其进行解救的，可以从轻处罚；按照被买妇女的意愿，不阻碍其返回原居住地的，可以从轻或者减轻处罚。

资料来源：根据《刑法修正案（九）》整理。

猥亵男童入刑，规定强制猥亵他人罪。原刑法中对于已满十四周岁不满十八周岁的男性未成年人实施性侵害行为在法律上一直是个空白，导致实践中发生的已满十四周岁男性未成年人遭受性侵害案件无法得到刑法的追究，不利于对男童的保护。《刑法修正案（九）》将原来的强制猥亵妇女罪修改为强制猥亵他人罪，扩大了保护主体范围，打破被害人性别的限制，不仅包括妇女，还包括十四周岁以上的男性。

（四）《未成年人保护法》对防治儿童家庭暴力的规定

《未成年人保护法》由第七届全国人大常委会第二十一次会议于 1991 年审议通过，经过 2006 年、2012 年两次修订，是我国儿童权利保护的综合性专门立法。各省级人大或政府均制定了地方《未成年人保护条例》或《未成年人保护法的实施办法》。

2012 年最新修订的《未成年人保护法》进一步明确了政府在未成年人权利保护中的主体责任。其专章规定的社会保护的保护责任多由国家、政府承担。同时，第 7 条充分表明了政府在未成年人保护中的核心和主导地位。

2012 年最新修订的《未成年人保护法》首次明确规定了未成年人享有生存权、发展权、受保护权与参与权，同时高度概括了《儿童权利公约》中儿童的各项权利，体现了《儿童权利公约》的基本精神，较好地表达了与国际公约接轨的立法思想。多重保护原则更为突出，不仅明确了保护主体，而且对家庭保护、学校保护、社会保护和司法保护四种保护制度中的保护主体的责任、保护的形式以及具体内容作了详细明确的规定。

此外，2012 年最新修订的《未成年人保护法》规定了对处于困境中的未成年人进行保护的制度，明确了民政等部门的责任主体。对于未成年人成长的家庭环境、学校环境和社会环境，均作出了规定，其中特别强调家庭支持。

第七条　中央和地方各级国家机关应当在各自的职责范围内做好未成年人保护工作。

国务院和地方各级人民政府领导有关部门做好未成年人保护工作；将未成年人保护工作纳入国民经济和社会发展规划以及年度计划，相关经费纳入本级政府预算。

国务院和省、自治区、直辖市人民政府采取组织措施，协调有关部门做好未成年人保护工作。具体机构由国务院和省、自治区、直辖市人民政府规定。

第十二条　父母或者其他监护人应当学习家庭教育知识，正确履行监护职责，抚养教育未成年人。

有关国家机关和社会组织应当为未成年人的父母或者其他监护人提供家庭教育指导。

第十六条　父母因外出务工或者其他原因不能履行对未成年人监护职责的，应当委托有监护能力的其他成年人代为监护。

第四十三条　县级以上人民政府及其民政部门应当根据需要设立救助场所，对流浪乞讨等生活无着未成年人实施救助，承担临时监护责任；公安部门或者其他有关部门应当护送流浪乞讨或者离家出走的未成年人到救助场所，由救助场所予以救助和妥善照顾，并及时通知其父母或者其他监护人领回。

对孤儿、无法查明其父母或者其他监护人的以及其他生活无着的未成年人，由民政部门设立的儿童福利机构收留抚养。

未成年人救助机构、儿童福利机构及其工作人员应当依法履行职责，不得虐待、歧视未成年人；不得在办理收留抚养工作中牟取利益。

（五）其他防治针对儿童的家庭暴力法律

除了专门性法律，我国很多法律法规中对儿童免受暴力侵害都进行了特殊规定。例如《民法总则》《婚姻法》《收养法》《人口与计划生育法》《教育法》《残疾人保障法》以及《母婴保健法》等法律。

2017 年 3 月 15 日，第十二届全国人民代表大会第五次会议通过了《民法总则》并于 2017 年 10 月 1 日起施行，其中对于儿童权利保护作出了更全面的规定，完善了未成年人监护制度，建立起来家庭监护为基础、社会监护为补充、国家监护为兜底的监护制度。

《民法总则》是保护未成年人权益的基本民事法律，主要规定了未成年人民事能力、代理和监护三个方面的内容。《民法总则》第二章第二节专门对监护作出了规定，其中第32条明确了民政部门作为国家监护责任主体的兜底性作用。

第26条明确了父母子女之间的抚养、赡养义务。

第27条规范的是未成年人法定监护人的设置制度，未成年人以其父母为法定监护人，在"父母死亡或没有监护能力"的情形下，其他人担任未成年人的法定监护人，既应该依照法定的先后顺序，又须符合法定的必要条件。

第32条规定了监护人缺位情形的处理办法，明确国家监护或社会组织监护的替补单位，是政府监护的兜底性条款，强调政府在监护中的职责，即没有依法具有监护资格的人的，监护人由民政部门担任，也可以由具备履行监护职责条件的被监护人住所地的居委会、村委会担任。

第36条规定了监护人撤销的规定，具体规定了撤销监护人资格的申请主体、事由、后果和补救措施，比之前《民法通则》更加完善。首先，撤销监护人资格事由更加具体；其次，申请主体更加明确且多样；最后，除了规定撤销监护人资格的法律后果（丧失监护资格），还增加了补救措施。

> **第二十六条** 父母对未成年子女负有抚养、教育和保护的义务。
>
> 成年子女对父母负有赡养、扶助和保护的义务。
>
> **第二十七条** 父母是未成年子女的监护人。
>
> 未成年人的父母已经死亡或者没有监护能力的，由下列有监护能力的人按顺序担任监护人：
>
> （一）祖父母、外祖父母；
>
> （二）兄、姐；
>
> （三）其他愿意担任监护人的个人或者组织，但是须经未成年人住所地的居民委员会、村民委员会或者民政部门同意。
>
> **第三十二条** 没有依法具有监护资格的人的，监护人由民政部门担任，也可以由具备履行监护职责条件的被监护人住所地的居民委员会、村民委员会担任。
>
> **第三十六条** 监护人有下列情形之一的，人民法院根据有关个人或者组织的申请，撤销其监护人资格，安排必要的临时监护措施，并按照最有利于被监护人的原则依法指定监护人：

（一）实施严重损害被监护人身心健康行为的；

（二）怠于履行监护职责，或者无法履行监护职责并且拒绝将监护职责部分或者全部委托给他人，导致被监护人处于危困状态的；

（三）实施严重侵害被监护人合法权益的其他行为的。

本条规定的有关个人和组织包括：其他依法具有监护资格的人，居民委员会、村民委员会、学校、医疗机构、妇女联合会、残疾人联合会、未成年人保护组织、依法设立的老年人组织、民政部门等。

前款规定的个人和民政部门以外的组织未及时向人民法院申请撤销监护人资格的，民政部门应当向人民法院申请。

（六）国务院及部委颁布的行政法规、政策规章及政策文件针对儿童家庭暴力防治的规定

近年来，国务院及各部委颁布了一系列行政法规、政策规章和政策性文件，例如《中国儿童发展纲要（2011—2020 年）》《国家人权行动计划（2016—2020 年》《国家人口发展规划（2016—2030 年）》、最高人民法院最高人民检察院公安部司法部印发《关于依法办理家庭暴力犯罪案件的意见的通知》（法发〔2015〕4 号）、最高人民法院最高人民检察院公安部民政部印发《关于依法处理监护人侵害未成年人权益行为若干问题的意见》（法发〔2014〕24 号）、民政部、全国妇联印发《关于做好家庭暴力受害人庇护救助工作的指导意见》（民发〔2015〕189 号）、教育部公安部共青团中央全国妇联印发《关于做好预防少年儿童遭受性侵工作的意见》（教基一〔2013〕8 号）、最高人民法院最高人民检察院公安部司法部印发《关于依法惩治性侵害未成年人犯罪的意见的通知》（法发〔2013〕12 号）、《中国反对拐卖人口行动计划（2013—2020 年）》（国办发〔2013〕19 号）、《国务院办公厅关于解决无户口人员户口登记意见》（国办发〔2015〕96 号）。通过这些政策文件，进一步明确了各级政府和社各界在保护儿童权利、防治针对儿童的家庭暴力方面的具体职责，是防治儿童家庭暴力法律政策体系中的重要组成部分。

1. 《中国儿童发展纲要（2011—2020 年）》《国家人权行动计划（2016—2020 年》

"国家人权行动计划"是中国政府制定的以人权为主题的国家规划，行动

计划明确了未来若干年中国政府在促进和保护人权方面的工作目标和具体措施。❶ 2016 年，国务院新闻办公厅公布了《国家人权行动计划（2016—2020 年）》，这是自 2009 年以来国家发布的第三个"国家人权行动计划"❷，对儿童权利保护和儿童监护制度作出了专门阐述，与《中国儿童发展纲要（2011—2020 年）》的目标宗旨一致，强调坚持儿童优先原则，强化政府和社会的双重责任。

> 坚持儿童优先原则，强化政府和社会保障儿童权益的责任，全面实现《中国儿童发展纲要（2011—2020 年）》目标。
>
> ——完善儿童监护制度。构建未成年人关爱社会网络。逐步建立以家庭监护为主体，以社区、学校等有关单位和人员监督为保障，以国家监护为补充的监护制度。完善并落实不履行监护职责或严重侵害被监护儿童权益的父母或其他监护人资格撤销的法律制度。
>
> ——建立儿童暴力伤害的监测预防、发现报告、调查评估、处置、救助工作运行机制。依法打击拐卖、虐待、遗弃儿童，利用儿童进行乞讨，以及针对儿童的一切形式的性侵犯等违法犯罪行为。严厉惩处使用童工和对儿童进行经济剥削的违法行为。

2.《国家人口发展规划（2016—2030 年）》

2017 年 1 月国务院发布《国家人口发展规划（2016—2020 年）》，明确了今后一段时期我国人口发展的总体要求、主要目标、战略导向和工作任务，是指导全国人口发展的纲领性文件和重要依据。该规划在第六章第二节"促进妇女全面发展和未成年人保护"中，对儿童权利保护作出了专门阐述，强调了儿童优先原则，明确提出建立家庭监护为基础、国家监护为保障、社会监督为补充的保障制度。

---

❶ 国务院妇女儿童工作委员会办公室主编：《儿童权利保护辅导读本》，中国妇女出版社 2018 年版，第 40 页。

❷《国家人权行动计划（2009—2010 年）》《国家人权行动计划（2012—2015 年）》《国家人权行动计划（2016—2020 年）》。

第二节　促进妇女全面发展和未成年人保护

——坚持男女平等基本国策，将性别平等全面纳入法律体系和公共政策，促进融入社会文化，切实保障妇女合法权益，消除性别歧视，提高妇女的社会参与能力和生命健康质量。加强出生人口性别比综合治理，营造男女平等、尊重女性、保护女童的社会氛围，加大打击非医学需要的胎儿性别鉴定和选择性别的人工终止妊娠行为力度。深入开展关爱女孩行动，改善女孩生存环境，建立健全有利于女孩家庭发展的帮扶支持政策体系。

——坚持儿童优先原则，完善未成年人保护和儿童福利体系。探索适合国情的儿童早期综合发展指导模式，发展适度普惠型儿童福利制度。统筹推进农村留守儿童关爱和困境儿童保障工作，建立未成年人保护响应机制，构建以家庭监护为基础、国家监护为保障、社会监督为补充的保障制度，加强对流浪未成年人的救助保护，完善儿童收养制度。加强儿童健康干预和儿科诊疗能力建设，改善贫困地区儿童营养状况。

3. 四部门采取措施加强国家监护干预制度转型

2014年12月，最高人民法院、最高人民检察院、公安部、民政部联合印发《关于依法处理监护人侵害未成年人权益行为若干问题的意见》（以下简称《意见》），2015年1月1日起实施。《意见》针对我国日益突出的儿童遭受家庭监护侵害后发现难、起诉难、审理难、安置难等实际问题，对处理儿童监护案件作出了具体规定，明确了行政机关、司法机关的工作程序和内容。

必须看到，计划经济时期形成的未成年人监护制度已经相当滞后。有关法律缺乏操作程序和执行实体，在实践中已经无法执行。这主要是由于过去的管理立足于经济发展水平低下，管理事务简单，信息封闭的社会生态，我们的社会价值基本上是将儿童监护完全交给家庭。但是，当经济发展达到中等发达水平，社会全面开放，信息化高度发展以后，传统的管理体制与社会理念已经不适应现实需要，政府和社会需要承担起儿童保护的重要责任，未成年人监护制度的现代转型已经十分紧迫。为此，《意见》的出台，重新建立起我国撤销监护权制度的规定，对于我国儿童保护制度是一项重大促进。

首先，明确了国家监护责任。《意见》使用了"临时监护责任"和"临时照料人"的概念，规定一旦公安机关发现监护人有虐待、忽视未成年人的"危险状况"，可将未成年人直接带离，将其安置到民政部门的救助保护机构中。在此之前，因为没有"临时照料人"，往往是警方明知一些失职父母虐待孩子，却不得不把孩子送还。《意见》进一步明确了国家应当承担兜底监护人的责任，这是巨大进步（见图1-8）。

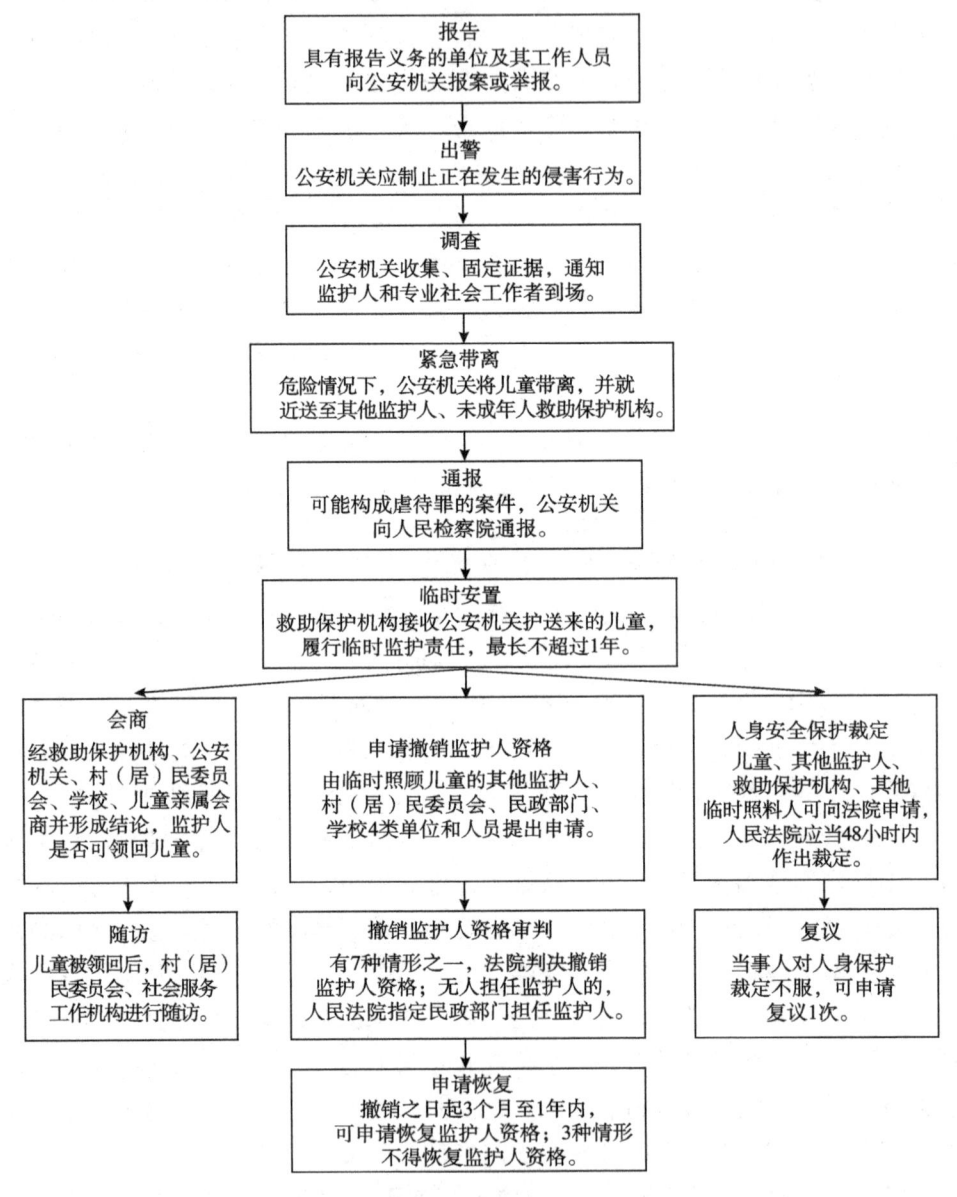

图1-8 《关于依法处理监护人侵害未成年人权益行为若干问题的意见》处理流程

其次，建立了"人身安全保护裁定"和"撤销监护人资格"制度。《意见》设计了"短期"和"长期"制度保护儿童免于受到侵害。法院接受申请后48内小时可以作出人身安全保护裁定，禁止失职父母暴力伤害儿童，禁止跟踪、骚扰、接触儿童，甚至责令迁出儿童住所。同时，儿童的其他监护人、村（居）民委员会、民政部门以及救助机构，还有共青团、学校等组织都可以依法向法院申请撤销监护人资格。

4. 民政部门和妇联系统分工开展家暴受害人庇护工作

2015 年 10 月 21 日，民政部、全国妇联印发了《关于做好家庭暴力受害人庇护救助工作的指导意见》，针对家庭暴力庇护救助工作对象范围、基本原则、工作机制、服务内容、庇护机构设置、热线电话设置及社会力量参与等内容进行了规定。其具有以下特点：

明确规定民政部门设立家庭暴力庇护场所。家庭暴力受害人的救助具有紧急性的特点，家庭暴力发生后，受害人需要一个安全的去处以远离加害人，因此提供紧急救助是非常必要的。目前，全国有近 400 个城市依托救助管理机构设立了"家庭暴力庇护中心"。据不完全统计，2008 年以来全国各救助管理机构庇护救助家庭暴力受害人 5 万人次左右。明确设立庇护场所的规定有助于各地加快建设"家庭暴力庇护中心"。

明确规定妇联加强法律维权热线建设。由妇联系统和民政部门，借助新媒体，通过设置"12338"法律维权热线、开设专栏、加强案例解读、政策释义，引导受害人及时保存证据，依法维护自身合法权益。

制定未成年人特殊、优先保护原则。《意见》中强调了遭受家暴的未成年受害人特殊性，应提供特殊、优先保护，积极主动进行庇护。

明确妇联系统和民政部门的分工协作机制。妇联可通过媒体宣传、热线电话、资源链接和协调、心理咨询及维权服务等方式对家暴受害人进行帮助；民政部门可通过在救助站下设"家庭暴力庇护中心"为受害人提供庇护场所及业务协调等。

家暴受害人庇护工作须系统化和可操作化。家庭暴力受害人的救助工作是一个系统工程，具有紧急性和长期性的特点，因此在开展家庭暴力受害人庇护工作时，要充分考虑受害人的多层次需要，即医疗需求，环境安全需求，心理康复需求和重建生活的需要。庇护工作要从生理、心理和社会等方面入手，才能真正帮助其走出家庭暴力的伤害，重返社会生活。《意见》仍应在以下几个方面细化：

第一，应将紧急救助与长期救助进行结合。《意见》中规定，救助管理机构庇护救助未成年受害人期限一般不超过 10 天。而心理辅导、经济支持、医疗救治和重返社会等庇护工作需要更多的时间，因此超过 10 天后受害人应如何安置的问题仍需进一步明确，以避免受害人返回家庭遭受二次伤害。

第二，应建立系统化庇护工作流程。家庭暴力受害人的庇护工作从发现评估、医疗救治、开展庇护、心理辅导和社会支持等涉及多个部门和环节。《意见》中虽已规定受理救助、提供转介、加强安全保护特别是未成年人保护等内容，但仍属于原则性内容不具有操作性。我国香港特别行政区于 1998 年由社会福利署制定了《处理虐待儿童个案程序指引》，详细规定了个案的处置机制，保护个案主管机制、危险评估机制、保护儿童资料系统、避免二次伤害机制等，为政府部门、非政府机构和其他有关机构提供了详细的合作指引。因此，《意见》应就庇护程序进行细化为有关部门工作提供指导。

第三，应明确与社会组织合作的方式和内容。目前提供的庇护工作以提供住处为主，存在服务不专业，缺乏配套等问题，因此家庭暴力受害人的很多问题不能得到解决。有效的转介服务及与社会组织的积极合作能够弥补这部分问题，而《意见》中对此方面的内容规定也有待明确。

三、防治儿童家庭暴力的工作体系与机制

（一）防治儿童家庭暴力工作相关部门与职责分工

防治儿童家庭暴力工作，涉及多个部门且比较分散，既有国务院妇女儿童工作委员会这样的全国协调机构，也有全国各级妇联以及中国共产主义青年团这样的人民团体。《反家庭暴力法》明确和强化了县级以上人民政府负责妇女儿童工作的机构负责组织、协调、指导、督促有关部门做好反家庭暴力工作，同时明确了各级人民政府有关部门、司法机关、人民团体、社会组织、居民委员会、村民委员会、企业事业单位的反家暴职责和各级人民政府对反家暴工作的经费保障职责。❶

---

❶ 全国人大常委会法制工作委员会社会法室编：《中华人民共和国反家庭暴力法解读》，中国法制出版社 2016 年版，第 15 页。

> **第四条**　县级以上人民政府负责妇女儿童工作的机构，负责组织、协调、指导、督促有关部门做好反家庭暴力工作。
>
> 县级以上人民政府有关部门、司法机关、人民团体、社会组织、居民委员会、村民委员会、企业事业单位，应当依照本法和有关法律规定，做好反家庭暴力工作。
>
> 各级人民政府应当对反家庭暴力工作给予必要的经费保障。

1. 县级以上人民政府是负责妇女儿童工作的主要机构

根据《反家庭暴力法》第 4 条第 1 款规定，县级以上人民政府负责妇女儿童工作的机构，负责组织、协调、指导、督促有关部门做好反家庭暴力工作。县级以上人民政府负责妇女儿童工作的机构，即指妇女儿童工作委员会。❶ 法律确定妇女儿童工作委员会"负责组织、协调、指导、督促有关部门做好反家庭暴力工作"的法律地位，这由妇女儿童工作委员会的特殊地位和作用决定。一方面，这是由妇女儿童工作委员会自身的职责要求决定的。妇女儿童工作委员会在国家层面的机构设置是国务院妇女儿童工作委员会，是国务院负责妇女儿童工作的协调议事机构，负责《中国妇女发展纲要（2011—2020 年）》《中国儿童发展纲要（2011—2020 年）》实施的组织、协调、指导和督促，并协调和推动政府有关部门执行妇女儿童的各项法律法规和政策措施。反家庭暴力工作一直是国务院妇女儿童工作委员会的重点工作，并纳入两纲的主要目标。《中国妇女发展纲要（2011—2020 年）》《中国儿童发展纲要（2011—2020 年）》都规定了禁止家庭暴力，将推动预防和制止家庭暴力的立法进程作为重要策略措施。另一方面，这也是由妇女儿童工作委员会自身的工作优势决定的。

反家庭暴力工作涉及报警、求助、就医、伤情鉴定、庇护、人身安全保护、法律援助、调解等各个方面，需要多部门统筹、协调、合作。而妇女儿童工作委员会成员单位由公安、民政、司法、教育、财政、卫生等多个政府部门及社会团体组成，反家庭暴力工作的主要责任单位都在妇女儿童工作委员会的成员单位中，妇女儿童工作委员会承担组织、协调、指导、督促有关部门做好反家庭暴力工作责无旁贷。县级以上妇女儿童工作委员会在开展反家庭暴力工

---

❶　全国人大常委会法制工作委员会社会法室编：《中华人民共和国反家庭暴力法解读》，中国法制出版社 2016 年版，第 15 页。

作中，主要注重协调督促成员单位履职尽责，推动建立反家庭暴力多部门合作机制。特别是国务院妇女儿童工作委员会要督促相关成员单位在法律实施前后，适时制定出台相关的指导意见或司法解释，为本部门、本系统依法履行反家暴职责提供遵循，保证法律的顺利实施。同时，国务院妇女儿童工作委员会还要加大对地方各级妇女儿童工作委员会的指导，推动各级人民政府及其有关部门切实履行反家暴工作职责，还要积极推动人大、政协就反家庭暴力法的执行情况进行监督检查等。

2. 人民政府有关部门、司法机关、人民团体、社会组织、居民委员会、村民委员会、企业事业单位的反家庭暴力主体地位

依照《反家庭暴力法》和其他有关法律的规定，县级以上人民政府有关部门、司法机关、人民团体、社会组织、居民委员会、村民委员会、企业事业单位的反家庭暴力工作职责主要包括：各级人民政府要将反家庭暴力工作纳入国民经济和社会发展规划（计划），为反家庭暴力工作提供必要的制度保障和经费保障。政府有关部门要严格执法、依法行政，在各自的职责范围内做好反家庭暴力工作。司法机关要公正司法，保障家庭暴力受害人获得司法救济，依法惩处家庭暴力加害人。工会、共产主义青年团、妇女联合会、残疾人联合会要组织开展家庭美德和反家庭暴力宣传教育，帮助家庭暴力受害人维护权益。社会组织和社会工作服务机构要在政府的支持下开展好心理健康咨询、家庭关系指导、家庭暴力预防知识教育等服务。幼儿园、学校、医疗机构、居民委员会、村民委员会、社会工作服务机构、救助管理机构、福利机构及其工作人员要履行强制报告义务。企业事业等用人单位发现本单位人员有家庭暴力情况的，应当给予批评教育，并做好家庭矛盾的调解、化解工作等。《反家庭暴力法》第4条第2款规定了县级以上人民政府有关部门、司法机关、人民团体、社会组织、居民委员会、村民委员会、企业事业单位应当依照《反家庭暴力法》和其他有关法律规定，做好反家庭暴力工作。上述有关部门、组织和单位，有的负责家庭暴力的预防工作，有的直接负责家庭暴力案件的处置工作，有的参与家庭暴力的预防与处置工作，应当依据《反家庭暴力法》和有关法律法规的规定，各司其职，协同配合，共同做好反家庭暴力工作。

民政、妇联开展家庭暴力受害人庇护救助工作。2015年9月24日，民政部、全国妇联联合下发的《关于做好家庭暴力受害人庇护救助工作的指导意见》，对充分发挥民政部门和妇联组织的职能作用，积极做好家庭暴力受害人庇护救助工作提出了明确要求。民政部门会同妇联组织探索开展的家庭暴力受

害人庇护救助工作，已得到相关部门和社会各界的认可，公安机关引导护送或主动到救助管理机构寻求庇护救助的家庭暴力受害人逐年增多，取得了良好的社会效果。为切实发挥民政部门和妇联组织的职能作用及工作优势，共同做好新形势下家庭暴力受害人庇护救助工作，民政部会同全国妇联根据妇女权益保障法、未成年人保护法等相关法律和政策规定研究制定了该意见，推动各地民政部门和妇联组织全面开展家庭暴力受害人庇护救助工作，符合《社会救助暂行办法》和《国务院关于全面建立临时救助制度的通知》精神，是"托底线、救急难"的具体体现，是解决"一些遭遇突发性、紧迫性、临时性生活困难的群众救助问题"的具体政策安排，更是依法反对家庭暴力，切实维护遭受家庭暴力侵害未成年人合法权益的实际举措（见表1-2）。

表1-2　反家暴相关部门职能与可提供的服务❶

部门	机构职能	可提供的服务
公安	治安管理处罚、告诫、调查取证、司法鉴定	接受报警求助、保护受害人安全、固定和提供证据
检察	批准逮捕、提起公诉、检查督导	法律咨询
法院	离婚审判、撤销监护权、刑事审判	核发人身安全保护令、法律咨询、行为矫治
司法	法律援助、司法鉴定、纠纷调解	伤情鉴定、法律咨询、法律援助、矛盾纠纷调解
民政	办理协议离婚、社会救助、社会扶助	庇护救助、救济与扶助
医疗	心理健康维护、伤情诊断与治疗、心理评估与研究	医疗救治、心理辅导、提供伤情证据
妇联	维护妇女合法权益、宣传倡导反对家庭暴力、调查研究家庭暴力等	接受受害妇女儿童各种求助、心理辅导

（二）防治儿童家庭暴力联席会议工作机制

反家庭暴力工作涉及多个部门，建立部际联席会议制度有助于推动相关儿童权利保护工作的落实。目前，国家层面尚未建立起遭受家庭暴力儿童的部际联席会议制度。现有的经国务院同意建立起的儿童权利保护部际联席会议工作机制主要有三个，分别是农村留守儿童关爱保护和困境儿童保障工作部际联席

---

❶　中国婚姻家庭研究院编：《帮助家庭暴力受害妇女工作手册》，法律出版社2017年版，第104页。

会议制度、流浪乞讨人员救助管理工作部际联席会议制度，以及"反拐"行动工作部际联席会议制度。

尽管国家层面尚未建立起遭受家庭暴力儿童的部际联席会议制度，但地方已积极探索建立网格化多元调解和反家暴联动机制。例如，《湖北省反家庭暴力条例》第 5 条明确规定，县级以上人民政府负责妇女儿童工作的机构具体承担反家庭暴力的组织、协调、指导、监督工作，定期组织召开联席会议，研究和解决反家庭暴力工作中的重大问题。广西壮族自治区党委、政法委高度重视反家庭暴力工作，成立反家暴试点工作领导小组及办公室，定期召开反家暴联席会议；❶2017 年，经广州市政府同意，在市妇儿工委领导下，由市妇联牵头会同市委宣传部、市教育局、市公安局、市民政局、市司法局、市财政局、市卫计委、市中院、市检察院、市总工会、团市委、市妇联、市残联 13 个单位研究制定《广州市反对家庭暴力联动机制实施意见》，建立了广州市反对家庭暴力联动机制，明确了 13 个单位的职责，要求牵头单位视情况召开多部门联席会议，研讨跨部门转介机制和典型案例，必要时根据案情实施统筹协调指导。❷

（三）防治儿童家庭暴力工作的运作机制

防治儿童家庭暴力，应建立起预防、发现与报告、处置等工作机制，并具备一套细化的、可操作的工作流程。预防机制是指为了防止儿童遭受家庭暴力而开展的相关工作，包括宣传、教育、培训和社区活动等，可以通过在社区建立儿童档案并及时更新、及时发现问题、尽早干预、及时控制和消除一切可能导致儿童遭受暴力伤害事件发生的诱因，有针对性地开展工作。

发现与报告机制是指对防治儿童家庭暴力工作负有强制责任报告义务的单位和个人及其他公民、社会组织对正在发生或已经发生对儿童遭受家庭暴力或疑似案件，向公安机关、社区儿童保护机构或其他相关责任机构进行义务报告的制度和程序。发现与报告机制是及时发现和阻止儿童遭受家庭暴力伤害案件发生的有效干预机制，负有强制报告责任的单位和个人包括学校、幼儿园、医疗机构、村（居）委员会、社会工作服务机构、救助管理机构、福利机构及

---

❶ 《反家庭暴力法实施三周年：越来越多家暴受害者敢于求助》，澎湃新闻，最后访问日期：2019 - 05 - 01，链接：http：//mini. eastday. com/a/190301153337034 - 2. html。

❷ 《反家暴法实施两年：形成有效联动机制刻不容缓》，南方网，最后访问日期：2019 - 05 - 01，链接：http：//gd. qq. com/a/20180420/033059. htm。

其工作人员等。他们可以直接向辖区派出所报告。

处置机制是指处理儿童遭受家庭暴力侵害案件的工作制度和程序，即及时排除儿童受伤害的可能原因，让已经受到伤害的儿童尽可能获得及时帮助，降低儿童遭受伤害的最后保护机制。

预防是儿童保护效益最大的投入，可最大限度地有效降低儿童各类伤害的发生。儿童保护体系第一环节是以预防为基础，并向权利受到侵害的儿童提供综合、全面、适合年龄及特点的救助服务。保护儿童是全社会共同的责任，需要家长、教师、社区居民、政府人员、警务人员、医护人员、媒体从业人员等全社会所有成员的参与。从儿童保护的责任主体来看，主要包括家庭和家长、政府与相关部门、各级各类教育机构、司法保护部门、社会各界及相关人员。

预防针对儿童的家庭暴力，应注重多方协作，关注高度危险群体，对伤害及时有效地干预，倾听儿童声音，重视儿童参与。具体而言，包括开展宣传、倡导、教育活动，增强家长和儿童的儿童权利保护意识，形成有利于儿童保护的社会氛围和社会公众意识；开展针对家庭的支持、指导和服务；建立困境儿童评估监测体系，及时排查评估高危人群。儿童所处的环境中包含的高危因素越多，成为受害者的危险性就越大，这些危险，包括儿童自身困境和高风险家庭两种情况。防治儿童免受家庭暴力的伤害，要尽量消除高危因素。

根据《国务院关于加强困境儿童保障工作的意见》（国发〔2016〕36号）规定，村（居）民委员会要设立由村（居）民委员会委员、大学生村官或者专业社会工作者等担（兼）任的儿童福利督导员或儿童权利监察员，负责困境儿童保障政策宣传和日常工作，通过全面排查、定期走访及时掌握困境儿童家庭、监护、就学等基本情况，指导监督家庭依法履行抚养义务和监护职责，并通过村（居）民委员会向乡镇人民政府（街道办事处）报告情况。村（居）民委员会对于发现的家庭监护缺失或监护不当导致儿童人身安全受到威胁或侵害的，要落实强制报告责任。依据儿童保护的关键指标，对儿童及其家庭状况进行评估，分为低级风险、中级风险和高级风险，建立儿童及家庭档案。

发现与报告的责任主体。对儿童负有教育、保护、救助、医疗等特殊职责的人员以及其他公民和单位，发现儿童家庭暴力伤害时，有强制报告的责任。主要包括：儿童监护人或看护、照顾人；学校、托幼机构、其他教育机构及其工作人员；医疗卫生机构或单位（医院、妇幼保健院、社会医院、私人诊所等）及其工作人员；村（居）委会等基层自治组织；社会工作服务机构及其工作人员；儿童救助与儿童福利机构及其工作人员；教育、卫生、民政、司法、劳动、未成年人保护委员会、妇女儿童工作委员会等政府部门及其工作人员；妇联、共青团、工会、残联等社会团体及其工作人员；关注儿童权益等民间组织及其工作人员；其他公民。

报告人可以拨打110报警电话、有关部门和社会组织等儿童保护热线或当面报告有关部门和组织等途径进行举报。有关单位应当及时接受并及时处理儿童遭受家庭暴力案件等报告与投诉。

处置过程既涉及对遭受家庭暴力的儿童及其家庭的支持服务与恢复，也包括根据情况采取适当的法律程序处置施暴家长，包括调查与评估、分案处置、安置与服务、结案等工作环节。公安机关负有责任及时受理有关报告，第一时间出警调查，有针对性地采取应急处置措施，强制报告责任人协助公安机关做好调查和应急处置工作，涉及不同部门、机构的要相互协调配合。受理和处置过程中，应尽力确保儿童安全，不公开暴露受害儿童，调查取证过程中减少对受害儿童的直接接触。

调查与评估。工作人员对儿童遭受家庭暴力伤害的举报及时开展调查与评估，搜集相关证据以及家庭资料，对儿童处境和暴力伤害事件作出初步判断，为下一步介入提供支持。

分案处置。儿童遭受家庭暴力案件往往需要相关部门的介入。当出现儿童受到性侵、严重暴力伤害、多次受暴等情形时，应转介至公安机关、检察院、法院、法律援助机构。

安置与服务。根据评估结果，为有需要的儿童提供医疗救助、康复、庇护安置、社会救助、心理治疗和心理社会支持、家庭咨询等专业服务，由社会工作、心理指导等专业儿童从业人员提供专业指导与技术服务，同时针对施暴家长也应视情况而开展专业的心理干预和行为矫治。

四、防治儿童家庭暴力的司法实践

事实上，我国自1987年《民法通则》就已作出上述规定，随后《未成年人保护法》《预防未成年人犯罪法》《收养法》《婚姻法》等都就未成年人监护权转移作了有针对性的规定。但由于这些规定缺乏具体的操作程序和责任机制，出台二十多年来鲜有父母因监护不力被剥夺监护权由国家监护的判例，客观上没有起到保护未成年人免受虐待、暴力、性侵、疏忽等家庭暴力伤害的作用。

社会急速变化使儿童风险大为增加，家庭监护缺失或监护失职比以往更为常见，在国家监护不到位的情况下，屡屡酿成儿童伤害惨剧，让整个社会一次又一次震惊。对监护失责父母由国家接管监护权，在西方发达国家已是实行几十年的成熟做法。专家呼吁，我国将未成年人监护干预制度实化的社会条件已经具备，以程序激活相关政策迫在眉睫。

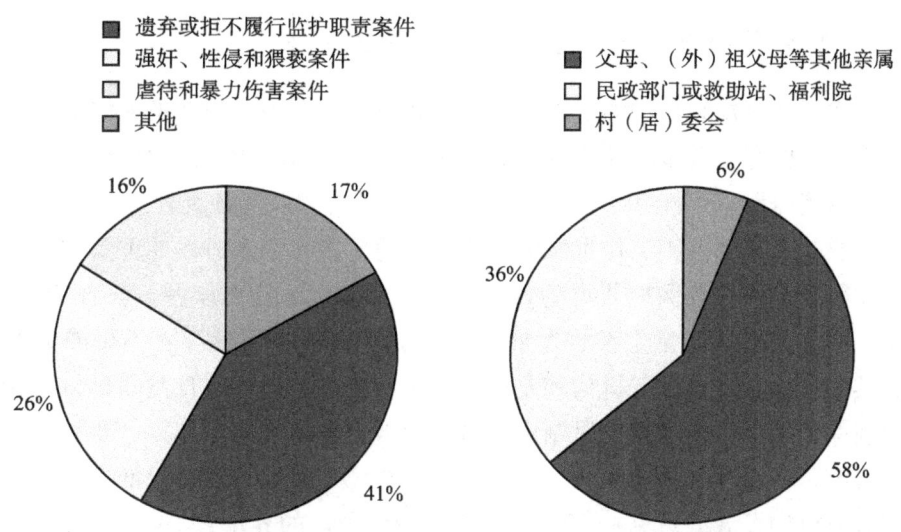

图1-9　全国69起侵害未成年人权益被撤销监护人资格案件情况

资料来源：根据媒体公开信息整理。

自2014年12月民政部等四部门联合印发《关于依法处理监护人侵害未成年人权益行为若干问题的意见》以来，全国至少24个省份已有因侵害未成年人权益被撤销监护人资格案件，撤销监护权案例较多的省份有江苏、浙江、广东、山东、四川等。民政部梳理出69起侵害未成年人权益被撤销监护人资格案件❶（见图1-9），覆盖了《意见》中规定可以撤销监护人监护资格情形的全部类型。其中，三种类型案件最多：遗弃或拒不履行监护职责案件28例，占比高达41%；强奸、性侵和猥亵案件18例，占比近三成；虐待和暴力伤害案件11例，占比达16%。在69起撤销监护人案件中，有29例案件中的未成年人由民政部门或村（社区）委员会来安置，占比逾四成。其中，25例指定民政部门或其下属的救助站和福利院担任监护人，4例由当地村（居）委会担

❶ 全国已有69例撤销监护权案件 遗弃强奸虐待最为高发，新华网，链接：http://www.xinhua-net.com/legal/2017-08/19/c_1121507975.htm。

任监护人。❶ 多地落实国家监护干预政策法规取得实质性进展，民政部门和村（社区）委员会承担起重要监护职责，将为更多地区起到引领示范作用。

五、社会工作与专业服务发挥重要作用

（一）基层社会工作服务开展儿童保护工作

在我国儿童权利保护的工作体系中，政府及其有关部门承担主体责任，负责制定和实施有关政策，建立相关机制和平台，提供主要的经费投入。同时，这一体系还需要群团组织、社区居（村）民委员会以及各类社会组织提供支持。基层儿童权利保护工作机制的运行尤其需要各专业人员发挥重要作用，提供具体服务，以有效保护儿童的各项权利。例如，医务工作者、教育工作者、法律工作者，都在儿童生存、发展、受保护等权利方面扮演着不可或缺的角色。其中，社会工作服务机构和专业社会工作者的重要性正日益凸显，构成儿童权利保护工作体系和运行机制中的重要组成部分。

所谓"社会工作服务机构"，按照民政部《关于进一步加快推进民办社会工作服务机构发展的意见》（民发〔2014〕80号）的界定，"是以社会工作专业人才为主体，坚持'助人自助'宗旨，遵循社会工作专业伦理规范，综合运用社会工作专业知识、方法和技能，开展困难救助、矛盾调处、权益维护、人文关怀、心理疏导、行为矫治、关系调适、资源链接等服务的民办非企业单位"。而专业社会工作者即社会工作专业人才，按照2011年11月中共中央组织部等18部门发布的《关于加强社会工作专业人才队伍建设的意见》，是指"具有一定社会工作专业知识和技能，在社会福利、社会救助、慈善事业、社区建设、婚姻家庭、精神卫生、残障康复、教育辅导、就业援助、职工帮扶、犯罪预防、禁毒戒毒、矫治帮教、人口计生、纠纷调解、应急处置等领域直接提供社会服务的专门人员"。在实际认定中，专业社会工作者一般指的是通过社会工作者职业水平考试、取得社会工作助理或社会工作师职业水平评价证书、从事社会工作服务的人员，以及获得社会工作相关专业学历、从事社会服务的人员。

---

❶ 69起撤销监护权案18起涉性侵，人民网，2017年8月21日，链接：http：//legal. people. com. cn/n1/2017/0821/c42510－29482359. html。

《中国儿童发展纲要（2011—2020 年）》提出了一个主要目标："每个街道和乡（镇）至少配备 1 名专职或兼职儿童社会工作者。"2018 年年底，全国已配备乡镇（街道）儿童督导员 4.46 万名、村（居）儿童主任 61.53 万名，基本实现全覆盖，缓解了困境儿童生存发展、家庭监护缺位等问题。

《反家庭暴力法》第 8 条规定："乡镇人民政府、街道办事处应当组织开展家庭暴力预防工作，居民委员会、村民委员会、社会工作服务机构应当予以配合协助。"第 14 条规定："学校、幼儿园、医疗机构、居民委员会、村民委员会、社会工作服务机构、救助管理机构、福利机构及其工作人员在工作中发现无民事行为能力人、限制民事行为能力人遭受或者疑似遭受家庭暴力的，应当及时向公安机关报案。公安机关应当对报案人的信息予以保密。"

国务院发布的《关于加强农村留守儿童关爱保护工作的意见》，提出要"充分发挥村（居）民委员会、群团组织、社会组织、专业社会工作者、志愿者等各方面积极作用，着力解决农村留守儿童在生活、监护、成长过程中遇到的困难和问题，形成全社会关爱农村留守儿童的良好氛围"。该《意见》指出，村（居）民委员会要"协助乡镇人民政府（街道办事处）建立翔实完备的农村留守儿童信息台账。通过党员干部上门家访、驻村干部探访，专业社会工作者随访等方式，对重点对象进行核查，确保农村留守儿童得到妥善照料。"

国务院发布的《关于加强困境儿童保障工作的意见》提出，"村（居）民委员会要设立由村（居）民委员会委员、大学生村官或者专业社会工作者等担（兼）任的儿童福利督导员或儿童权利监察员，负责困境儿童保障政策宣传和日常工作，通过全面排查、定期走访及时掌握困境儿童家庭、监护、就学等基本情况，指导监督家庭依法履行抚养义务和监护职责，并通过村（居）民委员会向乡镇人民政府（街道办事处）报告情况。"

在其他一些国家，社会工作者充任"儿童保护官"，负责全面监察儿童暴力伤害的危险，在儿童暴力伤害事件发生时作出专业的调查和评估，及时协调制订和实施干预方案，并承担一些对当事人的心理社会支持和安置的工作。

在我国，国民经济和社会发展"十三五"规划及《中国儿童发展纲要（2011—2020 年）》都明确提出建立完善社区儿童保护和服务体系，有关部门也在加紧构建儿童暴力伤害的应对机制，从预防、发现、评估、干预和处置等环节形成对儿童暴力伤害事件的快速反应体系，尽力减少儿童暴力伤害及其不利后果。其中，社会工作者可以在多个层面提供专业服务，确保基层儿童保护机制的有效运转，实现其预定目标。

例如，随着全国大多数城乡社区逐步建成儿童之家，社区中的专兼职社会工作者（包括有些地方社区设立的"未保专干"）可以依托儿童之家，开展面向儿童及其照顾者的宣传教育及对一些重点群体和家庭的提早介入服务，为预防儿童暴力伤害的发生做好基础性工作。同时，儿童之家的服务活动有利于社区社会工作者及早发现儿童暴力伤害情况并作出初步评估，及时报告和反馈，有利于干预处置方案的制订和实施。社区社会工作者还可在实施干预处置中承担对有关儿童和家庭的一些具体工作，确保方案的落实。

又如，在乡镇或街道层面，按照《中国儿童发展纲要（2011—2020年）》提出的目标和策略措施，将逐步设置儿童社会工作者岗位。这一岗位人员更是全面担负儿童暴力伤害保护的具体职责，连通政府部门和社区儿童家庭，是基层儿童保护体系的枢纽。具体来说，乡镇或街道儿童社工在儿童保护方面的服务职能有如下几项。

1. 受理社区及其他各种途径和来源对儿童暴力伤害事件的报告

在儿童暴力伤害事件的应对中，及时地发现和报告是非常重要的。随着基层儿童保护体系的建立和完善，社区以及相关场所已实行儿童暴力伤害的强制报告制度，而街道或乡镇儿童社工则具体负责受理这样的报告。无论此类报告来自社区、学校、医院或是其他个人，儿童社工都要做好及时登记，记录有关信息。

2. 负责对报告的儿童暴力伤害情况进行调查和初步专业评估，决定是否向政府有关方面进一步报告

儿童社工接到有关儿童暴力伤害的报告后，负责采取多种方式方法迅速开展调查，就儿童暴力伤害情况作出初步快速的专业评估。儿童社工可以通过入户调查、走访相关人员和场所、查阅相关资料证据等，特别是直接接触当事儿童进行询问和观察了解，必要时运用有关的测评工具，就儿童暴力伤害的情况作出评估判断。如果初步确定伤害情况属实，则决定向政府有关方面报告；若情况尚需进一步查证，则继续进行有关调查评估；若是可以排除伤害情况，则作出不再进一步跟进的决定。无论是何种情形，儿童社工都要详尽记录在案，并以书面或口头方式向报告者作出回复。

3. 参与政府跨部门应对儿童保护机制的讨论决定，提供专业意见形成干预处置的政策和行动方案

对于儿童社工决定向政府儿童保护机构或类似负责机构进一步报告的儿童

暴力伤害事件，通常政府相关机构会即时启动联席会议等会商机制，讨论干预处置方案。此时儿童社工负责向跨部门会议介绍事件情况，以及提出关于干预处置的专业意见。在跨部门会议商讨确定相应的政策应对和其他行动措施时，儿童社工往往要负责形成最后的方案文本，从而对于方案的产生起到重要作用。

4. 具体负责跟进落实儿童暴力伤害的干预处置方案，协调多专业人员和社会力量实施方案并及时评估反馈

针对儿童暴力伤害事件的干预处置方案开始实施后，儿童社工通常需要具体负责跟进方案的落实，与政府有关部门保持沟通联系，随时了解掌握相关政策的兑现情况。同时，此种方案的实施一般意味着多专业的介入以及其他社会力量（如志愿者）的参与，儿童社工要承担协调角色，将各方面力量整合起来，具体展开各项服务，作出方案所定的行动。在此过程中，儿童社工需及时就方案实施的情况作出评估，如果涉及需要调整或加强执行的，由其向政府相关机构方面及时提出，推动方案有效实施。

5. 承担对当事儿童及家庭的个案管理工作，包括提供需要的心理社会支持、安置服务及转介服务

儿童社工除了承担儿童暴力伤害应对中的前述职能外，还负责对伤害案例进行个案管理，即建立完整的案例档案记录，统筹协调相关其他政府和专业工作人员，落实对个案的各项服务措施。同时，儿童社工自身负责提供对当事儿童或相关人员的心理社会支持、承担可能的安置服务；在必要时，提供转介服务，使儿童或相关人员获得其他专业或服务机构及时而适合的服务。

除以上外，乡镇或街道专责的儿童社工还负责对社区"未保专干"等相关人员，包括社会工作者的儿童保护业务培训、能力建设、具体工作指导，以及组织领导开展预防性宣传教育、社会倡导等活动。儿童社工根据所掌握的有关儿童暴力伤害的知识，以及国家和各级政府部门有关伤害应对的政策制度措施等，指导更基层社区、学校等有关方面和人员，共同做好儿童保护工作。

（二）儿童权利保护相关项目

民政部近年来开展的未成年人社会保护试点工作，针对目前相关保护的应急反应机制有所欠缺的问题，明确要探索建立困境未成年人发现报告机制，完善未成年人保护的反应机制。通过建立多渠道发现机制，强化教师、医生、社

会工作者等特殊职责人员及亲友的发现报告义务，建立民政、公安、教育、医疗、司法、法院、检察院、妇联等部门信息通报制度，增强邻里和社会公众对侵害未成年人权益事件的报告意识。另外，民政部近几年开展的适度普惠型儿童福利制度和基层儿童福利服务体系建设试点工作中，也积极探索在行政村和大的社区设置专（兼）职儿童福利主任，配备相对独立的办公场所，建立主要由专业社会工作者担当的儿童福利主任队伍。

1. 未成年人社会保护试点

2013 年为探索建立未成年人社会保护制度，切实保障未成年人合法权益，民政部决定开展未成年人社会保护试点工作。民政部在北京市、河北省石家庄市、辽宁省大连市、吉林省长春市、黑龙江省佳木斯市、江苏省苏州市、安徽省蚌埠市、福建省厦门市、江西省万载县、山东省泰安市、河南省郑州市、湖北省荆州市、湖南省常德市、广西壮族自治区桂林市、重庆市万州区、四川省成都市、贵州省凯里市、陕西省宝鸡市和兴平市、新疆维吾尔自治区阿克苏地区等 20 个地区开展未成年人社会保护试点工作。

2014 年，为进一步推进未成年人社会保护试点工作，探索建立新型未成年人社会保护制度，民政部将第二批试点工作扩展至北京市朝阳区等 78 个地区。

"家庭、社会、政府"三位一体。试点地区将探索建立未成年人社会保护"监测预防、发现报告、帮扶干预"联动反应机制，构建覆盖城乡的未成年人社会保护网络，推动建立"以家庭监护为基础、社会监督为保障、国家监护为补充"的监护制度，形成"家庭、社会、政府"三位一体的未成年人社会保护工作格局。

建立困境未成年人发现报告机制。试点地区将救助保护对象延伸至困境未成年人，包括因监护人服刑、吸毒、重病重残等原因事实上无人抚养的未成年人，遭受家庭暴力、虐待、遗弃等侵害的未成年人，缺乏有效关爱的留守流动未成年人，因家庭贫困难以顺利成长的未成年人，以及自身遭遇重病重残等特殊困难的未成年人。

培育、引导社会力量参与试点工作。在社会力量参与方面，试点地区通过政府购买服务等方式，培育、引导社会工作机构、社会组织、法律工作机构、爱心家庭、志愿者团队等社会各方面力量参与试点工作，构建政府部门负责政策制定、资金保障、技术支持、监管评估，社会力量开展监测预防、调查评估、心理关爱、教育辅导、法律服务等具体工作。

2. 中国儿童福利示范项目

中国儿童福利示范区项目是由民政部、联合国儿童基金会合作开展的，自2010 年启动以来，在河南省、山西省、云南省、四川省和新疆维吾尔自治区12 个县 120 个村基本建立起儿童福利递送体系，部分项目区还出台困境儿童福利政策，扩大并加深了儿童福利的覆盖范围。

示范区监测和发现机制提供儿童综合信息。在示范区，每个村设有儿童福利主任，村儿童福利主任作为儿童福利服务直接提供者，通过儿童定期家访和儿童之家活动获取儿童健康、学习、家庭环境、社会支持等方面的信息，建立儿童信息库；之后便对儿童信息进行分析分类，将所有儿童分为普通儿童和困境儿童两大类，困境儿童又被分为孤儿、事实无人抚养儿童、贫困儿童、大病儿童、残疾儿童、受艾滋病影响儿童、受虐待儿童和其他类型儿童八类。在项目实践中我们发现，困境儿童往往无法被单一地划分为某一类，通常是多种困境类型并存。因此，儿童福利主任就需要综合地考虑儿童个人及家庭情况，保证为困境儿童全面地定位。

完成困境儿童分类定义后，则需要综合性地考虑儿童需求。对于每一位困境儿童，都有可能出现以下九类需求：

（1）儿童户籍需求：户籍登记手续办理等；

（2）生活保障需求：孤儿津贴手续办理等；

（3）医疗卫生需求：新农合手续办理、大病儿童社会资源转介等；

（4）学校教育需求：贫困、残疾儿童就学支持等；

（5）儿童之家需求：儿童之家集体活动、家长培训等；

（6）临时救助需求：大病儿童医疗救助、家庭救助等；

（7）就业培训需求：大龄青年培训、残疾儿童技术培训等；

（8）心理支持需求：儿童、家庭心理咨询等；

（9）其他需求：法律援助等。

儿童需求可能会伴随儿童状况随时变化，就需要儿童福利主任进行实时监测。在示范区，儿童福利主任会根据儿童困境的严重程度，定期进行家访，及时更新儿童信息，以便于准确判断儿童需求的变化情况。这样的监测、发现机制能够准确、及时地获取儿童综合信息，保证不遗漏任何重要信息，为儿童综合福利服务递送打下了良好基础。

3. 未成年人遭受家庭暴力案件调查与研究

北京青少年法律援助与研究中心成立于 1999 年，是国内第一家专门从事未成年人法律援助与研究的公益法律机构，长期致力于中国未成年人立法的研究和倡导。该中心先后于 2011 年及 2014 年进行了儿童家庭暴力案件的调查分析与研究，调查方法主要是对 2008—2013 年间数百起关于儿童家庭暴力的媒体报道进行整理分析。调研不仅呈现了儿童遭受家庭暴力的概况，整理了其特点，还总结了防治儿童遭受家庭暴力在立法和实践中的挑战。该项调研，为《反家庭暴力法》的出台提供了极具价值的立法依据及参考。

调研报告指出，未成年人遭受家庭暴力案件呈现的九大特点：暴力主要来自父母，父母单方施暴的更为常见；家庭暴力存在于城市和农村，农村比例略高于城市；10 周岁以下的未成年人更容易遭受家庭暴力，女童略高于男童；非婚生、单亲、继亲家庭和流动、留守儿童更容易成为家庭暴力受害者；未成年人遭受家庭暴力原因复杂，以家庭关系不和谐、家庭矛盾和管教为主；多种形式的家庭暴力并存，遗弃、性侵害和家庭拐卖应当引起重视；从案件发现情况看，受暴未成年人、家庭成员及基层群众组织报案率不高；家庭暴力造成严重后果的才被关注，一般的暴力还没有引起重视；对案件和施暴人的处理方式简单，除后果特别严重的进行刑事处罚外，对一般案件缺少有效处理方式。

调研报告总结了防治未成年人遭受家庭暴力的立法与实践中的八大难点问题：传统观念根深蒂固；法律政策非常不完善，缺少针对性、系统性、实施性和儿童视角；缺少专门处理家庭暴力的政府机构和综合系统的干预工作机制；未成年人遭受家庭暴力缺少及时发现和报告的信息渠道；缺少及时有效的干预措施；没有设立临时安置场所和紧急救助程序；受法定代理人制度和刑事自诉制度限制，未成年人遭受家庭暴力案件很难进入司法程序；对未成年人家庭监护的司法干预非常薄弱。

调研最后对防治未成年人遭受家庭暴力的八项建议：

（1）加强宣传与倡导，转变社会观念。

（2）对防治家庭暴力进行专门立法，体现对未成年人的特殊、优先保护。

（3）明确对未成年人家庭暴力的定义。

（4）建立未成年人遭受家庭暴力的强制报告制度。

（5）健全综合系统的干预工作机制，及时有效地干预未成年人遭受家庭暴力案件。

① 建立基层社区发现、报告的早期反应机制；

② 健全公安、司法、卫生、民政等多部门配合的有效行政干预机制；

③ 强化可操作的司法干预机制。

（6）完善受暴未成年人的救助与服务机制，保障未成年人顺利获得各项救助。

（7）探索有效的司法保护制度，增强司法干预的可操作性。

（8）建立以监护为核心的儿童福利制度，保障预防与干预措施的有效落实。

① 建立对家庭的帮助和支持体系；

② 设置对家庭监护的监督系统；

③ 确立对遭受家庭暴力未成年人的临时监护制度；

④ 完善撤销监护人资格后的国家监护制度。

第二章 中国防治儿童家庭暴力的基本挑战

现阶段，我国迫切需要推动现代型、专业化并覆盖到社区的网络化儿童保护服务体系的建立，在防治家庭暴力进行专门立法时充分考虑儿童的特点和其最大利益，在逐步完善相关法律政策的同时，完善以监护为核心的儿童福利制度，降低儿童遭受家庭暴力的风险，建立系统的发现、报告、干预、救助与服务、惩治与司法保护的工作机制，构建家庭、社区、政府多位一体的儿童权利保护网，最终使得我国防治儿童家庭暴力制度的框架体系适应我国现实经济水平，并与国际经验接轨。

一、儿童福利保护水平与我国经济社会发展水平不相适应

按照世界银行的衡量标准，人均 GDP 超过 1 万美元是公认的从发展中状态进入发达状态的标线，2018 年我国国内生产总值（GDP）超过 90 万亿元，按平均汇率折算，经济总量达到 13.6 万亿美元。根据 2018 年末中国大陆人口数 139538 万人计算，人均 GDP 接近 1 万美元。❶

西方发达国家在人均 GDP1000 美元时，就已经建立了比较完善的社会福利制度，如英国在 1948 年人均 GDP 还不到 1000 美元时，就已经宣布建成了从摇篮到坟墓的福利国家。日本到 1965 年人均 GDP 才达到 1071 美元，但在 1947 年就通过了《儿童福利法》《社会福利事业法》等法律，并建立了老人年金、母子年金、全民医疗保险等福利制度，我国目前社会福利水平即使与这些国家人均 GDP1000 美元时相比，也存在一定的差距。如果将中国与英国、美国、挪威、日本、巴西等国在人均 GDP3000 美元时期所建立的社会福利体

---

❶ 新华网，我国人均 GDP 接近 1 万美元，最后访问日期：2019 - 05 - 05，链接：http://www. xinhuanet. com/fortune/2019 - 01/21/c_1124022081. htm。

系相比较，中国远远落后于这些国家的同期水平。因为这些国家在人均GDP3000 美元的时候，已经建立了相对完善的儿童福利法律法规，儿童照料的新型模式出现，儿童逐渐从机构养护向家庭寄养过渡，并建立了针对虐待的儿童保护制度。

现阶段，我国迫切需要建立起与经济水平相适应的现代儿童福利与保护体系，这将成为我国儿童权利保障的巨大进步。中国虽然国家经济实力较强，但是在社会福利的供给上却无法和处于相同经济水平时期的发展中国家相比，"经济腿长，社会腿短"的问题较为突出。经济的快速发展与社会财富的大量积累，为发展儿童福利提供了巨大的资源储备，使人们对未来的预期更为乐观。经济发展与不发达的儿童福利与保护水平形成的鲜明反差，使得建设与经济发展水平相适应的、较为完善的儿童福利与保护体系成为民众的一个迫切期望和社会呼吁。

二、儿童遭受家庭暴力的发现与处置机制有待全面激活

儿童不仅是家庭的，也是国家的，政府应发挥其国家责任，在保护儿童成长方面发挥积极的作用。对于家庭内的儿童，国家责任的履行就是通过对于监护的协助和干预来实现的。

近些年来，儿童遭受家庭暴力案例时有发生并见诸报端，体罚儿童仍然是很多家庭教育儿童的一种手段。长期以来，受到"不打不成材""棍棒之下出孝子"的传统观念的影响，父母打骂子女如果没有造成严重伤害则不会受到追究。社会大众，甚至相关部门执法人员对儿童遭受家庭暴力问题往往采取包容或习以为常的态度，大家一般认为管教孩子是家庭内部事务，外人不便干预，大部分时候没有人或组织进行报告和干预。

2015 年，江苏南京一对夫妇涉嫌虐待 9 岁养子致其浑身是伤，养母被刑拘。2016 年，内蒙古通辽 5 岁女童因尿裤子被父亲踢死。2017 年，河南巩义一名 4 岁女孩因为和奶奶太亲近被亲妈虐待致死。这些案例，都是儿童被打成伤残或者致死后才被媒体曝光，更多遭受家庭暴力的儿童我们没有发现。现阶段，我国缺乏系统完善的对儿童遭受家庭暴力的反应机制。儿童遭受家庭暴力往往都是长期的，如果在儿童刚刚遭受暴力时可以被及早发现，就会大大减少儿童被暴力致残或致死现象发生。

表 2-1 2015 年 1 月至 2019 年 5 月我国儿童家庭暴力案件汇总

序号	时间	地区	事件简介
1	2015 年 3 月 31 日	江苏南京	南京一对夫妇涉嫌虐待 9 岁养子致其浑身是伤，养母被刑拘。
2	2015 年 4 月 10 日	福建泉州	5 岁女童遭母亲衣架暴打，满背皆是伤痕。
3	2015 年 5 月 14 日	湖北十堰	7 岁女童长期遭受父亲及继母毒打，全身瘀青指甲脱落。
4	2015 年 9 月 18 日	湖南娄底	9 岁女孩长期受母亲打骂，大姨忍无可忍报警。
5	2015 年 10 月 26 日	安徽宿州	6 岁女童遭母亲及其男友毒打浑身是伤，老师发现后报案。
6	2016 年 3 月 14 日	内蒙古通辽	5 岁女童因尿裤子被父亲踢死。
7	2016 年 6 月 28 日	浙江杭州	2 岁半女童遭母亲虐待致死，6 岁大女儿也曾被虐待。
8	2016 年 10 月 31 日	云南昭通	男童带弟弟玩耍险些溺水，被父亲打得遍体鳞伤。
9	2016 年 12 月 12 日	江苏常州	6 岁男孩常遭父亲毒打，绳子勒脖吊在门上险丧命。
10	2017 年 1 月 4 日	湖南怀化	5 岁女童遭亲妈虐待致死，曾多次遭其殴打受伤。
11	2017 年 1 月 14 日	河南巩义	因为孩子和奶奶太亲近，4 岁女孩被亲妈虐待致死。
12	2017 年 3 月 2 日	江苏常州	屡遭父亲虐待，6 岁男孩睡在车底不敢回家。
13	2018 年 12 月 24 日	广东深圳	女童多次遭家人殴打视频曝光。

父母是儿童的首要职责主体，政府是儿童最终的保护主体。以儿童为中心，政府和监护人分别履行相应的职责，保障儿童的健康成长。当针对儿童的家庭暴力发生时，国家需要通过一系列措施和程序制度对监护进行干预，必要情况下直接承担监护职责，保障儿童的安全，避免由于监护人的问题而使得儿童受到伤害或者出现监护空缺的状态。这就需要设定法定的报告义务人。法定的报告义务是处理虐待案件、保护儿童远离家庭暴力的重要措施和环节。

发现儿童遭受家庭暴力后，需要同时解决多个问题，包括案件调查与安全评估，对父母教育与家庭干预，对人身处于危险家庭的儿童提供人身保护措施或临时安置，心理疏导与救助服务，司法程序的介入，对案件的后续跟踪等。尽管法律政策规定了对家庭暴力的一些干预和救助措施，如居委会村委会劝解、制止、治安管理处罚、紧急庇护等，但非常不完善。当政府部门遇到儿童遭受家庭伤害或失去家庭照顾的事件时，通常更愿意采取生活救助、慰问捐款、教育家长等方式介入案件，或者对于案件进行特事特办的处理，很少能够给予持续的、跟踪的、有效的干预和服务，更无法针对儿童遭受家庭暴力的复杂情况，提供综合性的救助和服务。

三、儿童家庭监护的司法干预非常薄弱

如何救济比谁来监护更重要。防治儿童家庭暴力工作更多是一种救助制度，而不是惩戒制度。因此，让处于危险境地的儿童得到有效保护，比惩戒那些失职家长更重要。尽管法律规定了父母或其他家庭成员实施家庭暴力类犯罪的刑事处罚措施，但只有对未成年人造成严重伤害的虐待行为才构成犯罪，大多数案件没有启动司法程序，缺乏有效的司法干预措施。

目前，我国大多数儿童遭受家庭暴力案件很难进入司法程序，司法实践中存在的一些困境导致司法对遭受家庭暴力儿童的干预非常薄弱，撤销父母监护人资格后没人愿意担任监护人，又缺少国家监护制度的配合，有关人员和单位缺乏主动向法院提出申请的动力，法院在不能为未成年人找到合适监护人的情况下也没办法作出撤销监护人资格的判决。因此，撤销监护人资格的法律规定在司法实践中很少适用，这条法律规定很难得到落实，未成年人的家庭监护缺少必要的司法干预。随着儿童福利保护制度的健全，司法审判和诉讼程序将发挥越来越重要的作用。

世界各国的儿童福利制度建构中，大部分都是围绕儿童福利行政机构和法院的职能而设计的。行政部门对案件的处理与司法程序是紧密衔接的，其采取的很多措施都需要经过法院的裁决，例如：

- 将儿童带离家庭的紧急庇护程序需要法院通过听证予以裁决；
- 将儿童带离的安置期间需要定期向法庭报告儿童和案件的情况；
- 儿童福利措施的采取需要通过法院予以决定；
- 儿童的长久安置和监护关系的确定需要有法院最终裁决。

四、社会力量与专业服务参与度程度低

2018 年，全国登记社会组织数量超过 80 万家，公益慈善主体规模不断扩大，公益行业已经成为我国重要的产业部门和重要组成部分。❶ 2012—2018 年，中央财政连续 7 年购买儿童类专业服务总体金额呈现上升趋势，其中

---

❶ 我国社会组织登记数量已超过 80 万家，新华网，http://www.xinhuanet.com/2019 - 01/03/c_1123944315.htm。

2016 年创历史新高，2018 年稍有下降。2012 年政府购买儿童类社会服务项目金额达到 5725 万元，占到当年资金额度的 29.47%，儿童类项目 101 个，占比约为 27%；2013 年儿童类项目资金达到最低点，为 3941 万元，儿童类项目 95 个；2014 年以后逐渐回升；2016 年儿童类项目资金创历史新高，达到 6331 万元，占当年资金总额的 32.4%，儿童类项目达到 141 个，占当年项目总量的 32%。2018 年儿童领域项目数量为 148 个，儿童领域项目金额共计 5576 万元，占当年资金总额的 30.81%，与 2017 年相比有回落趋势（见图 2-1）。

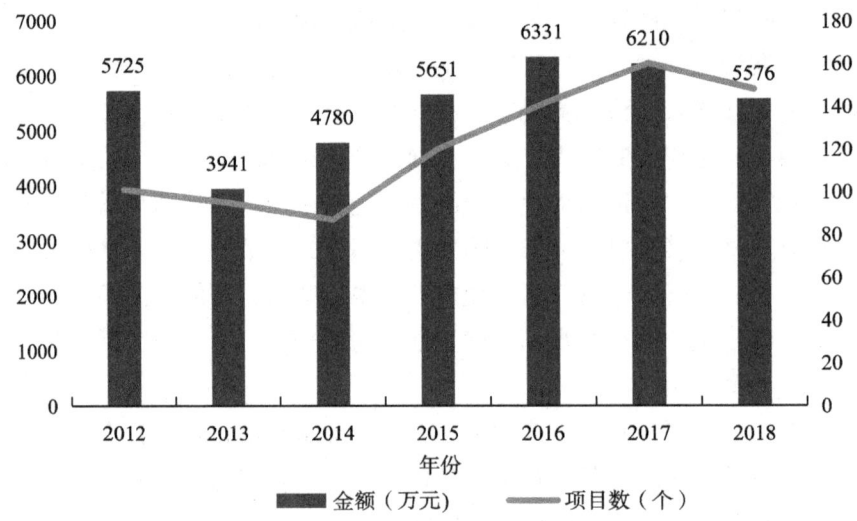

图 2-1 2012—2018 年政府购买儿童类项目数量及资金额

资料来源：北京师范大学中国公益研究院监测整理。

从服务儿童类型来看，项目惠及大量留守儿童和残疾儿童，遭受家庭暴力伤害儿童未受到特别关注。2018 年，政府购买社会组织服务项目中，以留守儿童为服务对象的社会服务项目数所占比例最高，达到 28.4%，其次是残疾儿童、贫困儿童和进城务工人员随迁子女分别占到 18.9%、12.2% 和 4.7%。其他还包括服刑人员子女、少数民族地区及问题家庭儿童等类型为服务对象的项目，占 30.4%。从购买服务金额来看，中央购买留守儿童社会服务项目金额最高，达到 1629.97 万元，占儿童类社会服务项目资金总额的 29.2%；购买残疾儿童社会服务项目金额为 980 万元，占比达到 17.6%；购买贫困儿童社会服务项目金额为 646 万元，占 11.6%；购买孤儿类社会服务项目金额为 306.97 万元，占 5.5%（见表 2-2）。

表 2-2 2018 年中央财政购买社会服务中各类型儿童项目数量、金额及所占比例

服务对象	购买项目		项目金额	
	数量（个）	占比（%）	金额（万元）	占比（%）
留守儿童	42	28.4	1629.97	29.2
残疾儿童	28	18.9	980	17.6
贫困儿童	18	12.2	646	11.6
进城务工人员随迁子女	7	4.7	249.4	4.5
孤儿	6	4.1	306.97	5.5
大病儿童	2	1.3	75	1.3
其他	45	30.4	1686.66	30.2
合计	148	100	5576	100

资料来源：北京师范大学中国公益研究院监测整理。

第二部分

防治针对儿童的家庭暴力实务操作

第三章 消除针对儿童的暴力行为的七项策略

一、关于"启发：消除针对儿童的暴力行为的七项策略"（INSPIRE）

我国《反家庭暴力法》赋予了社会组织干预家庭暴力的法定职能，在第一章总则的第 4 条明确提到社会组织应当依照法律规定，做好反家庭暴力工作，在第 8 条和第 9 条对社会组织开展家庭暴力的预防和支持服务进行规定，同时首次提出社会工作服务机构、救助管理机构、福利机构及其工作人员在工作中有强制报告的义务（第 14 条、第 35 条）。

如何发挥社会组织的优势，更好地履行其法定职责，为儿童营造良好的成长环境，"启发：消除针对儿童的暴力行为的七项策略"（INSPIRE）❶ 提供了一套行之有效的指导方法。近年来，人们逐渐意识到使用单一的方法回应特定的儿童保护议题具有局限性，难以解决问题的根源。2016 年，世界卫生组织（World Health Organization）联合 9 家国际机构共同制定、发布了"启发：消除针对儿童的暴力行为的七项策略"（INSPIRE）。它基于初见成效的证据支持，有助于各个国家地区加大对预防性项目和服务的投入，防止并消除针对儿童的暴力行为，帮助儿童充分发挥潜能。

"启发：消除针对儿童的暴力行为的七项策略"（INSPIRE）包括落实和执行法律、规范和价值观、安全的环境、支持家长和照顾者、改善收入和经济条件、应对和支持服务、教育和生活技能这七项策略，通过卫生、教育、司法、民政以及社会组织等多部门多领域的行动和通力合作，并持续地监测和评估确

---

❶ World Health Organization，"INSPIRE Handbook：action for implementing the seven strategies for ending violence against children"，2018.

保措施的实效。这七项策略共同构成一套全方位、系统的干预措施，为儿童铸造严密的保护体系。

"启发：消除针对儿童的暴力行为的七项策略"（INSPIRE）践行了联合国《儿童权利公约》❶中有关儿童保护的规定："缔约国应采取一切适当的立法、行政、社会和教育措施，保护儿童在受父母、法定监护人或其他任何负责照管儿童的人照料时，不致受到任何形式的身心摧残、伤害或凌辱，忽视或照料不周，虐待或剥削，包括性侵犯。"该策略框架也贡献于联合国的可持续发展目标❷，第16.1条目标"在全球大幅减少一切形式的暴力和相关的死亡率。"第16.2条目标"制止对儿童进行虐待、剥削、贩卖以及一切形式的暴力和酷刑。"第5.2条目标"消除公共和私人领域针对妇女和女童一切形式的暴力行为，包括贩卖、性剥削及其他形式的剥削。"

二、关于策略的应用

作为一家以儿童为本的机构，世界宣明会－中国（简称世界宣明会）一直致力于提高儿童福祉，特别是最脆弱儿童的福祉，使其享有健康、拥有接受教育的机会、学会爱与被爱以及得到适当的照顾和保护。2018年，宣明会启动了"童享零家暴"倡导行动。此行动以"儿童免受家庭暴力威胁"为目标，参照"启发：消除针对儿童的暴力行为的七项策略"（INSPIRE）作为指导框架，通过与各个层面的伙伴合作，包括各级政府、社会组织及社区群众，共同为儿童构建保护支持网络，促进儿童学会自我保护，并让大众认识和重视儿童遭受家庭暴力的问题。

本部分正是基于宣明会应用"启发：消除针对儿童的暴力行为的七项策略"（INSPIRE）在中国的实践，探索如何将此策略框架应用于防治家暴的实务操作，特别是预防性的服务中来。手册的使用对象可以是社会组织及其工作人员，也可以是学校老师、儿童福利主任等。社会组织既可以是开展儿童服务的机构，例如儿童救助管理机构、儿童福利机构，也可以是以反家暴为主体工作的机构，它们在预防和应对上承担的角色有所差别，但其作用是相辅相成的。

---

❶ 联合国：《儿童权利公约》，https：//www.un.org/zh/documents/treaty/files/A－RES－44－25.shtml，1989年版。

❷ United Nations, "Sustainable Development Goals", https：//sustainabledevelopment.un.org (01.05.2019).

下一章将按照七项策略措施分为七个部分，第五项策略"改善收入和经济条件"涵盖的内容庞杂，该策略的实践经验将不会在本书中展开讨论。每个部分包含策略的目标、理据、对家暴的潜在作用和实践经验（见表3-1）。

表3-1 七项策略及其干预方法/实践

策略	社会组织的干预方法/实践	跨领域活动
落实和执行法律	- 普法教育宣传：知识手册	多部门行动和协调
规范和价值观	- 与企业合作 - 传统媒体参与 - 善用社交媒体和自媒体 - 借助专家学者、艺人的力量	
安全的环境	- "童心同行"儿童服务项目	
支持家长和照顾者	- "家点力量"入户探访活动 - "亲爱家庭"家庭教育活动	
改善收入和经济条件	- 提供现金补助 - 融合性别平等培训的小额贷款项目	监测和评估
应对和支持服务	- 主动识别家暴和受暴儿童 - 儿童服务的原则和行为守则 - 社会组织的能力建设	
教育和生活技能	- 赋权、儿童参与、儿童论坛 - 《友伴飞翔》生命及成长教育活动指引 - 《儿童性教育》系列工具	

本部分并不试图对一整套策略措施的可行方法和实务操作展开全面的探讨，而是为实务工作者在开展每项策略相关的项目或服务时提供有用信息、可行的实施方案以及可借鉴的经验学习。

第四章 消除针对儿童的暴力行为的七项策略的组成要素

一、落实和执行法律

（一）策略概述

在"启发：消除针对儿童的暴力行为的七项策略"（INSPIRE）中，"I"代表落实和执行法律（Implementation and Enforcement of Laws），以防止暴力行为的发生。保护儿童免于暴力需要不同层面行动者的参与。国家法律和政策的出台及有效施行是确保儿童受保护权的关键，主要表现为法律对于伤害儿童违法行为的明确描述和坚决取缔的态度。2016年出台的《反家庭暴力法》在保护儿童和青少年方面更是迈进了一大步，下表列出该法律对于其他五项策略实施的促进作用。

表4-1 落实和执行法律与其他策略的关系

策略	落实和执行法律对其他策略的影响
规范和价值观	《反家庭暴力法》明确界定针对儿童的暴力是不可以接受的，这对有关"家庭"和"儿童"的价值观有很大的进步。 　　首先，明确了"家暴不是家务事"，"家暴"不再是私领域的事情，对家庭成员实施暴力和对非家庭成员实施暴力都是违法行为，这与中国的传统家庭观念是非常不同的，俗语"家家有本难念的经"就说明"外人"是管不了"家"事的。《反家庭暴力法》通过追究加害者的责任，告诉全社会家庭暴力行为是错误的，这有助消除容忍以及纵容暴力的态度。 　　其次，第5条"未成年人、老年人、残疾人、孕期和哺乳期的妇女、重病患者遭受家庭暴力的，应当给予特殊保护。"第12条"未成年人的监护人应当以文明的方式进行家庭教育，依法履行监护和教育职责，不得实施家庭暴力。"明确了未成年人的保护需要，他们不是父母或家族的私有财产，而是独立的个体，当他们在家里受到暴力对待时，同样受到国家法律的保障，而不是默默地忍受。

策略	落实和执行法律对其他策略的影响
规范和价值观	最后，第 14 条"学校、幼儿园、医疗机构、居民委员会、村民委员会、社会工作服务机构、救助管理机构、福利机构及其工作人员在工作中发现无民事行为能力人、限制民事行为能力人遭受或者疑似遭受家庭暴力的，应当及时向公安机关报案。公安机关应当对报案人的信息予以保密。"明确了社会对于未成年人的保护责任，未成年人不单不是私有财产，也是社会要主动保护的群体。在家庭的关系里，未成年（除了个别情况外）一般需要他人的照顾，处于权力关系里的被动位置。所以，《反家暴法》对于"强制报告"的规定，正是基于未成年人的脆弱性，明确了社会对于未成年人保护的责任。
安全的环境	鼓励正向管教并惩罚暴力行为可以确保家庭是未成年人安全成长的空间。在极端的情况下，当家庭已经成为威胁未成年人安全的地方时，《反家庭暴力法》第三章"家庭暴力的处置"和第四章"人身安全保护令"规定了处理的原则，而第 21 条更明确了监护不当，伤害未成年人的后果："监护人实施家庭暴力严重侵害被监护人合法权益的，人民法院可以根据被监护人的近亲属、居民委员会、村民委员会、县级人民政府民政部门等有关人员或者单位的申请，依法撤销其监护人资格，另行指定监护人。被撤销监护人资格的加害人，应当继续负担相应的赡养、扶养、抚养费用。"
支持家长和照顾者	除了惩治违法行为以外，该法律也清晰地指出预防工作的重要性和责任主体。《反家庭暴力法》第 6 条提到："国家开展家庭美德宣传教育，普及反家庭暴力知识，增强公民反家庭暴力意识。"这不仅仅说明了预防的重要性，也反映了现在父母或照顾者缺乏对非暴力管教方法的认知，以及各级部门与社会组织开展预防工作的必要性。
应对和支持服务	《反家庭暴力法》明确了社会组织以及政府部门在预防、应对和协调的职责，肯定多方和多部门联动应对针对儿童暴力的重要性。各地按照《反家庭暴力法》的原则纷纷草拟、咨询和落实本地的实施办法。其中一些地方更明确了地方预算的考量和支持，同时赋予了相关社会组织开展专业的咨询、转介、个案管理的法定职责。
教育和生活技能	该法律第 6 条明确了学校老师的职责：学校、幼儿园应当开展家庭美德和反家庭暴力教育。

（二）策略的实践经验

立法和法律的有效实施对于儿童保护领域的其他策略发挥有积极的影响。首先，《反家庭暴力法》为改变伤害儿童的传统做法奠定了法律基础，对于推广非暴力的家庭教育工作指明了清晰的方向。上文提及的"童享零家暴行动"正是应对大众对法律认知的不足，世界宣明会与专家学者、社会工作人员一起合作，利用不同的媒介，包括视频、海报、宣传单张、小册子等，针对父母、照顾者、社会组织、社区成员和学校等开展普法宣传工作。下文以世界宣明会与其他机构合作开发的普法小册子为例（见图4-1）。

图4-1　反家暴普法小册子封面

内容摘要：

邀请你，一起来反对家庭暴力！

2016年出台的《中华人民共和国反家庭暴力法》规定：国家禁止任何形式的家庭暴力。它明确了政府部门、公安机关、司法机关、人民团体、村（居）委、医疗机构、社会组织、企事业单位等在预防和处置家庭暴力中的角色和职责。这也意味着家庭暴力不再是家务事，而是全社会应该关注并制止的违法行为。

我们来看一下家暴现象在我国的现状：

－　我国2.7亿个家庭约25%存在家庭暴力，其中90%受害者是女性。

－　受家暴女性最短遭受3年家暴后才会报警，最长已遭受40年。

－　33.5%的女童和52.9%的男童近一年来遭受过来自父母的体罚。

以上数据显示家庭暴力如此普遍地存在于我们的生活中，而且受暴群体多是妇女、儿童等，家暴不是受害者的错，不是他们咎由自取，也不是家务事，而是需要我们一起关注并抵制的社会问题。

让我们一起携手，共同抵制家庭暴力！童享零家暴，世界更美好。

使用说明：共同抵制家庭暴力，由加深认识开始。本手册帮助我们认识家庭暴力的定义、应对和预防，另外针对儿童遭受家暴，本手册也整理了儿童工作者的跟进行动和注意事项。

设计者：内容摘录整理自由宣明会支持开发的《反家庭暴力工作手册》和《反家暴个案管理工作手册》。

二、规范和价值观

（一）策略概述

在"启发：消除针对儿童的暴力行为的七项策略"（INSPIRE）中，"N"代表修正规范与价值观（norms and values），目的是为所有儿童及青少年营造一个零暴力、相互尊重、相互扶持、男女平等的积极环境。修正社会规范及树立正确价值观可以有效预防针对儿童的暴力。[1]

要实现这一策略，通常需要改变根深蒂固的社会规范、价值观及行为。这显得十分困难，特别当这种社会规范或价值观被视为"正常"，甚至是"合理"的时候。比如在一些社会，老师体罚学生被看作合理的教学手段。

修正社会规范与价值观，以下是三个行之有效的参考手法：

- 改变、限制发展有害的性别及社会规范；
- 实施社区动员；
- 鼓励旁观者进行干预。

（二）策略的实践经验

结合世界宣明会项目的实践经验，本章将着重探讨社会组织如何利用传播媒介及企业合作，借助其强大的触角向大众宣传正面非暴力的家庭关系，同时向社会传递"家暴不是家务事"的观念，鼓励旁观者干预。要倡导正确的社会规范与价值观，首先要识别谁是影响社会规范及价值观的关键者。其中，媒体、名人、企业、专家学者等对社会规范或价值观有很大的影响作用，他们的

---

[1] Ending Violence against Children：Six Strategies for Action. New York：UNICEF, 2014.

话语权及影响力是动摇、重塑根深蒂固的社会陋习以及推广正确价值观的有力武器，也可以起到扩音器的作用，影响更广的群体。

如何通过与媒体、名人、企业、专家学者合作共同推广和强化社会规范与价值观？这个问题没有统一的答案，每个社会组织或者企业的社会责任（CSR）部门根据自身资源、企业愿景与阶段目标等探索适合自身的推广模式。以下我们列举了宣明会近几年尝试的项目和手法，包括"环抱爱，向暴力说bye"大型公众教育活动和社交媒体的运用，通过对项目的检视和分析，希望可以给社会工作者的传播工作和伙伴合作手法一些借鉴和思考。

1. "环抱爱，向暴力说 Bye" 大型公众教育活动

6月1日至2日，宣明会在广州某大型商场合作开展了一场别开生面的公益慈善嘉年华活动，正向传递"环抱爱，向暴力说 Bye"的理念，呼吁全社会共同关注儿童受暴问题，学习如何回应暴力行为，加强对儿童的保护力度，用爱与温暖对暴力说"不"（见图 4 - 2）。

图 4 - 2　嘉年华活动现场

活动在整体设计上，整合了企业资源、非营利组织合作伙伴、著名艺人、媒体、艺术家、主持人等各方资源，结合线上线下活动，最大化传播范围的同时，通过精心设计的游戏教育环节，让现场参与活动的家长/监护人以及儿童都能更正对暴力的观念，从而让儿童更好地受到保护。

（1）与企业合作——重要的资源平台

对于某些公益组织，与企业合作被看作一场严峻的谈判。注意力集中在如何能从对方身上获得更多资金投入，这样双方相互提防，对话往往难以推进。合作更多是一次性，而非长期。

与企业合作的第一步是沟通，建立一个良好、平等的沟通关系是双方合作的基石。从双方初次了解，到针对具体活动陈述各自目的，到后期应对突发事件，都需遵守透明、公平、共赢的原则沟通，双方才能目标一致，获取最大收益。

值得注意的是，与企业的合作中，不应仅限定在对方的资金或者物资捐赠。尝试与企业就共同的目标达成共识，开诚布公地分享彼此的目的与困难，这时候，企业就成为一个资源平台，提供的远远不只资金。

在"环抱爱，向暴力说 Bye"的活动中，我们与 A 企业进行多次沟通后，确定本次活动的目标以及分工。经过头脑风暴以后，双方都提出了具有创意的设想与面临的现实困难：

● 现场有著名艺人到场，能有效提升活动在社会上的关注度，但世界宣明会及企业员工都没有经验或能力保障现场安保工作；

● 双方都认为在活动当天设置美观、简单的宣传栏及活动摊位，可以让大众充分参与到活动中来，并学习预防暴力的知识。但双方都缺乏专业的设计人员设计并准备活动现场的游戏摊位以及宣传栏；

● 活动现场设置 4 个游戏摊位，需要 20 名左右工作人员全天轮流值班，以便保证摊位的运作，但双方并没有足够的人手。

根据传统的思路，如果需要解决以上问题，那么需要 A 企业提供更多的资金。这样，有可能导致 A 企业因为高昂的合作费用而终止合作。

现在我们换一个思路，企业除了资金，其实还有丰富的社会资源。

● 在艺人邀请上，世界宣明会邀请"童享零家暴行动"的活动大使——著名艺人方力申先生，而 A 企业负责与安保公司对接，并利用其自身媒体资源，提供广告公司的支持，让现场活动得以广泛报道。

● 在摊位设置上，A 企业邀请了与其签订年度合作的设计公司，来支持本次活动的现场物料设计。

● 在游戏摊位上，A 企业作为链接平台，邀请了其他两家企业参与摊位游戏。而宣明会也邀请到一家企业，同时动员内部员工作为活动志愿者。

最终，双方都遵循让活动高质量、安全地进行这一个共同的目标，有了更多创造性的合作可能。除了活动的物料，A 企业作为资源的平台，还链接更多企业、安保、设计、广告公司，支持整个活动，保证了活动的质量，同时扩大了整个活动的影响力（见图4－3、图4－4）。

图4-3 精美的排版设计吸引大众驻足观看

图4-4 企业招募内部员工参与公益活动

（2）艺人助力——社会正能量的扩音器

在动辄就能牵动千百万粉丝注意力的明星经济时代，艺人的加入助阵是一个可遇不可求的机会，但同时也是对于社会组织的考验。如何让社会组织与艺人一起取得双赢？如何最大化艺人带来的社会影响力？

以本次活动为例，宣明会很荣幸获得艺人方力申的参与及支持，在艺人的助力下，活动在社会上取得较好的关注。

①设计符合双方理念的艺人参与方案

一旦有艺人的参与，社会组织可能恨不得使用所有手法来吸引粉丝注意或者媒体关注，这样容易让后期的宣传推广大打折扣。艺人虽然自带一定的关注度流量，但是活动与艺人的切合度、传播性、话题性等，都直接影响活动传播效果的好坏。

在活动前期的策划中，经过与艺人经纪人的深入沟通，结合方力申阳光、正面、健康的个人形象，以及曾作为香港游泳代表队参加奥运会的特点，我们为活动设计了互动环节，结合宣明会儿童为本的理念，由方力申与儿童现场开展互动游戏，也让方力申分享他在学生时期游泳训练过程中遇到的困难及如何克服，给儿童打气（见图4－5）。

图4－5　结合艺人特点设计与儿童互动游戏

②通过艺人扩大活动影响力

每一个艺人都有自己特定的影响群体。结合艺人的活动推广，核心是通过关注艺人的粉丝群体作为种子传播者，通过内容吸引、互动等方式鼓励粉丝的二次传播，从而达到推广活动或传播主题信息的目的。

在"环抱爱，向暴力说Bye"的活动中，我们也像传统做法一样，利用艺人的形象，制作平面广告、微信微博推文、录制宣传视频等用作线上传播推广。同时策划并落实艺人到现场参与活动，给大众一个与艺人接触互动的机会。

现在，自媒体已经不是一个新鲜名词，所以在线上传播的过程中，我们邀请艺人与宣明会官微转发互动。艺人的正能量获得粉丝大力点赞以外，我们官微的关注人数也同步上升，更多大众关注儿童暴力的话题，并纷纷表示关注与支持（见图4－6）。

不同于以往的轻度参与，更多品牌或者社会组织在与艺人合作的过程中，往往会花更多的精力让艺人深度参与到项目中来，形成长期品牌活动，最大化利用艺人的影响力，倡导更好的社会观念。

在本次活动结束后，我们邀请艺人方力申到宣明会在农村的项目点探访儿童，将本次活动倡导的正向家庭教育观念亲身带给我们的孩子，与孩子互动，聆听他们的心声。在与艺人的合作上进入更深层次、更多互动的阶段（见图4－7）。

图4-6 艺人与世界宣明会官微转发互动

图4-7 方力申在农村项目点与孩子们互动

（3）主流媒体参与

现在，社会热点事件离不开媒体的参与，通过媒体发声影响更多的大众，从而引起整个社会关注及讨论，是提升意识更新新观念的一种途径。传统主流媒体所能覆盖的传播面远远大于某一企业自媒体，也可以覆盖一些社交媒体难以触及的社会群体。

部分大众可能不会刻意关注某一个企业或社会组织，主动去了解非暴力管教知识，他们往往关注当地的媒体，无意中从媒体获取信息，从而改变自身行为。

社会组织与媒体建立日常联系关系，共享社会信息，是基础。在"环抱爱，向暴力说 Bye"的活动中，共有三家纸媒、两家电视台、九家网络媒体等至少十四家主流媒体共同报道该活动，让活动在相对集中的时间获得广泛的报道，触及更多大众尤其是家长了解到非暴力管教的重要性及应对方法（见图4-8）。

图4-8　报纸报道的截图

针对艺人出席，除了媒体传统的出席和报道活动，我们还安排了两家电视台进行深度的专访环节。不同媒体的性质引申不同的专访问题，刚好可以从不同角度来呈现艺人阳光积极的正面形象和本次活动的积极意义。对于媒体，他们有一手独家的新闻材料；对于艺人，获得媒体正面、长时间的曝光；对于社会组织和活动，有媒体广泛报道让活动信息触及更多大众。这是一次多方共赢。

图4-9　两家电视媒体进行专访

（4）互动游戏——线上线下的寓教于乐

本次活动，我们特意采用线上问卷、线下摊位游戏的方式加强家长或者监护人、儿童对非暴力管教的认识。

到活动现场的大众，可以使用手机扫描二维码，在线回答关于非暴力管教问题，而答案可以在活动现场的宣传栏获取。家长在学习非暴力管教知识的同时也可以一键转发到微信或者微博，让更多家庭参与活动。

图 4 – 10　在线非暴力管教问答

图 4 – 11　反对家庭暴力宣传板

而在现场，宣明会联合几家热心公益的企业精心准备了四个游戏互动体验区：亲子咖啡作画/咖啡涂鸦杯、亲子绘画填色、零欺凌四部曲和"靶心冲冲冲"趣味问答，小朋友和家长可以在活动的乐趣中了解与学习如何应对暴力事件，勇敢地对暴力说再见。

图4-12 妈妈在现场教授孩子如何应对暴力

2. 活用社交媒体

相信你对社交媒体一点都不陌生，在社会组织开展公共倡导活动中，社交媒体的运用至关重要，主要因为以下原因。

（1）低门槛

在社交媒体上开设企业或者组织账号，成本很低，一般只需每年支付几百元审核费用，与其他高昂的传统宣传形式如报纸广告、电视广告等无法相提并论。微小型企业或者组织也可以开设账号。

当然，低门槛与低成本是两个不同概念。某些大型商业公司，每年仍会投入上千万元用作社交媒体运营，单是内容团队多达数十人，有专业分工。但社交媒体的好处是，企业可以根据自身的情况，控制投入的费用，少至仅聘请一人运营账号内容，多则可以投入千万元用于跨平台跨品牌合作。

（2）集合地

每次社会倡导活动，如果活动后没有留住关注的用户，那么每做一次活动，就意味着流失一次用户。根据国内网络使用习惯，相对于网站，社交媒体无疑是留住活动用户更好的后方"集合地"，方便日后持续与用户接触。

签到、问卷、有奖互动等多种方式都可以邀请用户通过添加关注等方式归入到机构的"集合地"——社交媒体。日后通过内容推送、活动开展等方式不断更正用户的价值观。

（3）数据化

数据化是社交媒体的一大特点，相对于传统媒体间接收集数据的方式，社交媒体可以及时、准确地获取活动效果的信息，点击量、阅读量、转发数等社交媒体的指标都可以大致反映活动效果。这在一定程度上填补了本策略（社会规范和价值观）难以评估成果的缺憾。

很多社会组织乃至企业尽管拥有自己的社交媒体账号，但没有充分发挥其全部作用。部分处于"推送"阶段，只管推送自身企业信息，没有针对特定人群，读者流失量大而且活跃度不高。部分处于"迎合"阶段，读者互动频繁，看似热闹，但为了迎合大众口味，消息内容与组织品牌不吻合，谈不上给组织带来美誉度。在社交媒体上，根据活动内容、技术、平台渠道不同，有着多种多样的社交媒体互动案例。以下列举两则宣明会的案例，一方面宣传反对家庭暴力的知识和理念，另一方面保持与目标群体在线互动，增加读者的热情和关注度。

① 专家/学者——以学术权威倡导社会价值观

我们尝试邀请专家学者和拥有丰富实践经验的社会工作者参与到反暴力的活动中，在宣明会的社交媒体与大众互动、解答公众的疑惑，通过严谨的学术理论支持和实践经验的背书，增强大众对信息的关注度。

社交媒体上征集的推文　　　　社交媒体上的互动问卷

图 4-13　世界宣明会微信公众号上的互动

× 世界宣明会　　　　　　　　…

👍4

投完票看到了结果真是吓了一跳：很多票竟
然投给了很难说清。经过美国两年婚姻家庭
治疗硕士的学习后，已经对任何形式的家暴
零容忍。打不是亲，骂也不是爱，那是对另一
个人不能掌控的情绪完全失控。你希望怎样
被对待，就怎样待自己的配偶和孩子吧。

👍2

管教和发泄情绪是两回事，尊重敬畏生命是
根本💕

👍1

作为一名社会工作专业的大学生，经常做关
于儿童的实践活动，但是关于儿童家暴，从
未被提及，看看这个调查，也引起了我的思
考。父母就真的是最疼爱孩子的人吗？这句
话也许值得思考。现在关于儿童家暴越来越
多，有被继母继父陷害，有被家庭劳力摧残。
我想从社工角度，简略说说自己的想法。首
先，孩子遇到这些事情的时候懂得自救吗？
根据所学社区工作，我想，关于反儿童家暴
的社会工作者可以联合社区进行合作。当孩
子感受到自己受伤害时，可以寻机会告诉社
区人员，由他们联系社会工作者，最后社会
工作者出面解决。其次，所有的儿童受虐行
为都是犯法的吗？当发现有问题家庭时，社

图 4 – 14　读者的留言回应

专家怎么说

王玲
中国教育学会家庭教育专业委员会理事

这是施暴者的借口，有错就能打吗？什么错误都不能成为施暴的借口；即使有错，也
要采取说理、非暴力的方式沟通，而不是用暴力。

侯志明
北京枫彩妇女心理咨询服务中心主任

首先要分析，有没有更好的方式解决生活中不如意的问题，哪怕是对方做得不妥或者
有错误。有话好好说，鼓励采取非暴力沟通的方式来解决矛盾和问题。

图 4 – 15　专家学者的答疑解惑

②"一家团圆，温馨拥抱"照片在线征集

切合三八妇女节，宣明会联合瑞安企业发起照片征集活动，鼓励父母与孩子通过拥抱传达彼此的爱，反对家庭暴力，提倡家庭采用正向的家庭教育方法，强调父母的陪伴和正面引导。

图4-16　"一家团圆，温馨拥抱"活动宣传图

大众从宣明会微信微博点击链接进入投票平台，通过上传自己与孩子拥抱的合照，即可参加活动。这次活动以沈阳、广州、重庆、南京、天津、成都多个城市为主覆盖全国，简单的活动也收获不错传播效果。3月8日至10日三天期间，共有近80人参与活动上传合照，活动总投票量达40000票（每人每天可投3票）。同时结合瑞安企业在沈阳、重庆、南京的商场活动点，有近200人现场参与活动，易拉宝的观看人流量估算达5918人次（见图4-17）。

图4-17　大型商场入口的摊位宣传

3. 讨论及建议

通过以上分享的经验与方法，心怀壮志的你可能短期内可以上手一两个社会宣传活动，但想动摇甚至改变社会规范及价值观，需要长期坚持。在现今的互联网信息时代，很多社会热点在网络的"生存时间"往往只有一两周，而且不一定能引起社会的实质改变。这需要社会工作者沉下心，长期坚持。

在社会倡导的方面，策划或组织一次公共活动时，以开放的态度与不同资源、组织、平台长期合作，甚至让大众参与决策。让每一次社会倡导行动更有意义更有趣，吸引更多人参与，通过长期、系列的活动，慢慢改变大众根深蒂固的社会观念，从而为儿童构建一个更美好的未来。在传播手法的运用上，除了通过主流媒体和新兴的社交媒体外，有实践表明社区宣传活动和小组活动也是十分有效的方法，同时可以覆盖到一些边缘群体。另外，运用媒体宣传时，还需要注意的是应当避免不当的工作手法和报道对儿童造成伤害，详细内容请参照本章第六部分的介绍。

三、安全的环境

（一）策略概述

在"启发：消除针对儿童的暴力行为的七项策略"（INSPIRE）❶ 中，"S"代表"安全的环境"（safe environments），该策略的主要目标是创造和维持安全的街道和生活环境，让儿童及青少年可以安全地聚集并享受休闲时光。这里的环境包括了物理环境和社会环境两层含义。前者代表了房屋、街道、公园、儿童中心、社区中心、图书馆等自然存在或人为设计的物理空间；后者则代表了邻舍关系、社区凝聚力、社区对暴力行为的认知及容忍程度等社会文化环境，这与前文提到的规范与价值观也密切相关，因为价值观会影响个人在公共空间中的行为表现。当然，这两个层面的环境不是独立区分的，而是互为影响的。一个安全可靠的物理环境，可以让人们安心地使用公共资源，参与工作、学习和休闲娱乐，建立积极的社会互动；而一个良好的社会环境，也可以让人们更愿意参与公共事务的讨论，共同维护和改善物理环境。因此，在该策略的

---

❶ World Health Organization, INSPIRE Handbook: action for implementing the seven strategies for ending violence against children, 2018.

落实过程中，更为有效的方法是从两个层面的环境同时入手，通过硬件和软件活动的搭配，改变人们的认知和态度，鼓励正面的行为，进而减少成人对儿童，以及儿童之间的暴力行为。

从中国的情境来看，"安全的环境"这一策略契合了我们传统文化中对安全环境的重视，并且包含了安定、安心等多重含义。比如俗语"安居乐业"，安定的居住环境是愉快地工作和学习的前提；又比如"此心安处是吾乡"，只有让人安心的地方才能让居民产生归属感，愿意长期地居住和共同建设社区。具体到当下的环境对儿童的影响，《中国儿童发展纲要（2011—2020 年）》[1]明确指出，目前社会文化环境中仍然存在不利于儿童健康成长的消极因素。因此，政府致力于到 2020 年达成儿童发展目标 4.1 "营造尊重、爱护儿童的社会氛围，消除对儿童的歧视和伤害。"儿童发展目标 4.7 "增加县、乡两级儿童教育、科技、文化、体育、娱乐等课外活动设施和场所，坚持公益性，提高利用率和服务质量。每个街道和乡（镇）至少配备 1 名专职或兼职儿童社会工作者。"儿童发展目标 4.8 "90% 以上的城乡社区建设 1 所为儿童及其家庭提供游戏、娱乐、教育、卫生、社会心理支持和转介等服务的儿童之家。"这些目标都与开篇提到的"从物理和社会环境两方面入手减少针对儿童的暴力行为"不谋而合。

因为本书的重点是防治针对儿童的家庭暴力，下文将主要围绕环境、家庭暴力、儿童发展之间的关系，讨论创建安全环境以消减家庭暴力的路径及实践经验。

（二）环境与针对儿童的家庭暴力

基于儿童发展的社会生态圈模型，[2] 良好的环境可以直接促进儿童的身心健康，也可以通过影响家庭成员间的关系间接改善儿童福祉。比如 Diez Roux 和 Mair 发现拥挤吵闹的建筑环境会对儿童完成家庭作业的能力产生消极的影响，这样也更容易增加父母的心理压力，引发家庭内部的冲突。[3] 而 Finno −

---

[1] 国务院：《中国儿童发展纲要（2011—2020 年）》，2019 − 01 − 05，http：//www. gov. cn/gong-bao/content/2011/content_1927200. htm。

[2] Bronfenbrenner, U., The Ecology of Human Development. Cambridge, MA：Harvard University Press，1979.

[3] Diez Roux, A. V. & Mair, C., "Neighborhoods and health", Annals of the New York Academy of Sciences, 2010 (1186)：125 − 145.

Velasquez 等学者也表明户外公共空间的缺乏容易带来被社会孤立和限制的感觉，这会在家庭内部产生"高压锅效应"从而增加儿童被虐待的可能性。❶ 相对地，Coley 等学者指出社区内的绿色空间不仅能改善儿童的认知功能，也能为亲子互动提供更多的机会。❷

在社会环境与针对儿童的家庭暴力的关系方面，国内外学者存在着较为一致的发现，即社区的秩序、凝聚力以及对暴力的容忍程度与家庭暴力的发生率息息相关。Garbarino 和 Kostelny 指出，那些儿童遭受家暴率较高的社区通常存在着秩序混乱，缺乏稳定性等特征。❸ 而在国内，高云娇等学者通过对流动人口社区的研究，发现社区混乱的秩序会同时增加流动家庭和本地家庭对儿童进行心理攻击（即通过言语或象征性的攻击行为来对儿童实施精神或情感虐待）的可能性。❹ 导致这一现象的原因可能是社区中的危险因素，邻舍间信任的缺失，城市对流动人口的歧视等增加了父母的日常压力，使其更易于采取暴力行为。与此同时，社区集体效率和凝聚力的低下也可能会削弱对家长虐待行为的约束力。

基于上述理论和实证研究可以看出，不管是物理环境还是社会环境的改善都能减少儿童遭受家庭暴力的风险，同时增加儿童健康成长的保护因素。这些变化直接或间接地向公众传递了一个信息：在公共领域哪些行为是被鼓励的，哪些行为是不被接受甚至违法的。而当人们（尤其是家长和照顾者）接受并认可了这些信息，其在家庭内部的行为或多或少也会发生改变，比如下意识地减少暴力行为，采取沟通协商的办法来解决家庭矛盾。此外，儿童在社会化的过程中遭受或目睹暴力的可能性减少，参与社区公共活动的机会增加，这也有利于阻断家庭暴力行为的代际传播。

（三）策略的实施路径

上文提到，在创建安全环境的实际操作过程中，可以从物理和社会两个方

---

❶ Finno - Velasquez, M., He, A. S., Perrigo, J. L. & Hurlburt, M. S., "Community informant explanations for unusual neighborhood rates of child maltreatment reports", Child and Adolescent Social Work Journal, 2017 (34): 191 - 204.

❷ Coley, R. L., Sullivan, W. C., & Kuo, F. E., "Where does community grow? The social context created by nature in urban public housing", Environment and Behaviour, 1997 (29): 468 - 494.

❸ Garbarino, & Kostelny, "Child maltreatment as a community problem", Child Abuse & Neglect, 1992 (16): 455 - 464.

❹ Gao, Atkinson - Sheppard, & Liu., "Prevalence and risk factors of child maltreatment among migrant families in China", Child Abuse & Neglect, 2017 (65): 171 - 181.

面同时介入。此处，仅出于区别不同干预模型的考虑，会分开论述这两个方面的干预路径。

从物理环境方面来看，现有的循证实践表明通过对环境的设计来预防暴力犯罪（Crime Prevention Through Environmental Design，CPTED）是卓有成效的干预模式。以 2004 年哥伦比亚麦德林市对部分低收入贫民窟社区公共空间的改造为例，政府不仅投资完善社区的基础建设，还修建免费的公共交通系统让居民更容易使用公园、图书馆和社区中心等公共资源。研究人员发现，在 2003 年至 2008 年期间，与相类似但环境没有改变的贫民窟社区相比，这些被干预社区谋杀率的降低幅度要大于 66%，暴力事件汇报率的降低幅度则大于 74%。[1] 虽然没有与家庭暴力发生率有关的直接数据，但基于前文对环境与家庭暴力关系的分析，儿童遭受家庭暴力影响的可能性也有机会获得大幅度的降低。常见的 CPTED 模式特征包括：让人们更容易观察四周和采取行动避免威胁的建筑设计；有利于对准入的管控；能够增加居民的拥有感，鼓励亲社会行为。

从社会环境出发，比较常见的模式包括社区发展动力培育（Community development initiatives）和以社区为基础的防治暴力模式（Community - based violence prevention）。这些模式共同的特点是通过鼓励居民参与社区发展的规划和实施，来保证干预项目对社区需求的有效回应，进而加强社区的凝聚力和稳定性。比如，在乌干达实施的防治性别暴力社区动员项目 SASA！（斯瓦西里语，意为"现在！"）中，项目人员通过动员和培训社区骨干，支持社区开展与消除性别不平等和暴力有关的社区倡导教育活动。研究者发现，参与项目的女性比未参与的女性遭受身体暴力的可能性减少了 52%，参与项目的男性和女性对暴力的接受程度都有显著的降低。而后续的有关项目对儿童影响的跟进调查中，研究者发现儿童目睹家庭暴力的发生率降低了 64%，而那些受家暴可能性减少的女性则表示改变了自己对子女的教养方式，包括减少或拒绝体罚，改善亲子关系等。[2] 在国内，很多儿童关爱保护项目也都采取以社区为基

❶ Cerdá, M., Morenoff, J., Hansen, B., et al., "Reducing Violence by Transforming Neighborhoods: A Natural Experiment in Medellín, Colombia. American Journal of Epidemiology", 2012 (175): 1045 - 1053.

❷ Kyegombe, N., Abramsky, T., Devries, K., et al., "What is the potential for interventions designed to prevent violence against women to reduce children's exposure to violence? Findings from the SASA! Study, Kampala, Uganda", Child Abuse & Neglect, 2015 (50): 128 - 140.

础的模式，比如北京师范大学中国公益研究院和世界宣明会－中国合作的"童心同行"项目，但因为起步较晚，目前还缺乏充足有力的实证研究。不过，在一项有关留守儿童关爱保护社区模式的定性研究中，赵辰月等人发现通过与村委会骨干和村民合作，培养社区志愿者，开展儿童中心活动，社区的凝聚力和支持网络有所提升，儿童的孤独感和反社会行为也有所减少。❶ 这也从侧面显示了从社会环境入手防治针对儿童的家庭暴力的可行性和预期成效。

除了选取相关的项目模式，在"安全的环境"这一策略的实施过程中还有一些注意事项值得探讨。首先，在项目初期需要进行全面的需求和利益相关者分析，来决定本地情境中存在哪些家庭暴力的根源因素，又存在哪些干预和改变的契机。其次，需要在社区、公共部门、私营部门和其他服务提供机构（包括医疗、教育、法律、社会服务、住房等）之间建立较强的伙伴关系和合作机制。再次，项目的设计和运作过程需要利于提升社区的拥有感和参与度，儿童和青少年也应该在其中扮演重要的角色，这样才能创建多功能，符合社区优先需求，且被居民妥善使用和管理的公共空间。此外，环境的改善，尤其是物理环境的改善需要考虑较多成本的因素，不过这也取决于项目选择的干预目标。比如，灯光、道路铺设、小范围设施改善的成本相对较低，而策略性地选择一些现有的公共空间去改造也比新建的开支要低。长期来看，对基层政府和居（村）委会而言，把预防暴力作为基础设施规划过程中的一环也是提升安全的一种经济实惠的办法。最后，随着科技的发展，"环境"这一概念本身也在发生变化，比如网络和社交媒体越发成为影响儿童和家庭的重要环境，如何灵活地应对这些新环境及其中可能出现的风险，使科技变为建立儿童友好环境的支持性工具，将是未来项目实施中不可缺少的考虑因素。

（四）策略的实践经验

为了便于策略的本地化操作，实践经验部分将主要介绍国内的情况。上文提到，国内与儿童友好环境相关的项目大多以社区为基础，其在实际操作中通常会涵盖物理和社会环境两个方面。比如现在较常见的儿童之家，其运行经验很多都积累于 2008 年四川汶川地震应急救援中。从国外引入的儿童友好空间模式（Child Friendly Space，或称儿童友好家园、儿童天地），其目的是在紧急

---

❶ Zhao, Zhou, Wang, Jiang, & Hesketh. , "Care for left – behind children in rural China: A realist e-valuation of a community – based intervention", Children and Youth Services Review, 2017 (82): 239 –245.

状态下提供儿童保护和支持服务。包括国务院妇女儿童工作委员会、联合国儿童基金、世界宣明会－中国、中国科学院心理研究所在内的多个国内外组织机构都参与了儿童友好空间的建设，比如宣明会与中科院心理所合作运行的五个"儿童天地"。在灾后，这一儿童友好空间的模式延续了下来，成为常态化的以社区为基础的儿童保护和服务机构，继续为儿童及其家庭，尤其是留守儿童和流动儿童，提供保护和支持。❶

如果说早期的儿童友好空间重点在于搭建安全的物理环境，其后常态化的儿童之家的着重点则慢慢转变为了在基层搭建儿童福利和保护服务的平台，比如前文提到的北京师范大学中国公益研究院和宣明会合作的"童心同行"项目、宣明会在广州、南宁等城市针对流动儿童搭建的儿童中心项目等。此外，宣明会还通过培育儿童小组等方式，让儿童参与社区环境改善的倡导活动，如教授儿童拍照技巧，让他们以照片的方式识别记录社区内的危险地带（马路、池塘边等），再支持儿童代表向居（村）委会和社区成人倡议，增设围栏和警示牌，以提高儿童和照顾者的安全及保护儿童意识。因为儿童小组的内容会在后文"教育和生活技能"部分详细分析，此处不再展开讨论。接下来，会围绕"童心同行"项目，详细介绍其在创建有利于防治家庭暴力的安全环境方面的实践经验。

1. "童心同行"项目背景

2010 年 5 月至 2016 年年初，由民政部社会福利和慈善事业促进司、联合国儿童基金会和北京师范大学中国公益研究院三方在全国五个省（区）共同探索儿童福利与保护体系模式，为全国基层儿童福利与保护发展提供了宝贵经验。其中，"村级儿童主任"模式已被写进国务院 2016 年第 36 号《关于加强困境儿童保障工作的意见》（以下简称《意见》），《意见》明确提出全国村（居）儿童之家要设立儿童福利主任职位❷。从 2018 年开始，北京师范大学中国公益研究院和宣明会合作启动"童心同行"项目，致力于拓展"村级儿童主任"模式，通过设立"儿童主任"、开放"儿童之家"、建立基层儿童福利与保护服务机制等方式创建儿童友好的物理与社会环境。目前，该项目已在云南陇川、陕西洋县等地顺利落地。因为陇川县的项目启动较早，下文将主要讨

---

❶ 苏凤杰主编：《儿童友好家园工作指南》，北京师范大学出版社 2010 年版，第 3—5 页。

❷ 国务院：《关于加强困境儿童保障工作的意见》，2019－01－05，http：//www.gov.cn/zhengce/content/2016－06/16/content_5082800.htm。

论"童心同行"陇川项目的实践工作。

2. "童心同行"陇川项目概况

2018年4月23~25日，在云南省民政厅的大力支持和协调下，宣明会、北师大中国公益研究院与陇川县民政局进行了"童心同行"项目的座谈会，并与其达成了合作意向，签订了三年的协议，在户撒乡的10个行政村开展童心同行项目，推动陇川县基层儿童福利和保护服务体系的建设。项目以项目村（社区）所有0~18岁儿童为服务对象，项目内容主要包括收集儿童福利服务需求，链接资源解决问题，创建儿童之家，设置儿童主任，搭建基层儿童福利与保护服务体系，开展困境儿童救助活动，提高基层儿童福利与保护服务人员专业能力。

该项目由宣明会提供资金支持、北师大中国公益研究院提供技术支持、陇川县民政局负责"童心同行"项目在陇川的落地和日常管理。其中，陇川县民政局要负责协调横向职能部门（包括但不限于公安、教育、卫健等），并指定专人为"童心同行"项目主任来制订工作计划和预算，以此来建立以民政为核心的多部门联动，"县—乡—村"三级儿童福利与保护服务体系。

3. "童心同行"陇川 项目目标

其一，搭建农村基层儿童福利服务体系，为试点地区的儿童提供急需的服务；其二，培养农村儿童福利服务工作队伍，促进基层儿童社会工作专业化发展；其三，探索农村基层儿童福利服务标准内容，提升农村儿童基本生活水平；其四，持续探索基层儿童福利服务体系建设的新思路，为政府决策提供依据。

4. "童心同行"陇川 项目执行人员职责

项目主任主要负责制订工作计划，指导和监督儿童主任日常开展工作；定期组织儿童主任进行工作交流和沟通；负责儿童主任的考核；指导和监督儿童之家的建设和活动开展；按时向北师大中国公益研究院提交项目季度、年度工作报告及财务报告；为研究院在项目区开展培训、督导、项目研究提供支持等。镇（办）民政专干主要负责监督和协助项目实施；指导和监督儿童主任日常开展工作；定期组织儿童主任进行工作交流和沟通；指导和监督儿童之家的建设和活动开展等。而在每个项目村，儿童主任直接服务于本村儿童，主要负责甄别儿童需求，协助解决；定期家访，关爱陪伴；管理儿童之家并定期开放；定期开展组织活动等。儿童主任会先由项目县与宣明会联合招募并初选，然后由北师大中国公益研究院复选确认。

5. "童心同行" 陇川 项目活动

项目在户撒乡 10 个行政村都以改建或扩建的方式建立了一所儿童之家，儿童之家既是儿童主任办公的场所，也是儿童主任开展各类儿童活动的场所，体现了上文所述的"通过环境设计来预防暴力"这一路径。儿童之家每周定时向村居的所有儿童开放，开放时间张贴在外墙上，便于大家定时来参加活动。为了帮助儿童主任有效地开展活动，项目首先开展了儿童主任培训。2018年 6 月 13 日至 15 日，项目开展了儿童主任初级培训，内容主要围绕儿童主任第一个半年工作要求，包括项目介绍、儿童主任工作职责及规范、儿童社会工作概述、实务个案、儿童之家、儿童发展特点以及儿童福利与保护相关政策等几个方面。2018 年 12 月 18 日至 20 日，项目又开展了儿童主任中级一期培训。此次培训主要是基于前半年项目开展的基础线调研工作，目的是帮助儿童主任根据采集到的儿童及其家庭基本信息，对儿童的风险程度进行分类甄别、准确评估儿童的需求，掌握搜索社会资源的方法，制订合理的解决方案，并掌握组织简单活动的程序和技巧，在儿童之家开展不同类型的主题活动。培训后，46人参与了考试，及格率达到了 82.6%，表明大多数儿童主任和相关工作人员的知识掌握情况处于良好水平。

图 4-18　陇川项目儿童主任初级培训现场

通过培训，儿童主任对各年龄阶段儿童的特点、如何开展主题活动、儿童的基本权利等都有一定程度的了解，并着手开展了各类的儿童活动，如认识儿童之家、我为儿童之家做装扮、儿童权利主题活动、社区安全预防等。以"认识儿童之家"活动为例，儿童之家第一次开放，儿童主任们想了各种办法让村寨中更多的家长和儿童了解并知道儿童之家，他们邀请村委书记为大家讲话，鼓励更多的家长和孩子们到儿童之家来参加活动。儿童主任通过向大家宣传儿童之家的功能和开放时间，组织家长和儿童进行亲子游戏，邀请大龄的儿童布置、美化儿童之家等方式，既让家长和儿童了解了儿童之家的功能，也让孩子们感受到儿童之家的归属感。

图 4 – 19　儿童参与儿童之家的活动

最后是关于儿童主任工作的实地督导。2018 年 12 月 20 日下午到 21 日，督导组工作人员与户撒乡 11 个儿童主任开展了座谈，并对 10 所儿童之家进行了实地督导。座谈会上，督导组了解了半年来儿童主任的工作情况及基线调研工作中遇到的困难和问题，并针对儿童主任提出的问题进行逐一解答。在参访儿童之家的过程中，督导组对儿童之家的选址、装修、布置进行了协调与指导，并对儿童主任档案管理方法给出了建议和意见。督导小组的讲解和答疑为儿童主任在工作中遇到的挑战提供帮助，也有助于儿童主任改进工作方法，提升专业能力。

6. 对"童心同行"陇川项目的讨论及建议

因为截至本书发稿时，该项目只开展了一年，目前的产出主要是儿童之家的搭建和儿童主任的初级技巧培训，从项目活动中受益的儿童达到 6522 人，受益家长超过 16000 人，可以说项目在物理和社会环境方面初步改善了项目村儿童的安全环境。但因为暂时缺乏评估数据的支持（如家长对家庭暴力的认知态度转变，儿童遭受家庭暴力情况的改善等），项目在防治针对儿童的家庭暴力方面的成效还有待验证。不过，在国外学者 Haas 等人的研究中，受调查的家长表示广场、社区儿童中心这些地方给儿童提供了一个安全的场所来释放精力，一方面让家长从育儿的压力中获得暂时的休息，另一方面也减少了儿童在家中过度活跃的行为，进而从多方面降低了儿童遭受或目睹家庭暴力的风险。❶ 参考这一研究发现，"童心同行"项目有较大的可能性在防治家庭暴力和保护儿童方面带来更长期的改变。此外，该项目催化的"儿童之家""儿童主任"等环境要素为后期的困境儿童家访、社区家庭教育等搭建了良好的平台，这些内容会在下一节"支持家长和照顾者"部分详述。最后，从改善建议来看，目前项目注重于"儿童主任"的能力建设，后期如何更好地动员整个社区的参与，发掘本地的志愿者、资金、技术等资源，定期地监测评估项目给不同年龄段、不同性别儿童带来的影响，将是增加社区凝聚力和社会资本，优化项目质量，推动项目可持续发展的关键。

四、支持家长和照顾者

（一）策略概述

家庭是绝大多数儿童成长和积累早期学习经验的地方，从生态圈的角度，这一亲密关系网对儿童的身心健康存在各类风险及保护因素，前者包括缺乏情感联结，家庭功能失调，家庭暴力，粗暴的育儿方式等；后者则包括安全的依恋关系，温暖团结的氛围，正向的管教方式等。在这些因素中，大量研究发现父母的教养方式与儿童早期的行为问题密切相关，而"支持家长"不仅能够改善教养方式，也能提升儿童及家庭本身的健康、安全与抗逆力。❷ 基于此，"启发：消除针对儿童的暴力行为的七项策略"（INSPIRE）❸ 中的"P"就代表了"支持家长和照顾者"（Parent and caregiver support），其目的是帮助家长

---

❶ Haas, B., Berg, K., Schmidt - Sane, M., Korbin, J., & Spilsbury, J., "How might neighborhood built environment influence child maltreatment? Caregiver perceptions", Social Science & Medicine, 2018 (214): 171.

❷ Webster - Stratton, C., & Taylor, T., "Nipping Early Risk Factors in the Bud: Preventing Substance Abuse, Delinquency, and Violence in Adolescence Through Interventions Targeted at Young Children (0 - 8 Years)", Prevention Science, 2001 (2): 165 - 192.

❸ World Health Organization, "INSPIRE Handbook: action for implementing the seven strategies for ending violence against children", 2018.

减少暴力的育儿方式，建立积极的亲子关系。该策略下的项目可以是普遍型的针对所有家庭的支持服务，也可以是针对高风险家庭的专项服务，还可以是为已经遭受暴力的儿童的家长及照顾者提供的个别支持。但项目的核心都是提倡正向及培育型的教养方式（Positive and nurturing parenting），来帮助家长更好地管理儿童的行为，并采用体罚以外的其他管教方式。当然，帮助家长了解儿童发展各个阶段的特征和需求，并学习亲子沟通的技巧，也是很多项目的关注点。此外，有的项目还会支持家长为其子女传授生活技能，比如情绪管理、解决问题和社交技巧等，这些都有利于增加儿童的抗逆力，减少其未来遭受或实施暴力的可能性，并打破暴力的代际传播。

从中国的政策环境来看，该策略也有利于实现《中国儿童发展纲要（2011—2020 年）》[1] 提出的几个目标。如：第 3.9 条目标，"建立和完善流动儿童和留守儿童服务机制……完善以社区为依托，面向流动人口家庭的管理和服务网络……提高留守儿童家长的监护意识和责任"。第 4.2 条目标，"适应城乡发展的家庭教育指导服务体系基本建成"。第 4.3 条目标，"儿童家长素质提升，家庭教育水平提高"。另外，从前几节提到的价值观角度看，中国的传统文化中管教儿童一般被视为家务事，既存在"不打不成器"这样崇尚体罚的理念，也有"因材施教""循循善诱"这样积极导向的理念。因此，在项目操作，尤其是把一些西方的干预模式本土化的过程中，一定要具备文化的敏感度，如何在倡导非暴力的教养方式的同时，又能从优势视角出发帮助家长从自身的经验中找到为人父母的意义和智慧，同时推动社区（包括社会组织）与家长在儿童教育和保护方面建立合作关系，也是实务工作者在支持家长及照顾者时需要考虑的要素。

（二）家庭与针对儿童的家庭暴力

不管是遭受家庭暴力还是目睹家庭暴力，家庭对儿童的重要性不言而喻。基于 Conger 等人提出的家庭压力理论（Family stress theory），当家庭经历的压力事件（Stressors）超过家庭拥有的应对资源（Coping resources）时，暴力就会发生。[2] 从家长和照顾者的角度来看，这些压力事件和资源可以被概括为三

---

[1]　国务院：《中国儿童发展纲要（2011—2020 年）》，2019 - 01 - 05，http：//www.gov.cn/gong-bao/content/2011/content_1927200.htm。

[2]　Conger, R. D., Elder, G. H., Lorenz, F. O., et al., "Linking economic hardship to marital quality and instability", Journal of Marriage and Family, 1990（52）：643 - 656.

大类：亲子之间、夫妻之间和家长自身的因素。从亲子之间的因素来看，Leung
等学者通过在中国广州的研究，发现亲子关系的质量与儿童遭受家庭暴力的可能
性存在相关性，比如在遭受各种类型家暴的理由中最常见的（34.4%～40.2%）
就是子女不服从父母。[1] 此外，Liao 等人发现，父母消极的教养技巧、育儿态
度和行为会增加儿童遭受家暴的可能性。[2] 从夫妻之间的因素来看，父母之间
的冲突不但会增加儿童目睹家暴的可能性，也会增加儿童遭受家暴的可能性。
根据 Hwang 等学者的研究，在中国文化中婚姻的成败会影响家庭的"面子"，
而当婚姻出现冲突时父母就会把重心转移到亲子关系，希望通过子女的成功来
挽回家庭的颜面。在此情况下，父母更容易采取严苛的教养方式（比如体罚）
来让子女达到自己的期待。[3] 从家长自身因素来看，陶芳标等学者指出低文化
程度的父母更容易使用暴力。[4] Ling 等人通过对华人家庭的研究，发现家长童
年的受虐经历会导致亲子间不安全的依恋关系，进而增加儿童遭受家暴的风
险。[5] 此外，曹玉萍等学者发现父母的失业、酗酒、赌博等情况均与儿童遭受
家暴存在相关性。[6]

　　需要留意的是，以上三个类型的因素互相联系，且受整个社会文化环境的
影响。比如婚姻冲突、家庭成员失业这些因素会让家庭更容易被污名化；城市
化和大规模人口流动也对传统家庭结构造成了巨大的冲击。这些都会增加家庭
成员的经济与精神压力，而当家长没有充分的资源来应对这些压力时，儿童受
家暴影响的可能性就会增大。因此，本节内容虽以干预家长的教养方式为主，
但其与资源的链接和文化环境的营造都是环环相扣的。

---

[1] Leung, P. W. S., Wong, W. C. W., Chen, W. Q., & Tang, C. S. K., "Prevalence and determinants of child maltreatment among high school students in Southern China: A large‑scale school based survey", Child and Adolescent Psychiatry and Mental Health, 2008 (2): 27–48.

[2] Liao, Lee, Roberts‑Lewis, Hong, & Jiao, "Child maltreatment in China: An ecological review of the literature. Children and Youth Services Review", 2011 (33): 1709–1719.

[3] Hwang, K. K., & Han, K., "Face and morality in confucian society", In M. H. Bond (Ed.), Oxford handbook of Chinese psychology, New York: Oxford University Press, 2010: 491–494.

[4] 陶芳标、张洪波、王德斌、杨善发、苏普玉、凤尔翠、张丽英：《社会文化因素对安徽省农村儿童体罚行为的影响》，载《中国全科医学》2004 年第 7 期，第172—174 页。

[5] Ling, C., & Kwok, S., "An Integrated Resilience and Ecological Model of Child Abuse (REC‑Model)", Journal of Child and Family Studies, 2007 (26): 1655–1663.

[6] Cao, Y., Yang, S., Wang, G., & Zhang, Y., "Sociodemographic Characteristics of Domestic Violence in China: A Population Case‑Control Study", Journal of Interpersonal Violence, 2014 (29): 683–706.

（三）策略的实施路径

依据所针对的暴力类型、儿童年龄以及项目的开展方式，可以有不同的支持家长和照顾者的路径。根据儿童的不同年龄，常见的项目内容包括：亲子游戏和同理心培养，鼓励和表扬，正向的指令和规则设定，应用非暴力方法来应对儿童的问题行为，家长技巧（如情绪管理，问题解决，沟通，伴侣支持），和家长可以授予儿童的生活技能（如情绪管理，社交技巧）等。从项目的开展方式来看，可以包括与儿童/家庭问题和儿童发展有关的心理教育，教练示范和反馈，角色扮演和技巧演练，居家的技巧使用和实践，发放视频等支持材料等。

目前已经有很多项目在实证研究中表现出了显著的有效性和可行性，比如：家访项目，社区内的家庭小组培训和支持项目，以及包括家庭教育在内的综合型干预项目。以家访项目为例，其一般针对第一次当父母的低收入家庭或社区内的弱势家庭，教授家长育儿信息和技巧，并定期地入户督导。根据 Bilukha 等学者对 20 多个家访项目的研究分析，发现其能有效降低儿童遭受暴力虐待和疏忽照顾的可能性，并且有利于儿童的早期发展。比如在一项从孕期直至儿童两岁的家访项目中，研究人员通过 15 年后的跟踪调查，发现相比同类未接收服务的家庭，那些受服务的家庭中儿童遭受家庭暴力的可能性要少48%。❶

在项目实施路径的选取过程中，还有一些注意事项需要留意。首先是项目优先针对的群体。基于社区的干预可以面向所有家庭，推动建立共同的规范和社会支持，鼓励对儿童虐待行为的举报，来为儿童创造安全的家庭环境；也可以面向脆弱儿童及其家庭，将资源集中于应对高风险因素。不过，识别和确定目标家庭需要完善的信息和系统，也需要考虑如何避免可能给这些家庭带来的污名化影响。其次，是项目模型的本土化。虽然国外已经有大量相对成熟的项目模型，但在本土化的过程中还是要考虑如何在保留核心内容的同时，又适应当地的文化情境。比如，可以通过本土化工作坊来调动社区骨干和利益相关者的积极参与，一起调整项目内容和预期目标。再次，是项目的执行人员。根据项目内容和本地情况，可以由医疗卫生人员，社会工作者或受培训的社区成员

❶ Bilukha O. , Hahn R. A. , Crosby A. , et al. , "The effectiveness of early childhood home visitation in preventing violence: a systematic review", American Journal of Preventive Medicine, 2005 (28): 11 – 39.

/志愿者来操作执行。在这一过程中，对执行人员定期的培训、支持和督导是保证项目质量的关键，因为他们不仅要理解儿童发展的知识，也要善于鼓励成人学习，与家庭保持积极的互动。最后，是关于家长的参与。如何吸引和留住家长及照顾者是项目成功的重要因素，因此，在项目设计时就需要考虑儿童照顾、交通、工作时间等可能影响家长参与的阻碍情况并商讨应对方法。此外，家庭干预会涉及敏感的议题，只有尊重隐私，不妄加评判，聚焦于个人的优势和能力才能更好地鼓励家长持续参与。

（四）策略的实践经验

前文介绍的大部分理论和干预模型都来自国外的研究，这一部分将围绕国内的实践，重点介绍世界宣明会－中国的"家点力量"和"家庭教育"项目，同时探讨其在本土化过程中的成效和经验学习。

1. "家点力量"项目

（1）"家点力量"项目概况

作为宣明会在其项目点推行的家访项目的本地化模式，"家点力量"家访关顾项目旨在让儿童得到合适的保护，更好地支持特殊儿童群体（比如辍学、健康状况差或者缺乏照顾者等）。其内容主要包括挑选和培训本地的项目协调员，然后针对在社区内识别出的脆弱儿童及其家庭，每半年对其家访 3~4 次，发掘儿童及其家庭所拥有的正面条件，让其感受到关爱，同时营造社区关爱保护儿童的氛围和机制，更好地服务儿童。该项目所强调的家访目的，不只是解决问题，更多是与儿童及其家庭同行的过程。下面将以世界宣明会陕西洋县项目点的"家点力量"实践为例，分析其操作经验。

（2）"家点力量"洋县项目协调员培训

洋县项目点从 2012 年开展"家点力量"项目至今，初期主要由宣明会同事开展家访工作，近几年随着有需要儿童数量的增加，项目开始招募学校和社区的成员进行培训，使其成为项目协调员，共同开展家访关顾活动。其目标，一是对学校协调员进行儿童辍学类别的培训，对村协调员进行单亲/留守/孤儿等脆弱儿童类别的培训，以便提高其识别弱势儿童及其面临风险的能力；二是与协调员探讨未来家访事宜，以便促进其实际参与家访工作。

单亲/留守/孤儿类

第一次探访

1.建立关系

	例子
-简单问候	你好，最近忙吗？/最近好吗？
-自我介绍	我是××协调员
-说明来访目的	听说你们家孩子******，我来看一下你们，想了解一下你们孩子的情况

2.了解情况（详情请见探访基本技巧）
-多提问开放问题，了解情况
-多聆听
-多肯定家庭/孩子所付出的努力

如果愿意→制订行动计划

3.初步与探访对象一起制订一个具体的目标
-了解对象有什么资源，包括社区、人际、家庭、个人等
-发掘孩子的强项，加以发挥
-对于照顾者肯定付出、巩固有效的管教方法
-协调资源面对问题

第二次探访

如果第一次定了行动计划

1.跟进计划
-问候
-回顾上次订立的计划
-欣赏肯定他们的努力

如果第一次没有定行动计划

继续建立关系
-重复第一次，再了解他们的困难、认同和肯定他们的努力，再看看他们有没有意愿
-如果有，回到上面制订行动计划的步骤

第三次探访

完结探访
-探访完结前，作简单的总结，一起看看孩子/家庭做得好的地方
-还有没有一些跟进计划
-告诉对方以后的安排

图4-20　"家点力量"家访项目基本流程和内容

协调员的培训内容主要包括：正向心理学❶（正面情绪，性格优点及美德，正向支持系统），儿童发展心理阶段❷，工作人员的角色（资源协调者，鼓励者，同行者等），工作人员的态度（接纳，真诚，尊重，同理心，自决等），家访的注意事项（尊重隐私，保护儿童，家访频率等），家访的基本技巧（如何提问、聆听、给予肯定等）。此外，培训中还会介绍家访的基本流程和内容（具体见图4-20），主要是第一次探访先建立关系，了解基本情况，初步与探访对象一起制订一个具体的行动计划和目标（要围绕服务对象现有的资源，发掘儿童的强项，肯定照顾者的付出，巩固正向的管教方法）；第二次到第三次探访则要跟进第一次的行动计划（如果第一次没有制订计划，就需要继续建立关系和了解情况，再尝试制订行动计划）；最后一次完结探访则需要做简单的总结，回顾这段时间以来家庭的改变和反馈，并告诉探访对象以后的安排。

另外，根据不同类型的儿童（单亲、留守、孤儿、辍学等），培训也会分别介绍这些儿童各自的状况表现，解决方法，及可以参考制订的家访目标。

表4-2　应对不同儿童需求的家访介入方式

针对单亲/留守/孤儿类儿童的家访目标参考
目标：建立关系，发掘强项，加以发挥 介入方式：谈论兴趣，或一起玩10~15分钟他们喜欢的游戏等，从中观察他们表现好的地方；再延伸到生活其他层面可以怎样应用这些优点。
目标：建立生活自理能力，更好地自我照顾及安全问题 介入方式：①指导学习衣、食、行、住日常自理方法和注意事项；②讨论安全情景及如何处理，建立孩子自己应对的能力。
目标：适应青春期的过渡 介入方式：知识的提供及教育 注：① 同性工作人员探访可减少尴尬的情况；② 了解孩子生活中有没有同性的成年人支援；③ 关注孩子对自我形象的想法。
目标：建立支持系统 介入方式：画支持网络图，帮助孩子了解自己周围资源及遇到问题可以求助哪些资源。
目标：同理及支持怀念已故家人的感受及情绪 介入方式：自己做好准备并陪同介入对象回忆过去的时光，情绪处理；探讨可以怀念家人的方法和方式；帮助孩子回到原本正常生活的轨迹，看到自己可以做到的事情，发挥自身原本的角色。 注：探访前，探访人员须留意自己的情绪，看是否有心理准备与当事人谈及已故家人的事。同时，探访时尊重当事人是否愿意谈、谈的深入程度。

❶ Peterson，C.，& Seligman，M. E. P.，"Character strengths and virtues：A handbook and classification"，Oxford University Press，2004.

❷ Erikson，Erik H.，"Childhood and Society"，New York：Norton，1950.

续表

目标：肯定付出、巩固有效的方法
介入方式：找出在照顾孩子的方面所付出的努力（具体方法——不论是否有效、态度）。
目标：帮助年长者看到孩子的能力和优势，减少年长抚养者对于孩子未来的担心
介入方式：列优点/能力清单。
目标：建立支持系统，减少年长抚养者对于孩子未来的担心
介入方式：画支援网络图。
目标：加强有效管教方法
介入方式：知识教导、角色扮演。
目标：建立照顾者的能力响应孩子的提问（补充：了解孩子问及父亲或母亲时候，照顾者准备好如何处理）
介入方式：疑虑清单、孩子反应预测、响应方法、角色扮演。

图 4 – 21 社区协调员参与"家点力量"培训

通过项目培训，不仅能让社区的协调员更好地掌握家访的基本知识和技巧，也能了解和回应他们的困惑，以便提升他们日后开展工作的信心和质量。比如在洋县项目点 2016 年 12 月组织的一次"家点力量"培训中，有 36 名学校和社区协调员参与其中，经过培训，有些协调员表示"喜欢模拟演练家访过程部分，大家都很认真、很投入……角色扮演可以让大家真正把所学的理论东西运用到实践中去"。也有协调员指出，"对于与特殊儿童的交往更加得心应手，能够更好地掌握他们的心理，懂得交流应该着重注意的地方"。这些都在一定程度上反映了培训的效果。

（3）"家点力量"洋县项目个案总结

在2011年下半年至2017年上半年的6年时间里，"家点力量"洋县项目总共支持了62名儿童（41名男童和21名女童）及其家庭，累计家访至少248次。通过项目的个案记录表，发现项目支持最多的是患病儿童家庭（40.3%），其次是单亲儿童家庭（21%），辍学儿童家庭（14.5%），由爷爷奶奶或其他亲戚照顾的孤儿家庭（11.3%），留守儿童家庭（4.8%），最后还包括8.1%面临多重困难（如患病加单亲）的儿童家庭。可以看出，项目是以高风险的脆弱儿童家庭为支持对象的。而具体到如何支持这些家庭，除了家访期间的关顾与陪伴，项目也会根据儿童种类进行不同的资金援助，比如针对患病儿童，报销部分医药费、检查费等；针对留守儿童、单亲、孤儿，根据家庭不同状况给予关顾资金或者部分生活费援助。此外，项目也会搜集不同政府部门（民政局、教育局、妇联等）、慈善机构、社会组织的救助项目信息及申请流程，以方便不同家庭及时申请或进行转介。

图4-22　项目协调员正在家访

与此同时，基于项目的家访记录可以发现，大部分家庭在通过项目获得了物质，心理和社会支持后发生了积极的变化。其中，75.8%的家庭亲子关系得到了改善，家长与儿童之间的沟通更加顺畅，有家长分享道："自从你们家访后，孩子在家时，我们与他相互交流，他心情好了……慢慢地，我们也理解他了。"此外，22.6%的家长更加重视儿童的健康和安全，懂得如何照顾患病的儿童；16.1%的家长表示改变了以往的教育方式，减少了体罚和责骂，更多使用鼓励等方法，并看到儿童的优点。比如，有家长说道："你们来和我聊孩子的管教方法，这段时间我也不打孩子了，之前打孩子是因为孩子惹事，现在觉得说教起作用，越打孩子，孩子与自己越生分。"除了亲子关系和家长方面的变化，家访也对儿童产生了积极的影响，79% 的儿童情绪和精神健康好转，变得更开朗和自信；77.4% 的儿童问题行为减少，正向行为增多。有儿童和项目人员分享说："我比以前更快乐了，学会照顾他人了，也变得勤快了，有了自信心。"

（4）"家点力量"洋县项目讨论及建议

通过上文的分析，可以看出"家点力量"项目不仅能减少脆弱儿童家庭的风险因素（如家长粗暴的管教方式，儿童的行为问题等），也能增加家庭的保护因素（如良好的亲子关系和沟通模式），这些都有利于减少儿童遭受家庭暴力的可能性。但因为项目个案的服务时长一般只有半年到一年，目前只能看到短期成果，难以证明项目在减少儿童遭受家庭暴力的发生率方面的实际影响。在资源条件允许的情况下，可以尝试做一些后续跟进工作（比如 5 年、10 年后的跟踪回访），以便探究项目在防治针对儿童的家庭暴力方面的长期效果。此外，从家访记录的内容及详略程度上，可以看出不同项目人员跟进个案的操作方法存在较大差异。因此，未来如何更好地支持和督导项目人员（尤其是社区协调员），在不打击其积极性的同时又确保项目质量，也是项目操作中需要考虑的方面。

2. "家庭教育" 项目

（1）世界宣明会－中国"家庭教育"项目概况

上文提到，除了个案支持，以家庭/家长为对象的小组培训项目也是支持家长和照顾者的常见路径，其目的是引导家长及照顾者学习正向的管教方法，避免因家长不恰当的管教方式给儿童带来伤害。而宣明会在本土实践的过程中主要积累了两大类的项目经验，其一是直接针对家长开展的家庭教育活动，比如"亲爱家庭同乐日""家长课程"等；其二是针对家庭教育培训师开展的培训活动（Training of Trainer），目的是提升培训师的知识和技能，来间接支持家长和照顾者。下面将从这两类项目入手，分别以"亲爱家庭同乐日"活动和"家庭教育工作者培训"为例进行介绍和分析。

（2）"亲爱家庭同乐日"活动

"亲爱家庭同乐日"是按照"五种爱的语言"开展的摊位游戏活动，其目的是借助游戏营造一个美好的亲子时光，同时通过体验式学习的活动设计，带领家长/照顾者与儿童体验爱的五种语言，引导家长与儿童在生活中对彼此有爱的表达，促进彼此关系的融洽，提升家长的正向教养技能，增强儿童成长中的家庭支持。活动组织方可以利用六一儿童节、家长会等时间，在学校、儿童之家、儿童中心、社区等场所，招募家长/照顾者与儿童共同参加约两小时的家庭活动。此外，为了帮助组织者更好地开展活动，宣明会还研发了"亲爱家庭同乐盒"，其包括活动指引手册、布标、亲子分享卡等活动物资。

图4-23　趣味多多的亲子游戏

具体到每一个摊位游戏的内容，第一是"爱·行动"，主要是让参加者通过互相合作体验家人的帮助和服务，了解第一种爱的语言：服务的行动，其重点是在爱里彼此服务，留意对方想要的并帮助对方完成想要的事。第二是"爱·回忆"，让参加者共同回忆童年时光及在一起的时间，了解第二种爱的语言：精心的时间，其重点是彼此陪伴，给予对方注意力，一起用心去做一件事情，或倾听对方说话。第三是"爱·欣赏"，主要是通过游戏让参加者发现对方的优点，了解第三种爱的语言：肯定的语言，比如互相赞赏对方做的事、发现并鼓励其做得好的地方。第四是"爱·陪伴"，主要是通过亲子间的身体接触，促进亲子间的亲密感，来了解第四种爱的语言：肢体接触，比如拥抱、牵牵手、摸摸头等（此处要留意参与者的性别年龄及所能够接受的身体接触程度）。第五是"爱·给予"，让亲子互相送上祝福，体验第五种爱的语言：礼物，因为礼物是爱的视觉象征，其可以是买来的或自己做的，重点是要能提醒对方"我想着你"的东西。最后，活动结束时，项目人员也会协助参与的家庭共同回顾游戏过程，分享体会感受，并联系日常生活探讨这"五中爱的语言"在未来的应对。

从宣明会项目点的活动报告来看，该项目获得了参与家庭较好的反馈。比如河北平泉项目点在2018年开展的"亲爱家庭同乐日"活动中，共202名儿童（115 名男童和 87 名女童），186 名家长（47 名男性和 139 名女性）参与了活动。而在活动后的亲子问卷中，大部分家长表示学到了"陪伴""欣赏"等沟通技巧，也有家长说会在未来与孩子的互动中做出改变："多点耐心，少看手机；孩子做得好就奖励，做得不好就鼓励"。与此同时，大多数儿童反馈说未来会"多帮忙做家务""做一些小礼物送给爸爸妈妈、爷爷奶奶"。可以看出，儿童和家长通过参与活动，学会了如何更好地表达和感受彼此之间的爱，这在一定程度上也对减少家庭暴力的发生有积极的影响。

（3）"家庭教育工作者培训"活动

"家庭教育工作者培训"的目的是通过对儿童之家管理员、社工和儿童/家庭工作人员的能力建设，支持他们向家长和照顾者开展培训，以提升家长和照顾者正向管教的知识和能力。2017 年 7～9 月，世界宣明会儿童事工部与东北师范大学家庭教育与学校研究中心合作，以天津武清为试点开展家庭教育项目。通过 TOT（Training of Trainer）的培训模式，为武清儿童之家的工作人员设计并讲授了 16 节家庭教育方面的课程，课程涵盖了家庭教育的大部分核心内容，并通过学员模拟授课及实践培训，培训学员能够在社区及学校开展家庭教育。之后，合作方根据课程内容及学员的实操情况编写了一本指导社区工作者为家长或照顾者开展家庭教育互动课堂的使用手册——《家庭教育手册》。2018 年 3 月 6 日至 8 日，项目组又在广州为宣明会的员工和合作伙伴开展了 3 天家庭教育的培训，并编撰了该手册的终稿。

从培训的内容来看，主要涉及"家庭关系模式、父母婚姻关系对孩子的影响""家长自己的原生家庭及其影响""亲子关系对家庭教育的重要性""如何建立良好的亲子关系""如何学会倾听""如何培养孩子的好习惯""如何帮助孩子学习"，以及"家庭教育常见的问题与解答"这九部分内容。此外，基于培训经验编写的《家庭教育手册》也为家庭教育工作者提供了一些使用建议，其一是灵活运用活动指引，具体操作中可以根据流程大纲/知识讲解设计家庭教育活动，也可以根据家长的接受能力和实际需求，将活动进行拆分或组合；其二是肯定家长的感受，工作者要尝试去肯定家长在教育子女中的不同的感受，因为家长的经验是课堂宝贵的资源；其三是相信正面教育，对参加的家长坦诚、开放、不批判，相信正面教育的重要性，鼓励工作者在活动中聚焦家长的强处，在活动中有正面、鼓励的语言促进家长的成长。❶

---

❶　世界宣明会（中国）：《家庭教育手册》，2018 年版。

在"家庭教育工作者培训"后，参与者们也对培训内容给予了肯定和积极的反馈。基于培训后的反馈问卷，发现90%的参与者对培训内容表示满意，有的参与者表示："（通过培训）了解到建立亲子关系的方法，知道倾听的技巧和重要性。"也有参与者分享说："（培训内容）很实用，回去后在对待孩子方面按所学付诸行动。培训中也给了我们试讲的机会，并得到老师中肯的点评，会在日后开展家庭教育活动中有更好的自信和发挥。"可以看到，培训不仅提升了参与者自身教育儿童的知识，也提升了他们在社区开展家庭教育活动的技巧和信心。

图 4 – 24　家庭教育工作者培训现场

（4）世界宣明会 – 中国"家庭教育"项目讨论及建议

基于上述介绍分析可以看到，宣明会"家庭教育"项目中的一系列活动都有利于直接或间接地提升家长和照顾者在"正向管教""亲子沟通"方面的意识和知识。但与家访项目的发现类似，目前缺乏足够的证据来显示项目在减少儿童遭受家庭暴力发生率方面的有效性，且大多数项目活动都是一次性的，难以保证对同一家长或照顾者的持续干预。参考国外学者 Knox 和 Burkhart 围绕针对家长的家庭教育培训项目（共 8 节课，每次 2 小时）开展的研究，那些完成了所有培训课程的家长的粗暴管教行为存在显著下降，而正向管教行为则显著上升。❶ 因此，如何为家长和照顾者提供持续、足够时长的培训并保证他

---

❶ Knox, & Burkhart, "A multi – site study of the ACT Raising Safe Kids program: Predictors of outcomes and attrition", Children and Youth Services Review, 2004（39）: 20 – 24.

们的参与度，是未来项目需要考虑的关键因素。此外，家庭教育项目在操作过程中也可以根据不同年龄段儿童的特点和需求，并参考当地的文化情境（比如有些少数民族语言中可能缺乏与"谢谢""表扬"对应的常用语），来为家长和照顾者提供适合的支持和建议，以便增加知识和技能的实际适用率。

五、改善收入和经济条件

（一）策略概述

在"启发：消除针对儿童的暴力行为的七项策略"（INSPIRE）中，"I"代表"改善收入和经济状况"（income and economic strengthening），该策略旨在改善家庭的经济条件并确保其收入稳定，以减少亲密伴侣的暴力行为和目睹家暴儿童的数量，以及虐待儿童的行为。❶另外，妇女获得更多的经济来源，在增加家庭收入的同时，也会把更多收入投放到儿童的教育中，提升儿童上学率，这是防止虐待和忽视儿童的一大保护因素。

根据实证研究表明，提供现金补助、融合性别平等培训的小额贷款项目是有效的干预手段。20 世纪以来，中、低收入国家开展了一系列现金补助项目，定期为贫困户直接提供现金支持，提升其获得卫生和教育服务的机会。❷当为妇女提供现金补助，同时配套其他干预，如家长管教方式培训，结果表明她们改善了管教，减少了对儿童的虐待，也促使男孩用更正面、友善的交友方式。❸但也有证据表明，当项目仅仅为女童提供现金补助时，她们将更容易暴露在性骚扰的危险中，因此在提高经济条件的同时，必须增强其社会资产，包括社会资源、健康生育知识等。❹

---

❶ 《INSPIRE：消除针对儿童的暴力行为》，世界卫生组织 2016 年版，第 8 页。

❷ Cash transfers literature review. London：UK Department for International Development；2011.

❸ Ozer EJ，Fernald LCH，Manley JG，Gertler PJ. Effects of a conditional cash transfer program on children's behavior problems. Pediatrics. 2009；123：630 – 637.

❹ Austrian K，Muthengi E. Can economic assets increase girls' risk of sexual harassment？Evaluation results from a social，health and economic asset – building intervention for vulnerableadolescent girls in Uganda. Nairobi，Kenya：Population Council；2014.

六、应对和支持服务

（一）策略概述

在"启发：消除针对儿童的暴力行为的七项策略"（INSPIRE）中，"R"代表"应对和支持服务"（response and support），该策略旨在向所有有需要的儿童提供优质的卫生医疗、社会服务和司法支持，以减少暴力可能对儿童产生的长期不良影响。[1] 针对受暴儿童，基本的医疗卫生服务是最紧要的，伤害紧急治疗可以保证生命安全，防止身体永久性伤害和性功能丧失等。到位的社会服务有助于识别受害儿童、帮助儿童获得庇护、提供心理咨询服务、向公安机关报案以及剥夺父母监护权后对儿童的安置，社会组织可以提供以儿童为本的专业服务，同时起到穿针引线的作用，链接各种资源和司法救助。司法支持服务包括刑事司法制度中对少年犯的矫正，以及涉及家暴离婚案件中对儿童安置处理。

社会组织及时到位的应对和支持服务，一方面可以减少儿童的心理创伤症状，如抑郁，避免其在今后的生活中成为暴力实施者；另一方面儿童友好的专业服务以及不同部门间的协调和联动，可以保障儿童保护、参与等权利，为其做出更为适当的生活安排。本章将着重讨论儿童服务社会组织如何主动识别受暴儿童，反家暴社会组织在应对家庭暴力时所具备的能力，以及这些社会组织开展儿童服务的工作原则和行为守则。

（二）策略的实践经验

1. 主动识别家暴和受害儿童

儿童是社会中较脆弱和特殊的群体，他们心智尚未发育成熟，不具有完全民事行为能力，在身体、心理、经济上都依赖父母或其他法定监护人，无法像成年人一样独立，也很难表达自己的心声以及寻求帮助，因此，外界很难了解他们遭受家暴的情况，儿童遭受家暴的证据也较难获得。加之中国传统观念中"棍棒底下出孝子""打是亲，骂是爱"的教育理念根深蒂固，儿童遭受不同形式家庭暴力的情况较为普遍。针对儿童家庭暴力事件发生后，很少儿童会对

---

[1] 《INSPIRE：消除针对儿童的暴力行为》，世界卫生组织 2016 年版，第 8 页。

父母的家暴行为进行报案，其他家庭成员、邻居、村（居）委会则认为管教孩子是家庭内部事务，一般也不报案。儿童的家庭暴力伤害问题还没有引起社会的足够重视。

基于以上儿童受暴的特点，我国《反家庭暴力法》将未成年人列为特殊保护群体，社会大众、社会组织都应主动识别家庭暴力行为、遭受家暴的儿童和目睹暴力的儿童，给予关注支持。

（1）识别虐待儿童的行为

在与儿童和家长及其监护人的接触中，学校老师、邻居、村（居）委会、儿童工作者可以判断家长对于管教儿童的方法是否有错误认识，开展家庭教育宣传活动使其了解暴力管教对于儿童成长的恶性影响，转变错误的想法。同时，老师和社会工作者通过观察家长和儿童的互动，判断是否有暴力虐待儿童的不当行为，邻居、社会大众听到或看到疑似暴力行为时，应当及时介入，而不应袖手旁观。表4－3可以作为管教和虐待区别的参考。

表4－3　管教与虐待儿童的区别❶

分类	管教	虐待
动机	善意、宽容而温暖的期待或要求、爱护	怨恨敌对、蓄意恶意报复、伤害、处罚
行为表现	理性态度	情绪发泄、怒气
尺度	合理的	过分的
体罚	感觉疼痛、没有伤痕	留有伤痕
方式	正向、支持、示范或告诉子女应该如何做	愤怒、负面地对子女进行不适当惩罚
父母态度	鼓励、赞许、支持并前后一致	冲动、严苛、责罚，反复无常
互动模式	非威胁性、双向表达真诚情感的沟通	恐吓性，强制、单方面的威权式压迫
儿童参与	亲子参与制定与切身有关的管教家规，父母与子女均知道行为的结果	子女没有共同参与制定家规的机会，父母不给予子女了解父母动机的机会
违规定义	任何违规行为有清析判断的定义，和可预见的结果	反复无常，对于违规行为无清晰判断的定义，子女无法预见结果
奖赏鼓励	子女如果朝着父母所设定的目标或期许的方向努力会得到奖赏	父母认为遵从规范是理所当然的，子女不会因此而得到鼓励
接纳宽恕	允许子女去练习父母所期望的行为，错误仍有更正机会	犯错就会得到严苛的处罚，子女收到苛责而自认自己是一个"坏人"
管教成果	子女可从中得到成长、学习	纪律内化无效，加深双方的误解，不信任和仇恨

---

❶ 《儿童及少年保护——教育人员工作手册》，台北教育部2018年版，第52页。

（2）识别受害儿童

儿童在家庭环境中，最易遭受以下四种常见的暴力形式。

身体暴力：指对儿童造成身体伤害或痛苦，并且可以肯定或合理地怀疑这些伤害并非意外造成的，或没有采取任何预防措施所引致的。

性暴力：牵涉儿童的非法性活动（如强奸、猥亵），或儿童不能做出知情同意的性活动，包括利用、引诱或侵犯儿童制作色情传播品。

精神暴力：指危害或损害儿童情绪或智力发展的行为及态度，包括羞辱、惊吓、孤立、剥削/利诱、漠视儿童的情绪需求。

疏忽照顾：指严重或长期忽视儿童的基本需要，以致危害或损害儿童的健康或发展，或在本可以避免的情况下令儿童遭受极大的危险。

儿童在遭受暴力后往往会有一些表征，有些是能够直接观察到的，有些是需要与儿童的邻居、同学、朋友交谈得知。在我国，儿童遭受暴力并不严重时，家长一般没有带儿童就医的习惯，而儿童在学校和老师的互动和接触是频繁长期的，因此，相较于医护人员，老师是更易发现受暴儿童的群体。以下罗列部分儿童遭受家暴可能有的表征，但出现这些表征不一定意味着儿童一定遭受家暴，需要进一步了解及评估。

遭受身体暴力的表征：

- 手、手腕、脚或脚踝部分、腹部及腰部有被捆绑的伤痕；
- 身体出现无法解释的瘀伤、割伤、齿痕、烫伤、骨折、内伤或其他伤痕；
- 出现异状，如胃病、头痛、失眠、做噩梦等身心症状；
- 自我价值感低，退缩不前。

遭受精神暴力的表征：

- 容易和别人发生冲突或与他人疏离、自闭；
- 有抑郁和自杀倾向；
- 出现发育不良和遗尿的情况；
- 通常不容易表现出来，有时是邻居或者朋友发现。

遭受性暴力的表征：

- 懂得超乎自己年龄的性行为或性知识；
- 身上常有来路不明的金钱或玩具；
- 极度讨厌与某人相处或留在某处；
- 不愿意和他人有目光接触；

- 生殖器官、排尿、排便疼痛或性器官受损、处女膜损伤等，怀孕或感染性病；
  - 出现忧郁、自卑等情绪，或有自杀、自残倾向；
  - 对被触碰反应极度过敏；
  - 常常莫名哭泣，或突然情绪爆发。

遭受疏忽照顾的表征：

- 长癣、头虱或体虱，穿着不合身或个人卫生较差；
- 营养不良或贫血，或看起来明显比同龄人矮小瘦弱；
- 慢性或长期的消化系统不良；
- 经常不上学或离家，破坏公物、偷窃、行乞或偷食物；
- 家中缺少成年的照顾者；
- 居住环境恶劣，如堆积垃圾、排泄物、污垢等；
- 长期疲劳，无精打采，或经常在课堂上打瞌睡；
- 被禁锢家中；
- 不愿回家；
- 以单字回答问题。

另外，目睹家暴的儿童，即使没有直接遭受家暴侵害，但因经常亲眼见证家庭暴力发生，其学习、行为表现也会有所变化，其表征如：

- 焦虑，常常哭泣、掉眼泪，压抑等；
- 注意力难以集中，学习成绩下滑，因此出现逃学、辍学现象；
- 经常抱怨身体不舒服，容易生病、尿床；
- 常与同学打架；
- 极度不信任他人。

有时未出现以上这些表征，但是依照我们的生活经验察觉到儿童可能遭受到了家暴，也需要我们及时留意，主动了解。因为侵害儿童者往往试图隐藏事实的发生，亲戚或邻居已经察觉这些表征，但不认为这是不当行为，不愿意揭发。而儿童的认知有限，可能遭受了侵害也没有意识到这些行为是不正常的，或者不知道有谁可以告诉，所以儿童工作者的留心观察就至关重要。

2. 儿童服务的原则和行为守则

鉴于儿童的特殊性，儿童服务机构在开展儿童日常工作，以及为家暴受害儿童和目睹家暴儿童提供支持服务时，应避免不当操作伤害儿童，确保其获得尊重和平等的对待，履行儿童的各项权利。同时，这也是对儿童服务组织及其工作人员的保护。

儿童服务组织可以通过内部规章制度，对其全职兼职员工、志愿者和关联利益群体的行为进行规范，以下原则、行为守则和儿童信息的使用管理，根据世界宣明会－中国、儿童救助会、乐益会和国际计划共同编写的《社会组织儿童安全规范》修订，适用于学校、幼儿园、儿童中心以及各类儿童服务和支持的社会组织，应用于预防性和应对性各项服务。需要特别注意的是，以下原则是儿童服务机构的最低守则标准，个案管理中社会工作人员往往肩负更多的伦理责任和注意事项，此处不展开讨论。

（1）原则

－ 儿童利益最大化

儿童的最大利益应该是社会组织开展活动和服务的首要考虑。这一原则应贯穿所有项目的设计、监测和评估以及为遭受家暴儿童提供服务时。

－ 无歧视原则

社会组织为儿童提供服务时，不因儿童的性别、年龄、民族、家庭背景、地域和健康状况区别对待，应给予他们同等的关爱和支持。

－ 儿童参与

儿童工作者应确保儿童有意义地参与活动，对于涉及儿童自身的决定，应该听取儿童的意见。

－ 生存和发展

儿童是家庭和社会的一分子和积极参与者，他们具备一定能力应对不同的突发事件，包括暴力事件，提供服务时应考虑提高儿童的抗逆力。

－ 尊重儿童尊严和隐私

（2）行为守则

儿童工作者应当没有任何涉及针对儿童的犯罪记录或任何形式的侵犯儿童权益的行为。2018年10月，最高人民检察院向教育部发送的高检建〔2018〕1号检察建议书中，建议建立涉性侵案件教职员工从业禁止的工作机制。目前，对于儿童工作者，暂时未有相关的从业禁止政策支持，也难以由公安机关开设无犯罪记录凭证，儿童工作机构可以通过员工的自我申明，预防工作人员的不当行为。表4－4是儿童工作者在日常工作中接触儿童时的注意事项。

表4－4　儿童工作者的行为守则列表

应该	不应该
以合宜之言语及行为表达，尊重儿童及他们的权利，并且公正、诚恳地对待他们。	歧视儿童，对儿童给予差别待遇，或因偏向于某些儿童而排斥其他儿童。
确保与儿童的接触符合当地的文化风俗，与儿童相处时要对自己的言行负责。	使用不恰当或辱骂的言语，使儿童感到羞耻或羞辱。
成年人要避免与儿童单独相处（即遵守"双成人"原则），使儿童或成年人不会被置于虚假指控。	对儿童使用肢体暴力，如殴打等。
配合与保护儿童或儿童虐待相关的调查，提供与调查相关的任何文件或其他信息。	与儿童发生性行为：对儿童年龄认识有误不能成为侵犯儿童的理由。
	过长时间或不必要地单独和儿童在一起，且远离他人或在僻静的地方。
	参与或纵容那些违法及暴力对待儿童的行为，包括伤害儿童的传统习俗等。

相当一部分儿童是在有人询问其身体状况和情绪状态下不自觉地说出自己受暴的情况，或者被人意外发现后才说出来的。有些儿童也会告诉有机会接触到自己的工作人员，包括老师、医生、心理咨询师、社区义工、警察、村居委、妇联等，他们都有可能成为受害儿童第一知情人。而这些人群，在将儿童转交给专业社会工作人员前，都有可能对儿童进行访谈，了解疑似遭受虐待的情况，那么访谈中需要注意哪些事项呢？

- 告诉儿童：被暴力对待不是你的错！任何原因的家暴都是不对的；
- 了解儿童是否有身体的伤痕，以便采取内部汇报或报警等措施；
- 要有耐心，让儿童知道自己的诉说是被相信的；
- 在初步了解阶段，不必要求儿童提供完整信息；
- 避免对儿童反复提问，避免让儿童不断回忆受家暴的经历；
- 当儿童沉默时，不要急于询问或替儿童说话。不要强行询问儿童原本不想分享的内容；
- 不随意在儿童面前指责那个伤害他的人，因为儿童可能与这人关系密切或保持友谊；
- 不要向儿童随便承诺任何你不肯定能办到的事情；
- 不要答应为儿童保守所有的秘密，应该向他解释，如果真的发生侵害儿童权利的事情，是不可以保密的；

- 肯定儿童敢于表达的勇气。

（3）儿童信息的使用和管理

- 在一般情况下，所有非社会组织员工必须事先征得儿童和其父母或者其他监护人及机构员工同意，才可以拍照/录像。

- 当儿童成为文字、照片或视频等宣传资料的主角时，应取得儿童的父母或者其他监护人和儿童（如适龄）的知情同意。

- 社会组织所有包含儿童信息的宣传资料，包括儿童故事、照片、录像、幻灯片、互联网信息、宣传小册子、展板、海报、横幅等，都应采用合乎体面及尊重孩子的表达方式，保护儿童的隐私和安全，并避免夸张儿童或社区的贫困和受害形象。

- 应采取所有可行措施保护儿童数据，任何包含儿童信息的宣传资料，应确保儿童不被识别出或找到，建议的操作如下。

    - 不出现儿童的名字或详细住址等信息，只出现儿童的化名；儿童相关的地址只出现县/区一级的名称，而不应详细到村、学校的名称。

    - 图像不应含有任何导致儿童被识别的信息（如学校或社区名称）。

    - 儿童图片或视频采用数码水印、右键禁用功能或马赛克处理等。

    - 如儿童需要特殊保护，则匿名（如儿童为家暴受害人，就必须匿名）。

- 设立完善的儿童信息保密系统，儿童的个人资料及照片须存放在文件柜内并加锁，或只有授权才可登入的计算机或加密档案。

- 儿童信息只能通过机构官方渠道和账号发布，未经机构批准的情况下所有人员不可以私自发布在互联网上，如个人微信朋友圈、个人微博、个人QQ空间等其他个人社交媒体账号。

- 机构以外的人员借用机构的儿童宣传材料前，均需经机构负责人和/或人事/宣传部门的同意。

- 未经机构批准，所有人员不能与儿童私下交换联系方式并沟通（包括通过社交媒体）。

3. 反家暴社会组织的能力建设

（1）项目背景和需求

随着《反家庭暴力法》的实施，越来越多的社会组织介入反家暴议题。北京沃启公益基金会于2019年发布的一项针对反家暴社会组织的调查[1]显示，

---

[1] 夏天：《2018年反家暴社会组织现状与需求报告》，北京沃启公益基金会2019年版，第3—4页。

反家暴工作者的专业能力存在很大的提升空间，也急需增强实践层面的交流和行业同仁间的相互支持。调查也发现，多部门联合的合作机制是反家暴工作的有效策略，但其作用的发挥受到多方面的限制。为了能为受害人提供更加专业、全方位的服务，社会组织能力的提升、多部门联动机制的激活迫在眉睫。

其中，反家暴社会组织在应对家暴案例时，对受暴儿童和目睹家暴儿童的保护较为缺失。中国科学院心理研究所于 2018 年年初在对广东省 14 家反家暴组织调研时，有以下相关发现[1]：

第一，儿童遭遇家暴的情况非常复杂，在救助取证上遇到很多困难。例如，离婚使受暴妇女可以摆脱暴力的侵害，但是加害人的心理和行为没有得到干预和矫正，原来的目睹儿童常常成为新的施暴对象。

第二，相较于妇女，社会工作者在实务工作中缺乏专业心理咨询知识和资源支持，介入儿童受暴个案困难。特别是可能产生恶果的目睹家暴案件，社工是很有必要介入的，却遭受到很多家长的各种拒绝，在上门探访时遇到阻挠，为个案的开展带来一定的困难。

第三，对剥夺监护权的理解存在差异，对儿童撤销监护权后的安置不完善。虽然国家立法对撤销监护权以及相关部门职责作出了规定，但如何开展对受家暴儿童案件的调查、评估和判断以及救助，还有很大的空白，处理不当就可能对儿童造成二次伤害。

第四，强制报告制度缺乏一定的操作性，社会组织工作人员甚至对此法定规定不了解。其一，强制报告主体范围偏窄，不利于对家暴受害儿童的保护。其二，根据该法规定，只有在因未报告而造成严重后果的前提下，才会对没有履行强制报告义务的主体进行处罚。而且，该法对于严重后果并没有作出具体的解释。

第五，家暴庇护场所安全性不够，特别是在儿童安置情况上，社工基于专业伦理，有义务、有职业责任将救助的受家暴儿童安置在安全的庇护中心。但目前找不到合适的地方暂时或永久性安置这一弱势群体。

广东省社会组织的发展在全国已经走在前列，尚且有很多需要改善的地方，其他省市在缺少专业反家暴组织和相关资源的情况下，局面更加不容乐观。相对于其他群体而言，儿童在遭受家暴时更容易产生无可挽回的后果。对遭受家庭暴力侵害的儿童更应该做的是进行及时、有效、有针对性的救济，切

---

[1] 《反家暴法个案管理项目调研报告》，中国科学院心理所 2018 年版，第 5—6 页。

实保障其合法权益，实现儿童利益最大化，将家暴的伤痛降到最低。

（2）社会组织能力建设的实践

在反家暴议题上，社会组织的需求呈现多样化，能力建设方式也呈现多样化，如线上、线下，讲座、互动、参与式，内容涵盖心理咨询、婚姻家庭咨询、法律咨询和援助、社会工作、医疗方面的服务、庇护场所等。如何切实回应社会组织的需求，提升其处理个案、链接资源的能力，是能力建设需要考虑的。

针对儿童受虐个案所获得关注度较低，目前个别的培训已经将儿童受虐的预防、识别和应对纳入。以下是两个社会组织能力建设的实例，通过活动描述和经验总结，为今后社会组织能力的提升提供思路。

案例1：

> 2018年6月28日至6月29日，中国科学院心理研究所全国心理援助联盟联合深圳市鹏星家庭暴力防护中心，在世界宣明会的支持下开展"反家暴个案能力建设暨多部门合作经验推广"培训，旨在提高从事反家暴一线骨干工作者的能力，促进个人运用法律手段或个案管理方法，为受家暴妇女和儿童提供科学系统有效的帮助，将各自专业领域的知识与法律知识、个案管理知识相结合，用最实用的方法共同打造强有力的多部门合作的反家暴队伍。
>
> 培训内容：结合《反家庭暴力工作手册》及《反家暴个案管理工作手册》，涵盖家庭暴力基础知识、对家庭暴力的预防和处置、多机构合作的职责、反家暴典型案例分析以及个案管理的知识和技巧，还特别增加了儿童保护行为守则。

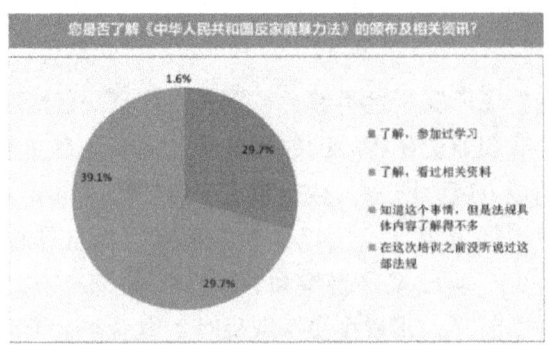

图 4-25 培训前的需求调查

培训对象：招募对象为广东省正在从事或有志向从事反家庭暴力的工作者，或接触到家庭暴力受害者的政府单位人员，包括反家暴的项目执行者、社工、公安人员，妇女干部、心理咨询师、律师等。

图 4-26　培训现场的讨论

培训总结和思考：

1. 学员招募更加多元化，将有利于多部门的沟通和联动。

此次培训学员来自众多社会组织，分布广泛，但职业类别中，社工、心理咨询师、妇女干部更多，律师、警察、医生很少。反家暴工作涉及多部门联动和协作，招募学员的多元化不仅可以让反家暴工作相关的各部门、各职业提升相关的意识和能力，也可以更好地发挥培训作为多部门合作交流、资源链接平台的作用，促进不同职业间的理解，推动相关部门的积极性。

2. 应该设置更多交流讨论时间。

会议以授课方式为主，分享讨论环节较少。线下已经建立了学员的联系群以及通讯录，可以满足学员之间的沟通与交流，同时推动学员的相互支持。在今后的培训中，合理安排更多的学员讨论时间，单独设置一个学员分享与讨论环节。

3. 课程密度大、时间紧，学员吸收知识较为困难。

本次培训相对来说针对性较强，培训内容充实，但参与培训的学员工作领域较多元，可能对某些课程理解起来有一定难度。今后，可以合理设置课程，放慢授课速度，增加课堂的练习。另外，设置平行论坛，学员可以根据自己的工作方向，对特定主题进行深入了解，同时增加不同学员间的交流。

4. 培训很好地搭建了沟通网络，为学员在后续工作中提供交流、支持平台。

培训不仅增长了学员的知识，更重要的是为致力于反家暴的工作人员搭建了互相沟通、资源共享的网络，今后在工作中遇到困难时，可以在线讨论分析解决办法。

5. 培训中涌现出的反家暴积极分子，有潜质进一步培养成反家暴培训师，以及成为行业的重要倡导者和公众教育者。

案例2：各地区多部门联动经验分享——反家暴交流会

本交流会旨在提升广东本地民间社会组织支持妇女和儿童获取反家庭暴力法的保障能力，推动本地反家暴的多部门联动机制，为反家暴工作者建立合作项目的资源和平台。在会上，针对"多部门联动"主题，参会者对各自地区的情况做10分钟的介绍，然后通过提问讨论，提出多部门合作的建议和措施，为其他地区的多部门联动提供参考。

参会者包含来自妇联、学术机构、医疗系统、社会组织的成员，以及律师、心理咨询师等。

内容分享：表4-5各地区、相关行业各具特色的反家暴模式（部分）

表 4-5　各地区相关行业各具特色的反家暴模式（部分）

类别	特色
罗湖模式	深圳市罗湖区家庭暴力防护中心是有效保护妇女儿童合法权益、防止家庭暴力、促进家庭和谐的联合机构。2004 年，罗湖区在全省率先成立了"罗湖区家庭暴力防护中心"，由政法委牵头，公、检、法、司等 10 个成员单位联合组成，办公室设在妇联，前期工作经费由区委政法委支持。罗湖区在对受暴妇女的评估与处理中有详细的流程和较为完善的方案，包括家暴信息收集、风险评估、安全计划、需求评估记录等内容。
宝安模式	反家暴宝安模式是依托一个区级家暴防护中心平台，由妇联牵头联动公安、法院、司法等 12 各部门共同参与，同时建立了五大源头防线：智慧宝安管控平台、宝安通终端 APP、85908590 服务热线、婚姻调解体系、其他项维权系统的五大反家暴预处渠道来发现家暴问题。
社工机构	穿针引线，为受害人提供一站式的援助服务，根据受害者的实际需要，迅速链接对应的政府部门介入，衔接不同部门的"进场"与"退场"，陪伴案主度过危机，重建无暴生活。
法律援助	法律援助是后置程序，必须建立在当事人的人身安全、临时庇护、经济救助、子女安顿等需求得到满足的基础之上，这就需要法律援助项目/机构跟社工机构、社区、公安机关、救助站等建立持续稳定的合作渠道，也需要其他部门能够切实有效地帮当事人解决更基本的需求。

工作坊的共识和思考：

1. 通过讨论交流，有助于识别现实需求，例如研发督导终端平台与服务手册，为工作人员实地开展工作提供后续支持；搭建了数据共享平台，实现个案流转、资源共享、资料查询、数据提取等功能。

2. 各地模式互相交流，提供了多种反家暴的思路，取长补短，总结推广先进的经验，为其他地区提供了可借鉴的经验，完善多部门联动机制。

七、教育和生活技能

（一）策略概述

"启发：消除针对儿童的暴力行为的七项策略"（INSPIRE）第七项策略是"教育和生活技能"（Education and life skills），证据表明在该策略下，存在一系列有效方法，包括提高各级学校入学率；建立安全、有利的学校环境；增加儿童面对暴力时的自我保护的知识和技能；生活和社交技能培训；青少年亲密暴力伴侣预防规划。儿童和青少年学会如何处理和管理风险和挑战而不诉诸暴力的生活和社交技能，对于减少校内和社区内暴力至关重要。

该策略的实践证据显示，教育和生活技能措施可以有效减少针对儿童的暴力行为，提高学校出勤率和学习成绩、减少童婚、减少性攻击、减少亲密伴侣施加和遭受的身体和性暴力行为、赋权儿童，加强其对亲密伴侣暴力的认识并保护自己免于这种暴力、减少侵犯和暴力行为、减少欺凌行为。

对儿童开展教育和生活技能的相关服务，可以提升儿童心理素质、开发个人潜能、矫正行为和提高社会适应能力。透过培养儿童沟通能力、社交能力、思辨能力、管理情绪能力和社会责任感，让儿童得以更好地面对成长中所带来的挑战和保护自己，在遭遇暴力或困境时，懂得以正面的方法去处理问题。

为防止针对儿童的暴力行为，国家教育部等多部门出台了多个政策，例如：《教育部办公厅进一步加强中小学（幼儿园）预防性侵害学生工作的通知》，各地学校把预防性侵害教育工作作为重中之重，通过多种形式开展性知识教育，预防性侵害教育。教育部等十一部门《加强中小学生欺凌综合治理方案》《关于开展中小学生欺凌防治落实年行动的通知》中小学要通过开学时集中教育、学期中在道德与法治等课程中专门设置教学模块等方式，定期对中小学生进行学生欺凌防治专题教育。这些举措显示，针对儿童开展的预防性侵害教育、预防校园欺凌等生活技能的提升也是符合政府部门防止针对儿童暴力行为的方向。

儿童是独立的个体，不是成人的"附属品"和"工具"。儿童不是无助的、被动接受服务的个体，儿童有自身的潜力及改善环境的主动性。从赋权的角度提升儿童的生活技能，促进儿童自我效能感的提升，避免对儿童"弱势"的标签化。消除针对儿童的暴力行为是与儿童密切相关的议题，通过赋权儿童参与，使这一议题的推动更贴近儿童的意愿。赋权的过程以儿童自身利益为根本出发点，通过提升儿童自身的权利意识，提升儿童各项能力，由成人搭建儿童参与、行动和发声的平台，促使儿童关注自身的环境，参与行动来推动环境的改变，承担起作为一个公民应有的责任意识和行动能力。

学者范斌综合国内外的研究提出了赋权的"两种模式"和"三个层次"[1]。

---

[1]　范斌：《弱势群体的增权及其模式选择》，载《学术研究》2004 年 12 月。

其两种模式指个体主动和外力推动两种模式的互动，即个体在赋权过程中的决定作用，通过主体与客体的不断互动达到持续赋权的目的。三个层次包括个体层面、人际关系层面和社会参与层面，其中个体层面上指个体要控制自身及对环境融合的影响能力；人际关系层面上，个体要积累一定的社会资源和资本，同时提升自己的形象，争取公平的社会环境；社会参与层次上，个体要能够表达对自己的诉求，能够参与社会资源的分配，争取到与其社会相匹配的公正和平等待遇。

从赋权的角度提升儿童的生活技能。内部赋权在于提升儿童的各项生活技能，"生活技能"是一个人的心理社会能力，即一个人有效地处理处理日常生活中各种挑战和生活的能力，使个体保持良好心态，并且在与他人、社会和环境的相互关系中，表现出适应和积极的行为能力。尤为重要的是，提升儿童对于儿童权利的认识，激发儿童对改变、参与及发声的主动性和积极性，对自身及环境中针对儿童的暴力和伤害状况有关注（见表4－6）。

表4－6　生活技能列表

沟通能力	如：商谈、拒绝、坚定
社交能力	如：同理心、服务态度
思辨能力	如：解难、明白后果、批判思考、自我评估
管理情绪能力	如：管理压力、自我管理、自我检视
社会责任感	如：团队合作、共同决定

对儿童的外部赋权在于提供实践平台让儿童实践所学到的各项生活技能，对儿童参与行动提供技能支持，提供儿童参与所需的资源和信息。在儿童关注的与儿童权利相关的议题中，能搭建对话平台使儿童的主张、看法、建议等传递给利益相关方，持续跟进利益相关方的回应及行动，及时反馈给儿童，使儿童能有更高程度的参与。

如图4－27显示，提升儿童生活技能的三个层次中，首先是儿童个人的生活技能得到提升和发展，并对儿童权利的相关议题有关注和思考；其次是在社区、学校中，利用儿童小组、儿童委员会等方式让儿童可以将生活技能有所实践，关注到他人、朋辈、社区中儿童权利的实施情况及儿童遭受暴力、伤害的程度及影响；最后，在社区层面，推动儿童代表表达诉求，包括社区儿童面临的现状、期望得到的改变等。

图 4 - 27　儿童生活技能提升的三个层次

（二）策略的实践经验

宣明会在中国偏远地区开展关顾儿童的工作，开发了不同的工具和服务模式，在消除针对儿童的暴力行为的相关服务中，特别留意到儿童的主体性和儿童参与的重要性。对儿童的生活技能教育也考虑到不同儿童的接受和参与的能力是不同的，令儿童可以有不同程度的学习和参与。

1. 提升儿童生活技能

透过培养儿童各种生活技能，提升儿童心理素质、开发个人潜能、矫正行为和提高社会适应能力。通过培养儿童多种生活技能，让他们得以更好地面对成长中所带来的挑战和保护自己；在困境中，懂得以正面的方法去处理问题。宣明会开发了不同的工具来提升儿童的生活技能。以下介绍《友伴飞翔》生命及成长教育活动指引、《儿童性教育》系列工具包，以及这些工具开展的情况和反馈。

（1）《友伴飞翔》生命及成长教育活动指引

宣明会从自我认识、朋辈关系、成长挑战、生涯规划四个范畴开发了针对中小学生的《友伴飞翔》系列工具包，各工具包有侧重的提升儿童的生活技能（见表 4 - 7、图 4 - 28）。

表 4 - 7　《友伴飞翔》系列工具包针对的生活技能

	自我认识		朋辈关系		成长挑战		生涯规划	
	小学	中学	小学	中学	小学	中学	小学	中学
主要生活技能（比较适用于 6 ~ 11 岁儿童）								
沟通技巧	√		√	√	√		√	
社交技巧	√		√	√	√		√	
思辨能力	√		√		√		√	√
情绪管理	√		√	√	√	√		
社会责任					√		√	√

续表

	自我认识		朋辈关系		成长挑战		生涯规划	
	小学	中学	小学	中学	小学	中学	小学	中学
实用生活技能（比较适用于 12～18 岁青少年）								
健康生活的技能				√		√	√	√
公民意识/社区参与						√	√	√
调解纠纷的能力	√		√	√				
自我保护的技巧				√		√		√
抗逆力	√			√		√		√

图 4 - 28　儿童参与《友伴飞翔》生活技能培训

《友伴飞翔》系列工具包分别从认知层面、技能层面和行为层面对儿童开展生活技能的培训。认知层面：透过课程内容了解正面思维及情绪产生理性行为，克服困难，提升儿童心理素质，以正面及乐观的态度及价值观处事。技能层面：透过小组活动探讨及练习生活技能开发儿童个人潜能及朋辈间的相互支持，建立生活技能和归属感。适当应用生活技能回应生活中的挑战。行为层面：儿童在面对困难时，行为强化或得到改善，提高社会适应能力。透过生活技能的建立，以及乐观值及归属感的提升，从而加强儿童抗逆能力，使儿童有信心及能力面对挑战。

（2）《儿童性教育》系列工具包

在步入成年的过程中，很多年轻人都会接触到大量与性有关的混乱和矛盾的负面信息，而包括父母、教师在内的成年人在性的问题上表现出的尴尬和沉默往往会加剧这种情况。在许多社会环境中，陈旧的观念和落后的法律限制了公众对性和性行为问题的讨论，而社会规范可能使有害的情况，比如在性关系、计划生育和使用现代避孕措施方面的社会性别不平等现象持续存在。

全面性教育（Comprehensive Sexuality Education，CSE），应以课程的方式，探讨性的认知、情感、身体和社会层面意义的教学过程。其目的是使儿童和年轻人具备一定的知识、技能、态度和价值观，从而确保其健康、福祉和尊严。全面性教育培养相互尊重的社会关系和性关系，帮助儿童和年轻人学会思考他们的选择如何影响自身和他人的福祉，并终其一生懂得维护自身权益。

大量证据表明，全面性教育能够使儿童和年轻人获得准确且适龄的知识、态度和技能，建立积极的价值观，包括尊重人权、社会性别平等和多元，以及建立安全、健康、积极的人际关系所需要的态度和技能。全面性教育的重要性也体现在它可以帮助年轻人反思社会规范、文化价值观和传统观念，以便更好地理解和处理他们与同龄人、父母、教师、其他成年人及其社区的关系。证据表明，对儿童开展全面性教育可有效降低儿童遭受暴力的状况。全面性教育有助于取得以下成果❶：初次性交行为发生时间推迟；性交行为发生频率降低；性伴侣数量减少；风险行为减少；安全套的使用增加；避孕措施的使用增加等。此外，针对儿童的全面性教育还产生其他方面的影响，包括：预防和减少基于社会性别和来自亲密伴侣的暴力和歧视；加强社会性别平等规范、提升自我效能感和自信心；建立更牢固、更健康的人际关系。

世界宣明会基于在中国偏远地区开展儿童保护的工作经验，于 2018 年与北京枫彩心理咨询服务中心合作开发《儿童性教育》工具包。枫彩的专家根据《国际性教育技术指导纲要》和国家教育部两个纲要——《中小学生公共安全教育指导纲要》《中小学健康教育指导纲要》对中小学生进行性教育的具体要求，项目前期对云南省偏远地区儿童、照顾者、教师、儿童工作者等实地调查，开发《儿童性教育》工具包，分为小学篇、中学篇、家长篇和亲子读本。

《儿童性教育》工具包内容力图涵盖全面性教育中的知识、价值观、技能、人格素养四大方面的内容：科学的性知识，比如，人是怎么生出来的，哪些是需要保护的身体隐私；对性的态度和行为规范，比如，性交是成年人的行为；与性相关的人际关系技能，比如，怎么拒绝别人不怀好意的要求；与性相

---

❶ 《国际性教育技术指导纲要》，联合国教科文组织 2018 年版，第 16—17 页。

关的责任，比如，每个人都要对自己的决定负责任。

对儿童开展性教育，让儿童明白保护好隐私部位以及性侵害的预警，从而提升儿童的防范意识和警惕性，如果面临性侵害或性暴力的预警时，能够做出保护自己的选择和决定，以下节选了部分儿童参加完《儿童性教育》的收获和反馈：

- 我了解到了男孩和女孩的不同；
- 我印象深刻的是隐私部位和身体的其他器官一样，都是身体的一部分，但我们要保护好隐私部位，不能够随便暴露；
- 隐私部位不能随便给别人看、给别人摸；
- 粘口香糖的游戏让我知道，只要是不舒服的身体接触我就有权拒绝；
- 我认识到了男生女生都一样重要；
- 如果有人要看我们的隐私部位或者触摸就是性侵害的预警；
- 如果有人要单独和我去一个屋子，也有可能发生性侵害；
- 坏人不一定是陌生人，也有可能是熟人；
- 万一真的被性侵又无法反抗，就要保住生命，被性侵不是我的错。

2. 推动儿童参与实践

《儿童权利公约》指出，儿童享有生存权、发展权、参与权和受保护权。儿童的参与权指的是儿童获得参与社会生活的权利。有意义且可持续的儿童参与有助于儿童福祉和权利的实现，使他们成为积极、有责任心的公民。儿童参与的过程能促进积极的沟通、建立儿童与成年人之间的相互尊重。成年人应重视儿童的参与，把儿童视为社区发展及公共教育的合作伙伴。

推动儿童的参与可分成不同的程度，儿童参与权阶梯从非参与到完全由儿童主导，由低到高共有八个：一个活动的参与程度可以分为五个不同层次去理解（由低参与度至高参与度排序），包括通知、咨询、一起执行、一起主导。

"通知"及"咨询"参与度的活动是由成人主导的，成人扮演教导者、决策者及引导者的角色，制定活动的范围。儿童在活动中的参与有限，活动的决定都取决于成人，而儿童在项目中的能力建设主要为知识的层面上。在"一起执行""一起决定"及"儿童主导"参与程度的活动中，儿童能够表达意见、做决定并参与活动的执行，成人给予儿童支持，扮演陪伴者、观察者、引导者及催化者的角色。过程中儿童有做决策以及实践的机会，而能力也可以得到一个较全面的发展，将知识学以致用。

由此可见，在推动儿童参与实践的过程中，必须考虑到儿童的能力以及成

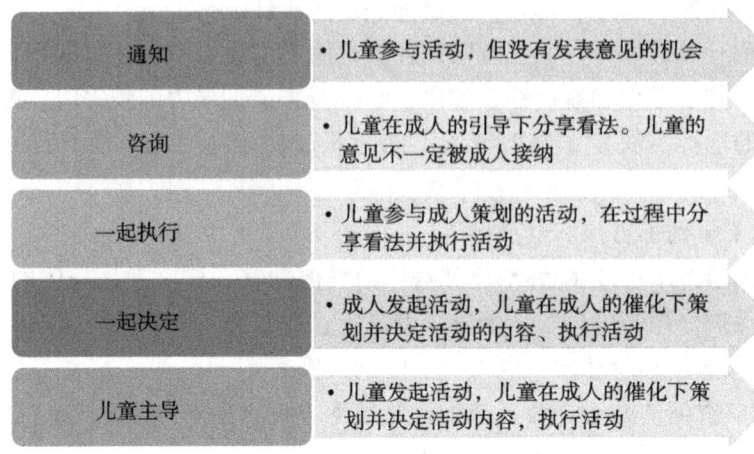

通知	• 儿童参与活动，但没有发表意见的机会
咨询	• 儿童在成人的引导下分享看法。儿童的意见不一定被成人接纳
一起执行	• 儿童参与成人策划的活动，在过程中分享看法并执行活动
一起决定	• 成人发起活动，儿童在成人的催化下策划并决定活动的内容、执行活动
儿童主导	• 儿童发起活动，儿童在成人的催化下策划并决定活动内容，执行活动

图 4 - 29　五个层次的儿童参与

人可以投入的时间，才能够让儿童在当中有收获和学习。高参与度的活动，成人需要投入更多的时间提升儿童的能力，并需要与他们定期总结经验及跟进情况。如果没有成人的引导或在儿童的能力不够时而开展超乎儿童所不能承载的高参与度活动，儿童在面临活动中决策或执行过程中可能会受到挫败，影响儿童的自信心。

世界宣明会的《同心同行计划》是一个在社区儿童资源中心/儿童之家开展的儿童参与项目。通过成立由所在乡镇、街道或社区儿童代表组成的"儿童委员会"（儿童小组），让儿童全面参与及支持中心的日常运作及活动开展。此计划组织儿童参与中心的管理及活动策划和执行，借此服务朋辈、社区人士及其他中心的使用者。

表 4 - 8　《同心同行计划》基本活动设计和效果

项目可达成效果	基本活动
儿童在社区拥有一个能够提供游戏、娱乐、教育、卫生、社会心理支持等服务的安全空间	• 建立中心的管理制度让儿童贡献于社区
儿童生活技能得到提升	• 儿童委员参加相关培训、建立能力 • 儿童委员定期组织小组会议 • 项目中期组织一次中期鼓励会 • 项目终期组织一次终期总结会
儿童拥有展示其生活技能的平台	• 儿童委员按项目分工时间表管理中心日常运作 • 儿童委员定期筹办中心活动，服务中心的使用者

《同心同行计划》项目中大部分时间都需要儿童主导、分工和合作，项目人员需要透过培训提升儿童的能力，包括他们的自信心、团队合作、突发情况的处理、设计及带领活动的知识及技巧等，在项目开展时，项目人员必须细心观察儿童之间的互动及行为，聆听儿童所表达的以及他们背后的情绪和考虑，以及帮助儿童学以致用。

推动儿童参与实践，将所学到的生活技能运用到实践中，注重儿童在参与计划、讨论、执行及做决策的过程及过程中的成长。有意义的儿童参与能够促进儿童全面发展、建立儿童的能力、提升儿童的自信及责任心、促进同伴间合作的机会、为儿童提供一个可以成长、发挥所长以及贡献社会的平台。借助儿童委员会的平台，儿童也逐步形成朋辈间的支持系统，提升儿童的社会保护因素，对儿童个人而言，也能降低针对儿童的暴力行为的风险。

3. 搭建对话平台，助力儿童发声

儿童的声音是重要的，当我们提供机会让儿童参与并且让儿童表达他们的想法，我们会发现儿童有能力影响他们的生活以及环境。儿童在表达自己看法，积极独立的行动中体验到自我价值以及社会的认可，从这种认可中巩固自信和自尊，提升自我效能感，积极改变环境中可能的问题或困境。同时儿童发声有利于儿童获得解决问题的能力，通过独立表达意见以及实践行动的机会，可以促进儿童解决问题能力的提升。

此外，儿童发声使儿童的声音被社会其他群体所认识，能促使利益相关方做出更有利于儿童的决策，改变儿童群体面临的状况和处境，使儿童获得更多的发展机会和资源，消除针对儿童的暴力行为和伤害风险。宣明会积极推动儿童在村级、乡镇、县级乃至更高层面的发声，搭建儿童与政府、社会组织、企业等利益相关方的对话平台，在全国多个地方开展儿童论坛等儿童发声的互动。儿童发声已经逐步为消除针对儿童的暴力行为做出贡献。例如，在河北省平泉，通过儿童发声带来更多资金的投入，为保障学生的安全，交警部门已经在倪杖子中心小学前安放了减速带，全校263名学生受益。在云南省昆明儿童发声也带来长效机制的建立：针对校园欺凌的问题，云兴学校开始组建家校联动机制，建立由班主任和校长管理的班级和学校微信圈，及时跟进处理任何校园欺凌事件，1312名小学生受益。儿童发声促进实际问题的解决使得儿童可以更加愿意参与社会生活，发现儿童生活中的可能带来暴力和伤害的危险因素，更加愿意积极主动地关注问题及发表自己的看法。

案例3：

天津武清"童说同听·同心同行"儿童论坛

2018年7月21～23日上午，宣明会对儿童进行赋权及知识的培训，引导儿童认识儿童权利和儿童需求，利用画蜘蛛图的方式列出儿童在社区中受到的暴力及安全威胁，将自己身边的事例创作成故事并用戏剧表演的方式引导出来，随后了解政府的不同职能部门在儿童方面的工作内容，学习如何与政府对话并写倡议书。23日下午开展儿童论坛。共有25名儿童作为倡导者全程参与，来自武清区妇联、民政局、团委、关工委、儿童之家所在村委、学校校长等11人参加，同时邀请社会各界10人参加，邀请家长20余名。通过论坛，儿童递交以下倡议书给政府部门。

各位来自民政局、妇联、团委、村委会、学校、社会组织的叔叔阿姨们，关工委的爷爷奶奶们，鉴于你们对儿童的关爱和在工作中对儿童保护的职责，我们希望你们能倾听我们的心声：

● 妇联可以宣传反家暴，教爸爸妈妈家庭管教的技巧，让我们的关系更和谐。

● 团委宣传更多安全和保护我们的知识，为我们提供更多安全教育。

● 学校教我们防拐骗的知识；在学校开展反对欺凌的教育，及时帮助被欺凌的同学，批评并惩罚欺负他人的同学；及时发现受家暴的同学并报告；为我们提供更多儿童安全教育。

● 村委会给池塘、大坑、蓄水池安装安全指示牌和护栏，在村内多一些玩耍的安全地方；加强巡逻、监控，加强对外来车辆的管理；发现社区中有同伴欺凌的现象，及时告诉家长；及时发现受家暴的同学并报告。

● 爸爸妈妈不要打骂我们，重视孩子受欺凌的现象，要多和我们交流，多多陪伴我们，少玩手机，留意我们经常玩耍的地方，照顾好我们，度过有意义、安全的暑假。

图4-30　儿童宣读倡议书　　　图4-31　儿童与成人对话

提升儿童的生活技能，提供平台供儿童参与和实践，提供机会和资源助力儿童发声，是一个逐步深入的过程。在此过程中，儿童通过提升生活技能加强自我保护能力，参与和实践生活技能形成朋辈支持，继而关注儿童的群体利益为儿童群体发声，在关注个体、朋辈、儿童整体的过程中，逐步扩大消除针对儿童暴力的影响和覆盖面。

八、总结

防治针对儿童的家庭暴力需要国家、地方政府和社会各领域的通力合作，社会组织有其特有的优势，利用其专业的儿童服务、心理咨询、个案管理服务，通过链接学术机构、基金会，支持政府民政部门、教育部门、卫生部门、司法部门开展相关工作，为受害儿童提供更友好的协助，为儿童编织一张全方位的保护网络。但是，社会组织目前存在儿童权利认识不足、专业能力有待提高等挑战，需要通过政府层面制度支持、公共倡导和持续的能力提升，不断完善预防和救济措施，更好地服务于有较大风险受家暴影响的儿童。至少，我们希望社会上更多的机构与工作人员能在发现儿童遭受家庭暴力时，积极主动向公安机关报案，并将以儿童为本的行为准则内化到儿童服务中来。

第三部分

防治儿童家庭暴力个案管理

第五章　儿童遭受家庭暴力个案工作流程

本章旨在为儿童遭受家庭暴力个案工作提供一个理想化的流程，以供未成年人保护工作者参考使用。实务工作者面对的个案千差万别，应根据实际情况提供个别化的服务。

一、接案

家庭暴力具有隐蔽性的特点，未成年人遭受家庭暴力更不容易发现。在实践中，未成年人遭受家庭暴力个案主要有以下几个来源：主动求助、他人举报、外展、转介。

在接案阶段，往往会遇到未成年人本人或者举报人要求社工对家庭暴力事件保密，这时社工需要耐心解释：为保障未成年人的最佳利益，不能作出保密承诺。有的未成年人或其家属不愿意接受社工帮助，这时要以确保未成年人安全为第一目标，不应拘泥于"案主自决"。

另外，接案阶段还需要进行资料收集和危险评估等工作。

（一）资料收集

接案阶段就需要尽可能详尽地收集个案资料，包括未成年人、加害人及相关亲属的姓名、居住地址等基本资料，也包括家暴类型、频次、侵害后果等内容。同时，还要为危险评估所必需的资料做针对性的收集，以便得出危险等级，以便作出进一步的干预计划。

在实务工作中，未成年人的家属往往并不会主动配合，甚至阻挠社工介入，以至于资料收集较为困难。社工不应就此轻易放弃，可以通过多种途径多种方法收集资料。即便收集不到足够的资料（证明未成年人受到家庭暴力），只要有充足的理由相信未成年人可能遭受到家庭暴力，社工依然应当及时报警，由办案民警调查取证。

下表为《未成年人遭受家庭暴力接案记录表》，供相关机构参考使用。

未成年人遭受家庭暴力接案记录表

接案单位		接案时间		个案编号	
个案来源					
未成年人姓名		性别		出生年月		身份证号	
电话			居住地址		
学校班级			教师信息		
健康状况	□良好　□肢体残疾　□智力残疾　□视力残疾　□听力残疾　□言语残疾　□疑似精神障碍 □疑似传染病　　□行动困难　□明显外伤　□重病　□其他＿＿＿＿
侵害类型	□性侵害　□身体虐待　□精神虐待　□遗弃、长期不管　□出卖 □教唆、利用未成年人实施违法犯罪行为　□胁迫、诱骗、利用未成年人乞讨 □其他不履行监护职责严重危害未成年人身心健康
侵害人	姓名：　　　　与受害人关系：　　　　电话：

父亲	姓名		年龄		文化程度		职业		健康状况	
	身份证号				住址				联系电话	
母亲	姓名		年龄		文化程度		职业		健康状况	
	身份证号				住址				联系电话	
（其他亲属）	姓名		年龄		文化程度		职业		健康状况	
	身份证号				住址				联系电话	
个案详情										

（二）危险评估

结合中华人民共和国民政部《受监护侵害未成年人保护工作指引》中的《未成年人受监护侵害程度评定参照表》（见附件 A）进行危险评估，在评估中需要注意以下几点：

（1）危险评估在接案时开始，并在整个个案工作过程中持续不断进行，贯穿于个案工作始终。危险评估应考虑未成年人过往遭受家庭暴力侵害的情况如侵害类型、频次、后果等，也要考虑再次遭受家庭暴力的可能性。

（2）危险评估是决定下一步干预计划的关键依据，因此应审慎进行。尤其要认真考虑是否需要将未成年人进行家外安置，以保证未成年人的人身安全。

（3）危险评估应综合考虑多方面的因素，有时需要不同专业人员如医生、心理工作者的参与。

二、报警

社工发现未成年人遭受家庭暴力或者疑似遭受家庭暴力后，应当及时报警，并协助公安机关开展工作。在报警受阻或公安机关不依法办案时，社工应采取各种合法的方式，推动公安机关介入调查，保护未成年人的权益。

公安机关接到报警后应当及时出警，制止正在发生的家庭暴力，按照有关规定调查取证、进行伤情鉴定。

社工应关注公安机关是否采取和缓、友好的方式询问未成年人，如果发现公安机关的询问内容、用词、语气等可能不适合未成年人时，应提醒公安机关调整。

三、紧急处置

社工应协助和推动公安机关等部门进行一系列紧急处置工作。

（一）紧急救治

未成年人因遭受家庭暴力身心健康遭到侵害，需要紧急医疗救治的，应在第一时间将其送至医疗机构进行紧急医疗救治，并安排好未成年人在医院内的医疗、陪护等事宜。

（二）强制带离与家外安置

未成年人因家庭暴力身体受到严重伤害、面临人身安全威胁或者处于无人照料等危险状态的，公安机关可以将未成年人强制带离，并进行临时家外安置；可以安置在未对该未成年人实施家庭暴力的其他监护人、近亲属处，也可以通知并协助民政部门将其安置到临时庇护场所、救助管理机构或者福利机构。

制订家外安置方案时，如果未成年人有表达能力，应考虑未成年人自己的意愿；也应考虑涉事监护人的意见。

（三）代为申请人身安全保护令

监护人有跟踪、骚扰、言语威胁、暴力伤害未成年人的行为或可能的，未成年人的近亲属、公安机关、妇女联合会、居民委员会、村民委员会、救助管理机构可以向基层人民法院代为申请人身安全保护令。

四、社会背景调查评估

为了详细了解未成年人遭受家庭暴力的侵害情况、成长需求，监护人监护意愿和监护能力等信息，社工应开展专业调查评估工作，即社会背景调查评估。

调查评估的事项包括：未成年人受家暴侵害情况、未成年人受教育情况、未成年人对遭受家庭暴力问题的认识、监护人对侵害行为的认识、监护人的监护能力、家庭关系、居住环境等。

调查应遵循未成年人参与、多元评估、科学公正、隐私保护的原则，并最终形成《受监护侵害未成年人社会背景调查评估报告》（见附件 B）。

五、多部门会商

社工应在《受监护侵害未成年人社会背景调查评估报告》的基础上，根据个案工作的实际进展，综合判定是否需要建议上级主管部门发起多部门会商。

（一）会商的原则

1. 保障未成年人最佳利益

在确定下一步干预计划时，应始终权衡相关方案是否有利于保障未成年人的最佳利益；社工应重点关注这一原则，避免偏离。

2. 保密原则

参加多部门会商的人员较多，很容易泄露当事人隐私，因此应当在会商过程中不断强调保密原则，不应擅自对外泄露或公开会商的相关材料、会商过程与结论的记录，应严格保护相关人员的隐私。

3. 平等参与原则

应确保参会人员充分沟通、交流，经过深入研究、讨论形成会商结论，避免个人意志主导会议过程与结果。

（二）参与会商的人员

社工应预估未成年人的需要，结合个案工作进展，邀请相关人员参与会商。参与会商的人员可以包括：未成年人保护社工、未成年人保护机构负责人、民政部门负责人、法院工作人员、检察官、办案民警、村（居）民委员会书记、未成年人的老师、医务人员、律师、心理专家、未成年人保护专家等。

未成年人本人及其监护人、近亲属是否要参与会商，或是否要全程参与，应根据实际需要来决定。

（三）会商流程

1. 会商前的准备

社工应评估发起多部门会商的必要性，并与上级主管部门沟通，并提交书面建议。建议可以包括：案情综述、个案风险、拟参与会商人员、会商的原则、会商的内容等，方便主管部门作出决策。

确定会商时间、地点后，向参与会商的人员发出通知。

2. 会商开始

主持人介绍会商目的和大致流程，介绍参会人员。

主持人宣读会商原则，强调保密原则。

3. 介绍案情

社工介绍案情；办案民警通报调查取证结果及对涉事监护人的依法处置；未成年人的老师、医生等其他相关人员通报各自掌握的材料。

4. 讨论干预服务计划

警方对涉事监护人的处置方案、侵害行为的性质和严重程度、涉事监护人的悔过态度等都影响到后续的干预服务计划。

应商讨并明确以下问题：

（1）未成年人返家后遭受进一步侵害的可能性；

（2）返家后的后续服务和监督；

（3）未成年人的身心健康状况和医疗方案；

（4）涉事监护人的强制矫治方案；

（5）是否延长家外安置或永久家外安置；

（6）最合理的安置方案；

（7）是否提起撤销监护人资格的诉讼；

（8）未成年人的心理疏导方案；

（9）未成年人的生活、学习方案；

（10）各个部门和人员的分工等。

六、干预处置

干预处置方案可能是多部门会商的结果，也可能并没有经过正式的多部门会商，而是根据当事未成年人的实际需要，依据法律法规开展的相关干预处置措施。社工直接参与相关服务或推动各部门开展相关工作。

（一）医疗救治

应对未成年人进行全面检查，有医疗需求的，由医疗机构提供全面的医疗救治。

（二）心理辅导

链接具备资质的心理工作者为未成年人提供心理辅导、情感抚慰。

（三）长期/永久家外安置

为了保护未成年人的人身安全及合法权益，根据实际需要，可以向人民法院申请延长家外安置时间或进行永久家外安置。应制订妥善的家外安置方案，考虑其生活、学习，以利于未成年人身心成长。

（四）提起撤销监护人资格的诉讼

对于侵害行为属于《关于依法处理监护人侵害未成年人权益行为若干问题的意见》第35条规定情形的，有关部门可以依法向未成年人住所地、监护人住所地或者侵害行为地基层法院提起诉讼，撤销监护人资格。

（五）强制亲职教育与强制矫治

推动对涉事监护人接受强制亲职教育或强制矫治，增强其监护责任意识，促进其行为的改变，以文明的方式实施家庭教育，保证未成年人健康成长。

（六）其他处置

对于涉事监护人，根据其侵害后果的不同，可以对其开具《家庭暴力告诫书》、行政处罚、刑事处罚等。

社工还可以考虑召开家庭会议，商讨未成年人的安置方案、家庭暴力的监督计划等。

七、跟踪回访

结案后，社工应当组织建立健全的监督机制，以确保未成年人不会再次受到家庭暴力，并提供持续一定时间的跟踪回访。

附件表格

附件A：未成年人受监护侵害程度评定参照表①

序号	评定事项	评定等级 A低危	B中危	C高危	D极危
1	身体虐待或性侵犯的严重性及或事件频密程度	没有受伤或受无须接受治疗的伤，对未成年人没有造成可察觉的影响；独立事件、偶发事件。	身体轻微受伤或出现无法解释的伤患，须接受诊治；有惩罚/管教的历史或或模式；轻微的性冲突。	须立即接受治疗及或留院；有过度惩罚/管教性骚扰的历史或模式。	监护人有下列一件或多件下极危险状态者，表明未成年人处于极危险状态： [1] 性侵害、出卖、遗弃、磨待、暴力伤害未成年人，严重损害未成年人身心健康的。 [2] 将未成年人置于无人监管和照看的状态，导致未成年人面临死亡或严重伤害危险，经教育不改的。
2	疏忽照顾的严重性及或频密程度以及事件隔时间	对未成年人没有造成明显的影响；偶发独立事件。	怀疑监护人无法满足未成年人对医疗、食物及或居所的最低要求；经证实有独留未成年人在家，未成年人无人看管的记录。	监护人不愿意满足未成年人对医疗、食物及或居所的最低要求；经证实有长时间独留未成年人在家，未成年人无人管或看护的记录；未成年人受到伤害的风险极高。	
3	忽视或虐待孩子的原因与动机	为了教育孩子而实施的体罚，打得自己很心疼；因为客观原因不能照顾孩子；偶发、独立事件。	为了教育孩子而实施的体罚，打得不心疼；因为客观原因不能照顾孩子，经常发生的事件。	没有教育目的，只是拿孩子出气，完全不尊重孩子；打孩子毫不心疼；故意遗弃；经常发生的事件。	

① 引自民政部文件 MZ/T 086－2017。

续表

序号	评定事项	评定等级			
		A 低危	B 中危	C 高危	D 极危
4	吸毒/酗酒/赌博	没有吸毒/滥用酒类饮品/赌博；监护人吸毒/酗酒/赌博没有影响其对未成年人的教养。	吸毒/酗酒、赌博影响监护人的育儿能力；与现有的监护侵害问题有关。	经常大量吸毒/酗酒/赌博，对未成年人造成长期的危险；阻碍相关未成年人保护服务计划的实行。	[3] 拒不履行监护职责长达六个月以上，导致未成年人流离失所或者生活无着的。 [4] 有吸毒、赌博、长期酗酒等恶习无法正确履行监护职责或者因服刑等原因无法履行监护职责，且拒绝将监护责任部分或者全部委托他人，致使未成年人处于困境或者危险状态的。
5	监护人身体、智力或情绪方面的能力	没有智力/身体的障碍；对未成年人的期望合理；可以完全控制精神状态。	可能有身体残疾/情绪障碍；中度智力局限；有精神病记录；推理能力差；需要额外支持才能保护未成年人。	严重残疾；对现实的感知欠佳；对未成年人的行为有不切实际的期望或认知；有严重的智力局限。	
6	监护人的合作程度	愿意和有能力与有关机构合作解决同问题和保护未成年人。	过分顺从调查人员；家中有非侵犯者的成人在场；可能保与有关机构维持最低限度的合作。	不认为有问题存在；拒绝合作；缺乏兴趣或采取逃避的态度。	
7	监护人教养未成年人的技巧及/或知识	监护人认识教养未成年人的技巧或责任的技巧及知识；用有关技巧和能适当运用有关责任。	表现前后不一，未能确定是否具备为未成年人提供最低程度照顾所需的教养技巧及知识。	监护人不愿意/无法运用所需的教养技巧，以及为未成年人提供最低程度照顾所需的知识。	
8	家中有可取代父母或父母的成员	家中有可取代父母或父母的成员，且能稳定发挥支持作用。	家中可取代父母的成员非经常在家及/或承担照顾未成年人的最低责任。	可取代父母或父母的成员与有关家庭同住，而且是怀疑施虐者。	

续表

评定等级

序号	评定事项	A 低危	B 中危	C 高危	D 极危
9	家庭支持系统的能力	家人、邻居或朋友承诺会给予帮助。	家人会给子支持但却居于远处；朋友和邻居能够提供部分支持；得到有限度的社区服务。	亲友不会提供支持，或制造破坏；地理位置偏僻，得不到社区服务。	【5】胁迫、诱骗、利用未成年人乞讨，经公安机关和未成年人救助保护机构等部门三次以上批评教育拒不改正，严重影响未成年人正常生活和学习的。 【6】教唆、利用未成年人实施违法犯罪行为，情节恶劣的。
10	压力/危机	稳定的家庭、职业或收入；有交通工具；与亲属关系密切。	怀孕或刚有婴儿出生；收入及或食物不足；家庭管理技巧/知识不足；与亲属的关系紧张。	渐近丧偶；婚姻状况或关系最近发生变化；严重精神病发作；虐待配偶/婚姻冲突；依赖药物/酗酒；混乱的生活方式；曾参与犯罪活动，多次被捕。	
11	亲子关系	良好或一般。未成年人信任监护人，对其保有一定的依恋性，愿意继续与监护人一起生活。	较差。未成年人不太信任监护人，与监护人的亲密度较低，不太愿意继续与监护人一起生活。	非常差。未成年人非常不信任监护人，与监护人缺乏亲密关系，完全拒绝继续监护人一起生活。	

注：
1. 有"极危"栏中罗列的六项中的一项或多项情况的，或在表格"1～4"行规定的情况中存有一种或多种"高危"状况并严重威胁未成年人生命安全的其他事件的，应将案件列为"极危"案件，并依照《关于依法处理监护人侵害未成年人权益若干问题的意见》向法院提起撤销监护人资格的诉讼。
2. 表格"5～11"行规定的情形，作为评估未成年人及其家庭的育儿意愿和能力，未成年人需求，未成年人是否适合继续由监护人监护等问题的参考依据。
3. 对监护侵害未及撤销监护资格程度的，可建议不提出撤销监护人资格的诉讼，并就如何监督和支持监护人妥善监护未成年人提出相应的干预建议。

附件B：受监护侵害未成年人社会背景调查评估报告❶

个案编号：

基本情况							
未成年人姓名		性别		民族		出生年月	
户籍地址				家庭住址			

未成年人遭受的侵害情况（包括受侵害事件发生的时间、地点、经过；未成年人受侵害的类型、受伤害的程度；此前遭受侵害的频度等）。

（可附页）

未成年人的健康状况（包括身体健康状况、心理与精神健康状况等；是否有残疾、重度心理与精神疾病、白血病等重大疾病、严重不良与越轨行为等）。

（可附页）

未成年人的教育情况（包括未成年人就读的学校与年级、在学校的适应情况、与同学和老师的关系状况等）。

（可附页）

未成年人对监护人侵害行为的认识、理解与评价（着重评估未成年人对侵害行为的认识，对侵害人的信任程度，和侵害人的关系亲密程度，对侵害人作为监护人的资格的评价，继续和侵害人一起生活的意愿等）。

（可附页）

监护人对监护侵害事件的认识、理解与判断（着重了解他们的悔改情况、对监护干预的认识与配合情况，评估若由其继续监护未成年人是否还会伤害未成年人、接受帮助的意愿等）。

（可附页）

监护人的育儿态度、知识与能力（包括其对孩子的期望与关心程度、教育孩子的方式；是否吸毒或酗酒、是否赌博成瘾；家庭的经济状况；侵害未成年人的历史记录等）。

（可附页）

---

❶ 引自民政部文件 MZ／T 086－2017。

家庭情况（包括父母、兄弟姊妹等家庭主要成员的年龄、文化程度、职业、健康状况、是否有刑事犯罪记录等；家庭的住房情况，含房屋大小、成套情况、地理位置、未成年人房等；家庭关系状况，含家庭成员之间的沟通状况、感情亲密程度、家庭成员之间的暴力行为等）。 （可附页）
未成年人的扩大家庭情况（包括祖父母、外祖父母、叔伯姑舅姨等扩大家庭主要成员的年龄、性别、经济状况、与未成年人的关系亲密度、对监护人侵害未成年人事件及未成年人安置的意见建议等）。 （可附页）
家庭中其他未成年人（若有）的生存状况及其态度与感受 （可附页）
导致受侵害的主要原因、未成年人与家庭主要需要 （可附页）
结论与建议（明确说明未成年人是否确实遭受过侵害，未成年人遭受侵害的类型、性质与程度，未成年人如果返家与监护人共同生活是否有受继续受侵害的危险，未成年人家中是否有其他可能遭受监护人侵害的未成年人，受监护侵害未成年人是否适合返家继续接受监护人监护，是否转移或剥夺监护人的监护权，未成年人的祖辈或其他亲属是否有意愿、能力实际抚育孩子等问题）。 （可附页）
社工签名： 日期：
单位公章： 日期：

第六章　社工介入儿童家庭暴力典型案例

个案一　芳芳被父亲家暴案

一、个案背景

（一）基本资料

案主姓名：芳芳（化名）；

性别：女；

年龄：11 岁。

（二）个案缘起

2018 年 8 月 5 日，芳芳独自到中部某省 M 市某社区警务室求助，由民警带到当地妇联。妇联工作人员了解情况后，向深圳市鹏星家庭暴力防护中心（以下简称"鹏星"）寻求支持。本案是在鹏星的督导下，由妇联干部作为个案管理员，协调各方力量协作完成。

（三）家庭背景

案主 1 岁时，父母离异。案主 9 岁前一直跟随爷爷、奶奶在老家生活。案母离异后组建新的家庭，并育有四个孩子。案父未再婚，一直在 M 市打工。2016 年，案父将案主接到 M 市一起生活。

二、家暴状况

（一）家暴史

案父经常因为学习问题殴打芳芳，称："我是为她好，将来她会感激我的。"2018年8月3日，案父又因背诵课文的事情用铁尺抽打案主手臂、腿部，导致案主身上及脸部有多处红肿及划破。经民警初步查看，案主身上有多处新旧伤痕，案主称是被父亲用衣架或铁棍殴打留下的痕迹。

（二）侵害类型

案父对案主多次体罚，主要为身体暴力。另外案父上班地点距家较远，晚上七点后才能回家，经常留案主一个人在家，有疏忽照顾的嫌疑。同时，由于未进行详尽调查，不排除存在其他侵害类型的可能。

三、问题预估分析

（一）危险评估

根据中华人民共和国民政部《受监护侵害未成年人保护工作指引》（MZ/T 086-2017）的规定，按照《未成年人受监护侵害程度评定参照表》评估，案主危险等级可初步定为"中危"，具体的危险等级，还须通过深入调查确认。

（二）需求评估

1. 安全的需要

案主作为未成年人，被父亲殴打，遭受到身体的伤害，而且面临着再次受暴的危险，因此安全是案主的第一需要。工作者应考虑将案主带离危险环境，妥善进行临时安置。案主在报警当日"打算离家出走打工，不想再回到父亲身边"，也正体现出这一需求。

2. 医疗救治

由于案主遭受多次家暴，需在全面健康检查的基础上确认案主是否需要医疗救治。

3. 心理辅导

遭受监护侵害的未成年人，会有心理创伤或伴有退避、紧张等明显行为问题，应安排专业人员及时进行心理辅导，避免发展为应激障碍等心理精神疾病。

4. 其他需求

以"保障未成年人最佳利益"为原则，评估未成年人的其他需求，切实保障未成年人的合法权益。

（三）政策环境

1. 政策法规

（1）法律法规依据

2014 年 12 月 18 日，最高人民检察院、最高人民法院、公安部、民政部联合出台《关于依法处理监护人侵害未成年人权益行为若干问题的意见》（MZ/T 086 – 2017），明确了监护侵害案件的处理标准，为监护侵害案件的处理提供了法律依据。

2016 年 3 月 1 日实施的《反家庭暴力法》也明确反对任何形式的家庭暴力，并提出对未成年人"应当给予特殊保护"。

《反家庭暴力法》第十二条："未成年人的监护人应当以文明的方式进行家庭教育，依法履行监护和教育职责，不得实施家庭暴力。"

《反家庭暴力法》第二十一条："监护人实施家庭暴力严重侵害被监护人合法权益的，人民法院可以根据被监护人的近亲属、居民委员会、村民委员会、县级人民政府民政部门等有关人员或者单位的申请，依法撤销其监护人资格，另行指定监护人。被撤销监护人资格的加害人，应当继续负担相应的赡养、扶养、抚养费用。"

《民法总则》第三十六条："监护人有下列情形之一的，人民法院根据有关个人或者组织的申请，撤销其监护人资格，安排必要的临时监护措施，并按照最有利于被监护人的原则依法指定监护人：

（一）实施严重损害被监护人身心健康行为的；

（二）怠于履行监护职责，或者无法履行监护职责并且拒绝将监护职责部分或者全部委托给他人，导致被监护人处于危困状态的；

（三）实施严重侵害被监护人合法权益的其他行为的。

本条规定的有关个人和组织包括：其他依法具有监护资格的人，居民委员会、村民委员会、学校、医疗机构、妇女联合会、残疾人联合会、未成年人保护组织、依法设立的老年人组织、民政部门等。

前款规定的个人和民政部门以外的组织未及时向人民法院申请撤销监护人资格的，民政部门应当向人民法院申请。

（2）工作标准

民政部于 2017 年 3 月 20 日发布《受监护侵害未成年人保护工作指引》，为受监护侵害未成年人的保护工作制定了标准。

2. 政府资源

（1）民政部门

M 市民政体系有未成年人保护中心，但设在救助站内，按照惯例，以站内服务为主，对监护侵害行为缺乏足够的人力和专业经验，因此工作人员未向其转介。

（2）妇联组织

M 市妇联在妇女儿童权益保护尤其是反家暴工作中一直态度积极，主动作为，是儿童保护的一支重要力量。本案发生地，正是 M 市妇联的反家暴试点地区，因此该地妇联更有积极性和专业优势。

（3）公安部门

本案中，民警能够及时主动联动妇联，保护儿童的决心是坚定的，态度是积极的，这对后续干预的力度和有效性至关重要。

四、干预过程

（一）建立关系，了解案情

2018 年 8 月 5 日，在面对民警等工作人员的询问时，案主一直沉默不语，低头搓手指，"显示出恐惧、害怕和无助，情绪状态不是很好"。工作人员关切询问案主有没有哪里觉得不舒服，并真诚表明愿意帮助她，适时安抚她的情绪，初步跟她建立信任关系。随后工作人员了解案情，重点了解家暴状况，以便初步判断暴力类型和危险等级。

（二）问题预估

根据了解到的情况，评估危险等级，梳理案主的需求。同时，通过政策环境的评估，决定由妇联工作人员作为个案管理员跟进个案，链接各方力量，协同工作。

（三）紧急处置

1. 紧急医疗救治

将案主送至医院进行全面健康检查。经检查，案主虽有伤痕，但无须进行医疗救治，也无须住院（检查和医疗所产生的相关费用，后由案父承担）。

2. 伤情鉴定

经办民警开具《伤情鉴定委托书》，并护送案主前往指定医疗机构验伤。伤情鉴定结果为"轻微伤"。

3. 家外安置

因该未成年人有再次遭受家暴的危险，警方决定依据相关法律规定，对案主进行临时家外安置。个案管理员尊重案主本人意愿，并充分考虑相关亲属、案父等人意见，最终决定将案主安置在其姑妈家，安置时间为7天，社工将在此期间进行社会背景调查评估。

警方明确告知案父"7天内不允许接触孩子"；同时告知姑妈"不允许私自将孩子送回给父亲"。姑妈和案父签订一份临时监护协议。

家外安置期间，个案管理员前往案姑妈家探望，确保案主得到适当照顾、生活环境安全。

4. 心理疏导

个案管理员安排社区社工与案主建立关系，提供陪伴和心理疏导。社工与案主通过电话、微信等建立沟通渠道，方便案主及时联系和求助。

（四）社会背景调查评估

社工开展社会背景调查评估，调查的事项包括：未成年人受侵害情况、受教育情况、监护人的态度、家庭成员概况、居住环境等。社工通过各种形式向案主父母、爷爷、奶奶、其他亲属、学校老师、办案民警、医务人员等进行调查，并形成了翔实的《社会背景调查评估报告》。

（五）处置

根据《社会背景调查评估报告》，综合考虑伤情鉴定结果，本案尚未达到撤销监护人资格的程度，工作人员决定不提起多部门会商，并作出如下处置建议。

1. 警方开具《家庭暴力告诫书》

考虑到案父悔过态度较好，本着"受监护侵害未成年人利益最大化"原则，警方对案父开具《家庭暴力告诫书》，禁止其再对案主实施任何形式的家庭暴力。案父写下悔过书，承诺不再实施家庭暴力。

2. 警方口头训诫

警方同时口头训诫案父，并提出如下要求：为保证后续监督，不允许没收案主手机，不允许突然搬家，应接受妇联、公安等部门监督。

3. 强制矫治

警方责令案父参加强制矫治课程；由深圳市鹏星家庭暴力防护中心开展，由案父承担课程费用。

矫治课程已实施两次，在尊重、友好的氛围下开展，触发了案父态度的改变。案父反思自己的行为，当场表示："从今天起，我要做女儿温暖的港湾！"

4. 召开家庭会议

个案管理员召集案主、案父及相关亲属，通过微信召开家庭会议，通报处置结果。案父向家庭成员承诺不再伤害孩子，接受家庭成员的监督。

5. 案主返家

结合案父的悔过态度，工作人员决定七天家外安置到期后，安排案主返回家中，暂时不再延长家外安置时间。

6. 心理咨询

个案管理员链接了在沙盘治疗方面较为专业的心理咨询师为案主免费提供系统持续的心理咨询，抚平心理创伤，纠正错误认知。

7. 持续监督回访

个案管理员组织建立由社区、网格、妇联、公安等部门参与的监督体系，定期回访，重点监督。

（六）备用计划

个案管理员做了备用处置计划，视案父后续的表现情况决定是否使用。

（1）代为申请人身安全保护令；

（2）延长家外安置时间；

（3）召开多部门会商；

（4）严重时，建议民政部门向人民法院申请撤销监护人资格。

（七）干预成效

截至本书定稿时，案父悔过态度很好，积极改善父女关系，没有再次发生家庭暴力，因此上述备用计划暂时没有使用，这也是工作人员乐于看到的结果。

案主各方面表现正常，状况稳定。案主对社工建立了信任，经常到社工办公室，参与和协助相关活动。

（八）专业思考

1. 个案管理

明确个案管理员、采用个案管理方法是本案成功的关键因素。个案管理员积极联动社工、民警、网格员、心理咨询师、专家等资源，协同工作，相当于一次成功的多部门联动，确保工作成效。

2. 依法保护，态度坚决

正是个案管理员坚决制止家庭暴力的态度，警方依法保护未成年人的决心，使加害人认识到问题的严肃性和严重性，再辅以强制矫治，触发了加害人的改变。如果延续以往一贯的调解模式，很难取得成功的干预效果。

3. 政策倡导

从案例中可以看到，目前对于监护人侵害未成年人的保护工作，仍缺乏合适、权威的主责部门，也缺乏成熟顺畅的多部门联动机制，因此干预效果往往依赖个案管理员的个人意愿和专业素质。本案的个案管理员非常优秀，保证了干预效果，但很难保证每个个案都能遇到这么优秀的个案管理员。未来亟待政府明确主责部门，完善联动保护机制，建立网络通报系统，才能从根本上解决问题。

个案二 王涛被父亲家暴案

一、个案背景

（一）基本资料

案主姓名：王涛（化名）；

性别：男；

年龄：8 岁。

（二）个案缘起

2018 年 6 月 3 日，案母主动致电社工，称其子王涛经常遭受父亲扇耳光、辱骂等体罚和精神虐待，自己不知道该怎么办，请求社工帮助。

（三）家庭背景

案主父母于 2012 年离异并各自组建新的家庭，案主由父亲抚养。案母定期探视案主。

二、家暴状况

（一）家暴史

案主称父亲经常体罚，惩罚方式包括：扇耳光、用脚踹、用皮鞭抽打、用戒尺打、用书打头、罚站、辱骂、不给饭吃等。案父"控制欲强，经常骂人，什么都骂，骂人超级难听"（案母语）。案主称："爸爸骂我的那些话我都不想去复述。"

（二）侵害结果

案主身上常有瘀青，并且多次考虑自杀，对案母说"活着没意思"。案主还曾愤怒地喊："我要杀了我爸爸！"学校老师称，孩子常在课堂上哭，无法安心听课，出现自伤行为，无法自控。案主到某医院心理科就诊，被诊断为"多动症"（社工对此有异议）。

三、问题预估分析

（一）危险评估

根据《未成年人受监护侵害程度评定参照表》评估，案主危险等级可初定为"中危"；但案主多次表达自杀想法，有实施自杀的可能性，因此综合评定为"高危"。

（二）需求评估

1. 安全的需要

案主对父亲既愤怒又恐惧，在接到父亲电话时，浑身战栗发抖，害怕再次遭受父亲家暴，因此终止家庭暴力是案主的第一需要。案主多次表达想和妈妈一起生活，不想再和爸爸在一起。当听到案母说会有妇联帮助他们时，案主非常高兴。当案母担忧报警会彻底和爸爸撕破脸的时候，孩子说"撕破脸就撕破脸"。

2. 心理干预

案主长期被父亲暴力对待，出现严重的心理行为问题，多次流露自杀意念，甚至出现自伤行为。案主也曾主动向案母表示，想要找心理医生帮助。因此，需要尽快进行自杀干预，排除自杀风险，并安排持续的心理辅导。

四、干预过程呈现

（一）建立关系，了解案情

社工同理案母的担忧，鼓励案母通过法律手段保护孩子，获得案母信任。社工以游戏的方式和案主建立关系，案主详细诉说自己被父亲家暴的情况。

（二）排除自杀风险

社工主动与案主讨论自杀，案主称自己有时候会有"不想活了""活着没意思"的想法，但没有自杀计划。案主称与母亲在一起的时候，不会去想，也不会实施自杀。

综上所述，社工暂时排除自杀风险，但前提是案主要脱离家暴环境，处在安全环境中。

（三）报警求助受挫

案母在社工鼓励下带孩子前往派出所报警。值班警员简单问了几句，称"这不是家暴……你不负责任……爸爸很负责"，称"你们这些女人就是利用孩子来达到自己的目的"。警员还称"8 岁的孩子不懂事，不作数"。警员还要打电话给案父，想通知其把孩子领走。当案母表达异议时，警员说："现场有监控记录，随便你们去告！"

（四）自行庇护

在报警受挫的情况下，社工鼓励案母暂时采取自行庇护措施，将孩子留在自己家中，暂不回案父处。案母关闭孩子电话手表定位，防止案父追踪。

案母想要保护孩子，又犹豫不决，对前夫心存恐惧，面临很大压力。其间案父又多次打电话恐吓辱骂案母，给案母带来极大心理压力。社工不断鼓励和支持案母，肯定其保护孩子的决心。

（五）社会背景调查评估

社工指导当地妇联干部，向案主、案母、案父（加害人）、案主奶奶、学校老师等了解情况，进行社会背景调查评估。

根据评估结果，工作人员判断家暴基本属实，但由于缺乏当地警方的支持，且案主无明显体外伤，难以取证。

（六）申请人身安全保护令

案母委托律师，根据案主陈述、案母证言、《社会背景调查评估报告》等资料向当地基层人民法院申请人身安全保护令。法院作出裁定，责令被申请人（案父）不得再对申请人实施家庭暴力。

案父拒不承认自己有家暴行为，申请复议。法官要求案父案母回避，单独询问案主，随后驳回案父的复议申请，继续执行人身安全保护令。

（七）申请变更抚养权

案母通过法律途径，向法院申请变更孩子抚养权。主审法官质疑案母申请人身安全保护令的行为，认为这样破坏了家庭关系，要求双方先自行调解。

五、现状

案主和案母一起生活，脱离了家庭暴力的危险环境。案父不再干扰母子正常生活，但也不愿与案主有任何联系。

六、专业思考

（一）执法者需要进步

一些基层民警对《反家庭暴力法》缺乏学习，缺乏儿童保护方面的理念和法律常识，因此在此类案件中缺位甚至渎职。本案中的民警就属于严重失职。

基层法院及时作出人身安全保护令，极大鼓舞了母亲，支持其保护孩子的合理诉求，有效保护孩子的合法权益。然而，抚养权变更诉讼的主审法官却对人身安全保护令缺乏正确认识，完全无视家庭暴力的违法性，质疑已经作出的人身安全保护令。

儿童保护工作十分不易，如果得不到基层执法人员和司法人员支持，会更加举步维艰。公安机关和法院等相关部门，应加强反家庭暴力和儿童保护相关法律法规的学习，不断提升业务能力和素养。

（二）医疗体系有待进步

根据《反家庭暴力法》，医疗系统需做好家庭暴力受害人的诊疗记录。但是案主前往某医院心理科就诊时，诊疗记录中丝毫没有提及案主遭受过家庭暴力。医生根据案主症状，得出了"多动症"的诊断结果。实际上，根据范德考克等学者研究，那些长期处在危险、虐待或照顾不足的环境中（包括遭受家庭暴力）成长的孩子，会有严重心理创伤，表现出严重的心理行为问题，导致"发展性创伤障碍"。目前的诊疗体系只关注症状，无视导致这些身心症状的根源，因此很容易得出错误的诊断。

因此，医疗系统应加强儿童遭受家庭暴力方面的研究，建立科学完善的诊疗体系。

（三） 建立完善的儿童保护机制

社工在本案中一直鼓励案母采取合法措施保护孩子，不断为案母提供心理支持。但如果案母不坚持，我们的机制是否能够保护这个孩子免受家暴威胁？这值得我们思考。只有建立完善的儿童保护机制，才不至于使监护人侵害未成年人的干预充满不确定性，才能保护到受侵害的儿童。

（四） 修复亲子关系

本案有效保护了未成年人，但社工在工作中，没能兼顾到父子关系的修复。目前案父迁怒孩子，不愿意联系孩子，不承担任何抚养费。"夫妻缘不再，亲子情永在"，如果在干预中不破坏亲子关系，或许更利于未成年人成长。当然，也不能苛求社工尽善尽美，毕竟未成年人的安全是工作的第一目标。

附录1 相关法律法规

一、《中华人民共和国宪法（2018 修正）》中关于儿童保护的条文（2018年 3 月 11 日发布并实施）

第四十九条 婚姻、家庭、母亲和儿童受国家的保护。夫妻双方有实行计划生育的义务。父母有抚养教育未成年子女的义务，成年子女有赡养扶助父母的义务。禁止破坏婚姻自由，禁止虐待老人、妇女和儿童。

二、《中华人民共和国未成年人保护法（2012 修正）》（2012 年 10 月 16日发布，2013 年 3 月 1 日实施，效力级别：法律）中关于儿童保护的条文

第十条 父母或者其他监护人应当创造良好、和睦的家庭环境，依法履行对未成年人的监护职责和抚养义务。禁止对未成年人实施家庭暴力，禁止虐待、遗弃未成年人，禁止溺婴和其他残害婴儿的行为，不得歧视女性未成年人或者有残疾的未成年人。

第四十三条 县级以上人民政府及其民政部门应当根据需要设立救助场所，对流浪乞讨等生活无着未成年人实施救助，承担临时监护责任；公安部门或者其他有关部门应当护送流浪乞讨或者离家出走的未成年人到救助场所，由救助场所予以救助和妥善照顾，并及时通知其父母或者其他监护人领回。对孤儿、无法查明其父母或者其他监护人的以及其他生活无着的未成年人，由民政部门设立的儿童福利机构收留抚养。未成年人救助机构、儿童福利机构及其工作人员应当依法履行职责，不得虐待、歧视未成年人；不得在办理收留抚养工作中谋取利益。

第五十三条 父母或者其他监护人不履行监护职责或者侵害被监护的未成年人的合法权益，经教育不改的，人民法院可以根据有关人员或者有关单位的申请，撤销其监护人的资格，依法另行指定监护人。被撤销监护资格的父母应当依法继续负担抚养费用。

三、《中华人民共和国民法总则》（2017 年 3 月 15 日发布，2017 年 10 月 1 日实施，效力级别：法律）中关于儿童保护的条文

第二十六条　【父母子女之间法律义务】父母对未成年子女负有抚养、教育和保护的义务。

第二十七条　【未成年人的监护人】父母是未成年子女的监护人。未成年人的父母已经死亡或者没有监护能力的，由下列有监护能力的人按顺序担任监护人：（一）祖父母、外祖父母；（二）兄、姐；（三）其他愿意担任监护人的个人或者组织，但是须经未成年人住所地的居民委员会、村民委员会或者民政部门同意。

第三十二条　【民政部门、居委会、村委会担任监护人】没有依法具有监护资格的人的，监护人由民政部门担任，也可以由具备履行监护职责条件的被监护人住所地的居民委员会、村民委员会担任。

第三十六条　【撤销监护人资格】监护人有下列情形之一的，人民法院根据有关个人或者组织的申请，撤销其监护人资格，安排必要的临时监护措施，并按照最有利于被监护人的原则依法指定监护人：（一）实施严重损害被监护人身心健康行为的；（二）怠于履行监护职责，或者无法履行监护职责并且拒绝将监护职责部分或者全部委托给他人，导致被监护人处于危困状态的；（三）实施严重侵害被监护人合法权益的其他行为的。本条规定的有关个人和组织包括：其他依法具有监护资格的人，居民委员会、村民委员会、学校、医疗机构、妇女联合会、残疾人联合会、未成年人保护组织、依法设立的老年人组织、民政部门等。前款规定的个人和民政部门以外的组织未及时向人民法院申请撤销监护人资格的，民政部门应当向人民法院申请。

第三十七条　【法定抚养义务人继续负担抚养费】依法负担被监护人抚养费、赡养费、扶养费的父母、子女、配偶等，被人民法院撤销监护人资格后，应当继续履行负担的义务。

第三十八条　【恢复监护人资格】被监护人的父母或者子女被人民法院撤销监护人资格后，除对被监护人实施故意犯罪的，确有悔改表现的，经其申请，人民法院可以在尊重被监护人真实意愿的前提下，视情况恢复其监护人资格，人民法院指定的监护人与被监护人的监护关系同时终止。

第三十九条　【监护关系终止的情形】有下列情形之一的，监护关系终止：（一）被监护人取得或者恢复完全民事行为能力；（二）监护人丧失监护能力；（三）被监护人或者监护人死亡；（四）人民法院认定监护关系终止的其他情形。

监护关系终止后，被监护人仍然需要监护的，应当依法另行确定监护人。

四、《中华人民共和国反家庭暴力法》（2015 年 12 月 27 日发布，2016 年 3 月 1 日实施，效力级别：法律）中关于儿童受害者的特殊规定

第五条　反家庭暴力工作遵循预防为主，教育、矫治与惩处相结合原则。反家庭暴力工作应当尊重受害人真实意愿，保护当事人隐私。未成年人、老年人、残疾人、孕期和哺乳期的妇女、重病患者遭受家庭暴力的，应当给予特殊保护。

第十二条　未成年人的监护人应当以文明的方式进行家庭教育，依法履行监护和教育职责，不得实施家庭暴力。

第十四条　学校、幼儿园、医疗机构、居民委员会、村民委员会、社会工作服务机构、救助管理机构、福利机构及其工作人员在工作中发现无民事行为能力人、限制民事行为能力人遭受或者疑似遭受家庭暴力的，应当及时向公安机关报案。公安机关应当对报案人的信息予以保密。

第十五条　公安机关接到家庭暴力报案后应当及时出警，制止家庭暴力，按照有关规定调查取证，协助受害人就医、鉴定伤情。无民事行为能力人、限制民事行为能力人因家庭暴力身体受到严重伤害、面临人身安全威胁或者处于无人照料等危险状态的，公安机关应当通知并协助民政部门将其安置到临时庇护场所、救助管理机构或者福利机构。

第二十一条　监护人实施家庭暴力严重侵害被监护人合法权益的，人民法院可以根据被监护人的近亲属、居民委员会、村民委员会、县级人民政府民政部门等有关人员或者单位的申请，依法撤销其监护人资格，另行指定监护人。被撤销监护人资格的加害人，应当继续负担相应的赡养、扶养、抚养费用。

第二十三条　当事人因遭受家庭暴力或者面临家庭暴力的现实危险，向人民法院申请人身安全保护令的，人民法院应当受理。当事人是无民事行为能力人、限制民事行为能力人，或者因受到强制、威吓等原因无法申请人身安全保护令的，其近亲属、公安机关、妇女联合会、居民委员会、村民委员会、救助管理机构可以代为申请。

五、《最高人民法院、最高人民检察院、公安部、民政部关于依法处理监护人侵害未成年人权益行为若干问题的意见》（法发〔2014〕24 号）（2014 年 12 月 18 日发布　2015 年 1 月 1 日实施　效力级别：司法解释性质文件）

为切实维护未成年人合法权益，加强未成年人行政保护和司法保护工作，确保未成年人得到妥善监护照料，根据民法通则、民事诉讼法、未成年人保护法等法律规定，现就处理监护人侵害未成年人权益行为（以下简称监护侵害行为）的有关工作制定本意见。

（一）一般规定

1. 本意见所称监护侵害行为，是指父母或者其他监护人（以下简称监护人）性侵害、出卖、遗弃、虐待、暴力伤害未成年人，教唆、利用未成年人实施违法犯罪行为，胁迫、诱骗、利用未成年人乞讨，以及不履行监护职责严重危害未成年人身心健康等行为。

2. 处理监护侵害行为，应当遵循未成年人最大利益原则，充分考虑未成年人身心特点和人格尊严，给予未成年人特殊、优先保护。

3. 对于监护侵害行为，任何组织和个人都有权劝阻、制止或者举报。

公安机关应当采取措施，及时制止在工作中发现以及单位、个人举报的监护侵害行为，情况紧急时将未成年人带离监护人。

民政部门应当设立未成年人救助保护机构（包括救助管理站、未成年人救助保护中心），对因受到监护侵害进入机构的未成年人承担临时监护责任，必要时向人民法院申请撤销监护人资格。

人民法院应当依法受理人身安全保护裁定申请和撤销监护人资格案件并作出裁判。

人民检察院对公安机关、人民法院处理监护侵害行为的工作依法实行法律监督。

人民法院、人民检察院、公安机关设有办理未成年人案件专门工作机构的，应当优先由专门工作机构办理监护侵害案件。

4. 人民法院、人民检察院、公安机关、民政部门应当充分履行职责，加强指导和培训，提高保护未成年人的能力和水平；加强沟通协作，建立信息共享机制，实现未成年人行政保护和司法保护的有效衔接。

5. 人民法院、人民检察院、公安机关、民政部门应当加强与妇儿工委、教育部门、卫生部门、共青团、妇联、关工委、未成年人住所地村（居）民委员会等的联系和协作，积极引导、鼓励、支持法律服务机构、社会工作服务机构、公益慈善组织和志愿者等社会力量，共同做好受监护侵害的未成年人的保护工作。

（二）报告和处置

6. 学校、医院、村（居）民委员会、社会工作服务机构等单位及其工作人员，发现未成年人受到监护侵害的，应当及时向公安机关报案或者举报。

其他单位及其工作人员、个人发现未成年人受到监护侵害的，也应当及时向公安机关报案或者举报。

7. 公安机关接到涉及监护侵害行为的报案、举报后，应当立即出警处置，制止正在发生的侵害行为并迅速进行调查。符合刑事立案条件的，应当立即立案侦查。

8. 公安机关在办理监护侵害案件时，应当依照法定程序，及时、全面收集固定证据，保证办案质量。

询问未成年人，应当考虑未成年人的身心特点，采取和缓的方式进行，防止造成进一步伤害。

未成年人有其他监护人的，应当通知其他监护人到场。其他监护人无法通知或者未能到场的，可以通知未成年人的其他成年亲属、所在学校、村（居）民委员会、未成年人保护组织的代表以及专业社会工作者等到场。

9. 监护人的监护侵害行为构成违反治安管理行为的，公安机关应当依法给予治安管理处罚，但情节特别轻微不予治安管理处罚的，应当给予批评教育并通报当地村（居）民委员会；构成犯罪的，依法追究刑事责任。

10. 对于疑似患有精神障碍的监护人，已实施危害未成年人安全的行为或者有危害未成年人安全危险的，其近亲属、所在单位、当地公安机关应当立即采取措施予以制止，并将其送往医疗机构进行精神障碍诊断。

11. 公安机关在出警过程中，发现未成年人身体受到严重伤害、面临严重人身安全威胁或者处于无人照料等危险状态的，应当将其带离实施监护侵害行为的监护人，就近护送至其他监护人、亲属、村（居）民委员会或者未成年人救助保护机构，并办理书面交接手续。未成年人有表达能力的，应当就护送地点征求未成年人意见。

负责接收未成年人的单位和人员（以下简称临时照料人）应当对未成年人予以临时紧急庇护和短期生活照料，保护未成年人的人身安全，不得侵害未成年人合法权益。

公安机关应当书面告知临时照料人有权依法向人民法院申请人身安全保护裁定和撤销监护人资格。

12. 对身体受到严重伤害需要医疗的未成年人，公安机关应当先行送医救治，同时通知其他有监护资格的亲属照料，或者通知当地未成年人救助保护机构开展后续救助工作。

监护人应当依法承担医疗救治费用。其他亲属和未成年人救助保护机构等垫付医疗救治费用的，有权向监护人追偿。

13. 公安机关将受监护侵害的未成年人护送至未成年人救助保护机构的，应当在五个工作日内提供案件侦办查处情况说明。

14. 监护侵害行为可能构成虐待罪的，公安机关应当告知未成年人及其近亲属有权告诉或者代为告诉，并通报所在地同级人民检察院。

未成年人及其近亲属没有告诉的，由人民检察院起诉。

（三）临时安置和人身安全保护裁定

15. 未成年人救助保护机构应当接收公安机关护送来的受监护侵害的未成年人，履行临时监护责任。

未成年人救助保护机构履行临时监护责任一般不超过一年。

16. 未成年人救助保护机构可以采取家庭寄养、自愿助养、机构代养或者委托政府指定的寄宿学校安置等方式，对未成年人进行临时照料，并为未成年人提供心理疏导、情感抚慰等服务。

未成年人因临时监护需要转学、异地入学接受义务教育的，教育行政部门应当予以保障。

17. 未成年人的其他监护人、近亲属要求照料未成年人的，经公安机关或者村（居）民委员会确认其身份后，未成年人救助保护机构可以将未成年人交由其照料，终止临时监护。

关系密切的其他亲属、朋友要求照料未成年人的，经未成年人父、母所在单位或者村（居）民委员会同意，未成年人救助保护机构可以将未成年人交由其照料，终止临时监护。

未成年人救助保护机构将未成年人送交亲友临时照料的，应当办理书面交接手续，并书面告知临时照料人有权依法向人民法院申请人身安全保护裁定和撤销监护人资格。

18. 未成年人救助保护机构可以组织社会工作服务机构等社会力量，对监护人开展监护指导、心理疏导等教育辅导工作，并对未成年人的家庭基本情况、监护情况、监护人悔过情况、未成年人身心健康状况以及未成年人意愿等进行调查评估。监护人接受教育辅导及后续表现情况应当作为调查评估报告的重要内容。

有关单位和个人应当配合调查评估工作的开展。

19. 未成年人救助保护机构应当与公安机关、村（居）民委员会、学校以及未成年人亲属等进行会商，根据案件侦办查处情况说明、调查评估报告和监护人接受教育辅导等情况，并征求有表达能力的未成年人意见，形成会商结论。

经会商认为本意见第 11 条第 1 款规定的危险状态已消除，监护人能够正确履行监护职责的，未成年人救助保护机构应当及时通知监护人领回未成年人。监护人应当在三日内领回未成年人并办理书面交接手续。会商形成结论前，未成年人救助保护机构不得将未成年人交由监护人领回。

经会商认为监护侵害行为属于本意见第 35 条规定情形的，未成年人救助保护机构应当向人民法院申请撤销监护人资格。

20. 未成年人救助保护机构通知监护人领回未成年人的，应当将相关情况通报未成年人所在学校、辖区公安派出所、村（居）民委员会，并告知其对通报内容负有保密义务。

21. 监护人领回未成年人的，未成年人救助保护机构应当指导村（居）民委员会对监护人的监护情况进行随访，开展教育辅导工作。

未成年人救助保护机构也可以组织社会工作服务机构等社会力量，开展前款工作。

22. 未成年人救助保护机构或者其他临时照料人可以根据需要，在诉讼前向未成年人住所地、监护人住所地或者侵害行为地人民法院申请人身安全保护裁定。

未成年人救助保护机构或者其他临时照料人也可以在诉讼中向人民法院申请人身安全保护裁定。

23. 人民法院接受人身安全保护裁定申请后，应当按照民事诉讼法第一百条、第一百零一条、第一百零二条的规定作出裁定。经审查认为存在侵害未成年人人身安全危险的，应当作出人身安全保护裁定。

人民法院接受诉讼前人身安全保护裁定申请后，应当在四十八小时内作出裁定。接受诉讼中人身安全保护裁定申请，情况紧急的，也应当在四十八小时内作出裁定。人身安全保护裁定应当立即执行。

24. 人身安全保护裁定可以包括下列内容中的一项或者多项：

（一）禁止被申请人暴力伤害、威胁未成年人及其临时照料人；

（二）禁止被申请人跟踪、骚扰、接触未成年人及其临时照料人；

（三）责令被申请人迁出未成年人住所；

（四）保护未成年人及其临时照料人人身安全的其他措施。

25. 被申请人拒不履行人身安全保护裁定，危及未成年人及其临时照料人人身安全或者扰乱未成年人救助保护机构工作秩序的，未成年人、未成年人救助保护机构或者其他临时照料人有权向公安机关报告，由公安机关依法处理。

被申请人有其他拒不履行人身安全保护裁定行为的，未成年人、未成年人救助保护机构或者其他临时照料人有权向人民法院报告，人民法院根据民事诉讼法第一百一十一条、第一百一十五条、第一百一十六条的规定，视情节轻重处以罚款、拘留；构成犯罪的，依法追究刑事责任。

26. 当事人对人身安全保护裁定不服的，可以申请复议一次。复议期间不停止裁定的执行。

（四） 申请撤销监护人资格诉讼

27. 下列单位和人员（以下简称有关单位和人员）有权向人民法院申请撤销监护人资格：

（一）未成年人的其他监护人，祖父母、外祖父母、兄、姐，关系密切的其他亲属、朋友；

（二）未成年人住所地的村（居）民委员会，未成年人父、母所在单位；

（三）民政部门及其设立的未成年人救助保护机构；

（四）共青团、妇联、关工委、学校等团体和单位。

申请撤销监护人资格，一般由前款中负责临时照料未成年人的单位和人员提出，也可以由前款中其他单位和人员提出。

28. 有关单位和人员向人民法院申请撤销监护人资格的，应当提交相关证据。

有包含未成年人基本情况、监护存在问题、监护人悔过情况、监护人接受教育辅导情况、未成年人身心健康状况以及未成年人意愿等内容的调查评估报告的，应当一并提交。

29. 有关单位和人员向公安机关、人民检察院申请出具相关案件证明材料的，公安机关、人民检察院应当提供证明案件事实的基本材料或者书面说明。

30. 监护人因监护侵害行为被提起公诉的案件，人民检察院应当书面告知未成年人及其临时照料人有权依法申请撤销监护人资格。

对于监护侵害行为符合本意见第 35 条规定情形而相关单位和人员没有提起诉讼的，人民检察院应当书面建议当地民政部门或者未成年人救助保护机构向人民法院申请撤销监护人资格。

31. 申请撤销监护人资格案件，由未成人住所地、监护人住所地或者侵害行为地基层人民法院管辖。

人民法院受理撤销监护人资格案件，不收取诉讼费用。

（五）撤销监护人资格案件审理和判后安置

32. 人民法院审理撤销监护人资格案件，比照民事诉讼法规定的特别程序进行，在一个月内审理结案。有特殊情况需要延长的，由本院院长批准。

33. 人民法院应当全面审查调查评估报告等证据材料，听取被申请人、有表达能力的未成年人以及村（居）民委员会、学校、邻居等的意见。

34. 人民法院根据案件需要可以聘请适当的社会人士对未成年人进行社会观护，并可以引入心理疏导和测评机制，组织专业社会工作者、儿童心理问题专家等专业人员参与诉讼，为未成年人和被申请人提供心理辅导和测评服务。

35. 被申请人有下列情形之一的，人民法院可以判决撤销其监护人资格：

（一）性侵害、出卖、遗弃、虐待、暴力伤害未成年人，严重损害未成年人身心健康的；

（二）将未成年人置于无人监管和照看的状态，导致未成年人面临死亡或者严重伤害危险，经教育不改的；

（三）拒不履行监护职责长达六个月以上，导致未成年人流离失所或者生活无着的；

（四）有吸毒、赌博、长期酗酒等恶习无法正确履行监护职责或者因服刑等原因无法履行监护职责，且拒绝将监护职责部分或者全部委托给他人，致使未成年人处于困境或者危险状态的；

（五）胁迫、诱骗、利用未成年人乞讨，经公安机关和未成年人救助保护机构等部门三次以上批评教育拒不改正，严重影响未成年人正常生活和学习的；

（六）教唆、利用未成年人实施违法犯罪行为，情节恶劣的；

（七）有其他严重侵害未成年人合法权益行为的。

36. 判决撤销监护人资格，未成年人有其他监护人的，应当由其他监护人承担监护职责。其他监护人应当采取措施避免未成年人继续受到侵害。

没有其他监护人的，人民法院根据最有利于未成年人的原则，在民法通则第十六条第二款、第四款规定的人员和单位中指定监护人。指定个人担任监护人的，应当综合考虑其意愿、品行、身体状况、经济条件、与未成年人的生活情感联系以及有表达能力的未成年人的意愿等。

没有合适人员和其他单位担任监护人的，人民法院应当指定民政部门担任监护人，由其所属儿童福利机构收留抚养。

37. 判决不撤销监护人资格的，人民法院可以根据需要走访未成年人及其家庭，也可以向当地民政部门、辖区公安派出所、村（居）民委员会、共青团、妇联、未成年人所在学校、监护人所在单位等发出司法建议，加强对未成年人的保护和对监护人的监督指导。

38. 被撤销监护人资格的侵害人，自监护人资格被撤销之日起三个月至一年内，可以书面向人民法院申请恢复监护人资格，并应当提交相关证据。

人民法院应当将前款内容书面告知侵害人和其他监护人、指定监护人。

39. 人民法院审理申请恢复监护人资格案件，按照变更监护关系的案件审理程序进行。

人民法院应当征求未成年人现任监护人和有表达能力的未成年人的意见，并可以委托申请人住所地的未成年人救助保护机构或者其他未成年人保护组织，对申请人监护意愿、悔改表现、监护能力、身心状况、工作生活情况等进行调查，形成调查评估报告。

申请人正在服刑或者接受社区矫正的，人民法院应当征求刑罚执行机关或者社区矫正机构的意见。

40. 人民法院经审理认为申请人确有悔改表现并且适宜担任监护人的，可以判决恢复其监护人资格，原指定监护人的监护人资格终止。

申请人具有下列情形之一的，一般不得判决恢复其监护人资格：

（一）性侵害、出卖未成年人的；

（二）虐待、遗弃未成年人六个月以上、多次遗弃未成年人，并且造成重伤以上严重后果的；

（三）因监护侵害行为被判处五年有期徒刑以上刑罚的。

41. 撤销监护人资格诉讼终结后六个月内，未成年人及其现任监护人可以向人民法院申请人身安全保护裁定。

42. 被撤销监护人资格的父母应当继续负担未成年人的抚养费用和因监护侵害行为产生的各项费用。相关单位和人员起诉的，人民法院应予支持。

43. 民政部门应当根据有关规定，将符合条件的受监护侵害的未成年人纳入社会救助和相关保障范围。

44. 民政部门担任监护人的，承担抚养职责的儿童福利机构可以送养未成年人。

送养未成年人应当在人民法院作出撤销监护人资格判决一年后进行。侵害人有本意见第 40 条第 2 款规定情形的，不受一年后送养的限制。

六、最高人民法院、最高人民检察院、公安部、司法部印发《关于依法办理家庭暴力犯罪案件的意见》的通知（（法发〔2015〕4 号）（2015 年 3 月 2 日发布 2015 年 3 月 2 日实施 效力级别：司法解释性质文件）

发生在家庭成员之间，以及具有监护、扶养、寄养、同居等关系的共同生活人员之间的家庭暴力犯罪，严重侵害公民人身权利，破坏家庭关系，影响社会和谐稳定。人民法院、人民检察院、公安机关、司法行政机关应当严格履行职责，充分运用法律，积极预防和有效惩治各种家庭暴力犯罪，切实保障人权，维护社会秩序。为此，根据刑法、刑事诉讼法、婚姻法、未成年人保护法、老年人权益保障法、妇女权益保障法等法律，结合司法实践经验，制定本意见。

（一）基本原则

1. 依法及时、有效干预。针对家庭暴力持续反复发生，不断恶化升级的特点，人民法院、人民检察院、公安机关、司法行政机关对已发现的家庭暴力，应当依法采取及时、有效的措施，进行妥善处理，不能以家庭暴力发生在家庭成员之间，或者属于家务事为由而置之不理，互相推诿。

2. 保护被害人安全和隐私。办理家庭暴力犯罪案件，应当首先保护被害人的安全。通过对被害人进行紧急救治、临时安置，以及对施暴人采取刑事强制措施、判处刑罚、宣告禁止令等措施，制止家庭暴力并防止再次发生，消除家庭暴力的现实侵害和潜在危险。对与案件有关的个人隐私，应当保密，但法律有特别规定的除外。

3. 尊重被害人意愿。办理家庭暴力犯罪案件，既要严格依法进行，也要尊重被害人的意愿。在立案、采取刑事强制措施、提起公诉、判处刑罚、减刑、假释时，应当充分听取被害人意见，在法律规定的范围内作出合情、合理的处理。对法律规定可以调解、和解的案件，应当在当事人双方自愿的基础上进行调解、和解。

4. 对未成年人、老年人、残疾人、孕妇、哺乳期妇女、重病患者特殊保护。办理家庭暴力犯罪案件，应当根据法律规定和案件情况，通过代为告诉、法律援助等措施，加大对未成年人、老年人、残疾人、孕妇、哺乳期妇女、重病患者的司法保护力度，切实保障他们的合法权益。

（二）案件受理

5. 积极报案、控告和举报。依照刑事诉讼法第一百零八条第一款任何单位和个人发现有犯罪事实或者犯罪嫌疑人，有权利也有义务向公安机关、人民检察院或者人民法院报案或者举报的规定，家庭暴力被害人及其亲属、朋友、邻居、同事，以及村（居）委会、人民调解委员会、妇联、共青团、残联、医院、学校、幼儿园等单位、组织，发现家庭暴力，有权利也有义务及时向公安机关、人民检察院、人民法院报案、控告或者举报。

公安机关、人民检察院、人民法院对于报案人、控告人和举报人不愿意公开自己的姓名和报案、控告、举报行为的，应当为其保守秘密，保护报案人、控告人和举报人的安全。

6. 迅速审查、立案和转处。公安机关、人民检察院、人民法院接到家庭暴力的报案、控告或者举报后，应当立即问明案件的初步情况，制作笔录，迅速进行审查，按照刑事诉讼法关于立案的规定，根据自己的管辖范围，决定是否立案。对于符合立案条件的，要及时立案。对于可能构成犯罪但不属于自己管辖的，应当移送主管机关处理，并且通知报案人、控告人或者举报人；对于不属于自己管辖而又必须采取紧急措施的，应当先采取紧急措施，然后移送主管机关。

经审查，对于家庭暴力行为尚未构成犯罪，但属于违反治安管理行为的，应当将案件移送公安机关，依照治安管理处罚法的规定进行处理，同时告知被害人可以向人民调解委员会提出申请，或者向人民法院提起民事诉讼，要求施暴人承担停止侵害、赔礼道歉、赔偿损失等民事责任。

7. 注意发现犯罪案件。公安机关在处理人身伤害、虐待、遗弃等行政案件过程中，人民法院在审理婚姻家庭、继承、侵权责任纠纷等民事案件过程中，应当注意发现可能涉及的家庭暴力犯罪。一旦发现家庭暴力犯罪线索，公安机关应当将案件转为刑事案件办理，人民法院应当将案件移送公安机关；属于自诉案件的，公安机关、人民法院应当告知被害人提起自诉。

8. 尊重被害人的程序选择权。对于被害人有证据证明的轻微家庭暴力犯罪案件，在立案审查时，应当尊重被害人选择公诉或者自诉的权利。被害人要求公安机关处理的，公安机关应当依法立案、侦查。在侦查过程中，被害人不再要求公安机关处理或者要求转为自诉案件的，应当告知被害人向公安机关提交书面申请。经审查确系被害人自愿提出的，公安机关应当依法撤销案件。被害人就这类案件向人民法院提起自诉的，人民法院应当依法受理。

9. 通过代为告诉充分保障被害人自诉权。对于家庭暴力犯罪自诉案件，被害人无法告诉或者不能亲自告诉的，其法定代理人、近亲属可以告诉或者代为告诉；被害人是无行为能力人、限制行为能力人，其法定代理人、近亲属没有告诉或者代为告诉的，人民检察院可以告诉；侮辱、暴力干涉婚姻自由等告诉才处理的案件，被害人因受强制、威吓无法告诉的，人民检察院也可以告诉。人民法院对告诉或者代为告诉的，应当依法受理。

10. 切实加强立案监督。人民检察院要切实加强对家庭暴力犯罪案件的立案监督，发现公安机关应当立案而不立案的，或者被害人及其法定代理人、近亲属，有关单位、组织就公安机关不予立案向人民检察院提出异议的，人民检察院应当要求公安机关说明不立案的理由。人民检察院认为不立案理由不成立的，应当通知公安机关立案，公安机关接到通知后应当立案；认为不立案理由成立的，应当将理由告知提出异议的被害人及其法定代理人、近亲属或者有关单位、组织。

11. 及时、全面收集证据。公安机关在办理家庭暴力案件时，要充分、全面地收集、固定证据，除了收集现场的物证、被害人陈述、证人证言等证据外，还应当注意及时向村（居）委会、人民调解委员会、妇联、共青团、残联、医院、学校、幼儿园等单位、组织的工作人员，以及被害人的亲属、邻居等收集涉及家庭暴力的处理记录、病历、照片、视频等证据。

12. 妥善救治、安置被害人。人民法院、人民检察院、公安机关等负有保护公民人身安全职责的单位和组织，对因家庭暴力受到严重伤害需要紧急救治的被害人，应当立即协助联系医疗机构救治；对面临家庭暴力严重威胁，或者处于无人照料等危险状态，需要临时安置的被害人或者相关未成年人，应当通知并协助有关部门进行安置。

13. 依法采取强制措施。人民法院、人民检察院、公安机关对实施家庭暴力的犯罪嫌疑人、被告人，符合拘留、逮捕条件的，可以依法拘留、逮捕；没有采取拘留、逮捕措施的，应当通过走访、打电话等方式与被害人或者其法定代理人、近亲属联系，了解被害人的人身安全状况。对于犯罪嫌疑人、被告人再次实施家庭暴力的，应当根据情况，依法采取必要的强制措施。

人民法院、人民检察院、公安机关决定对实施家庭暴力的犯罪嫌疑人、被告人取保候审的，为了确保被害人及其子女和特定亲属的安全，可以依照刑事诉讼法第六十九条第二款的规定，责令犯罪嫌疑人、被告人不得再次实施家庭暴力；不得侵扰被害人的生活、工作、学习；不得进行酗酒、赌博等活动；经被害人申请且有必要的，责令不得接近被害人及其未成年子女。

14. 加强自诉案件举证指导。家庭暴力犯罪案件具有案发周期较长、证据难以保存，被害人处于相对弱势、举证能力有限，相关事实难以认定等特点。有些特点在自诉案件中表现得更为突出。因此，人民法院在审理家庭暴力自诉案件时，对于因当事人举证能力不足等原因，难以达到法律规定的证据要求的，应当及时对当事人进行举证指导，告知需要收集的证据及收集证据的方法。对于因客观原因不能取得的证据，当事人申请人民法院调取的，人民法院应当认真审查，认为确有必要的，应当调取。

15. 加大对被害人的法律援助力度。人民检察院自收到移送审查起诉的案件材料之日起三日内，人民法院自受理案件之日起三日内，应当告知被害人及其法定代理人或者近亲属有权委托诉讼代理人，如果经济困难，可以向法律援助机构申请法律援助；对于被害人是未成年人、老年人、重病患者或者残疾人等，因经济困难没有委托诉讼代理人的，人民检察院、人民法院应当帮助其申请法律援助。

法律援助机构应当依法为符合条件的被害人提供法律援助，指派熟悉反家庭暴力法律法规的律师办理案件。

（三）定罪处罚

16. 依法准确定罪处罚。对故意杀人、故意伤害、强奸、猥亵儿童、非法拘禁、侮辱、暴力干涉婚姻自由、虐待、遗弃等侵害公民人身权利的家庭暴力犯罪，应当根据犯罪的事实、犯罪的性质、情节和对社会的危害程度，严格依照刑法的有关规定判处。对于同一行为同时触犯多个罪名的，依照处罚较重的规定定罪处罚。

17. 依法惩处虐待犯罪。采取殴打、冻饿、强迫过度劳动、限制人身自由、恐吓、侮辱、谩骂等手段，对家庭成员的身体和精神进行摧残、折磨，是实践中较为多发的虐待性质的家庭暴力。根据司法实践，具有虐待持续时间较长、次数较多；虐待手段残忍；虐待造成被害人轻微伤或者患较严重疾病；对未成年人、老年人、残疾人、孕妇、哺乳期妇女、重病患者实施较为严重的虐待行为等情形，属于刑法第二百六十条第一款规定的虐待情节恶劣，应当依法以虐待罪定罪处罚。

准确区分虐待犯罪致人重伤、死亡与故意伤害、故意杀人犯罪致人重伤、死亡的界限，要根据被告人的主观故意、所实施的暴力手段与方式、是否立即或者直接造成被害人伤亡后果等进行综合判断。对于被告人主观上不具有侵害被害人健康或者剥夺被害人生命的故意，而是出于追求被害人肉体和精神上的痛苦，长期或者多次实施虐待行为，逐渐造成被害人身体损害，过失导致被害人重伤或者死亡的；或者因虐待致使被害人不堪忍受而自残、自杀，导致重伤或者死亡的，属于刑法第二百六十条第二款规定的虐待致使被害人重伤、死亡，应当以虐待罪定罪处罚。对于被告人虽然实施家庭暴力呈现出经常性、持续性、反复性的特点，但其主观上具有希望或者放任被害人重伤或者死亡的故意，持凶器实施暴力，暴力手段残忍，暴力程度较强，直接或者立即造成被害人重伤或者死亡的，应当以故意伤害罪或者故意杀人罪定罪处罚。

依法惩处遗弃犯罪。负有扶养义务且有扶养能力的人，拒绝扶养年幼、年老、患病或者其他没有独立生活能力的家庭成员，是危害严重的遗弃性质的家庭暴力。根据司法实践，具有对被害人长期不予照顾、不提供生活来源；驱赶、逼迫被害人离家，致使被害人流离失所或者生存困难；遗弃患严重疾病或者生活不能自理的被害人；遗弃致使被害人身体严重损害或者造成其他严重后果等情形，属于刑法第二百六十一条规定的遗弃情节恶劣，应当依法以遗弃罪定罪处罚。

准确区分遗弃罪与故意杀人罪的界限，要根据被告人的主观故意、所实施行为的时间与地点、是否立即造成被害人死亡，以及被害人对被告人的依赖程度等进行综合判断。对于只是为了逃避扶养义务，并不希望或者放任被害人死亡，将生活不能自理的被害人弃置在福利院、医院、派出所等单位或者广场、车站等行人较多的场所，希望被害人得到他人救助的，一般以遗弃罪定罪处罚。对于希望或者放任被害人死亡，不履行必要的扶养义务，致使被害人因缺乏生活照料而死亡，或者将生活不能自理的被害人带至荒山野岭等人迹罕至的场所扔弃，使被害人难以得到他人救助的，应当以故意杀人罪定罪处罚。

18. 切实贯彻宽严相济刑事政策。对于实施家庭暴力构成犯罪的，应当根据罪刑法定、罪刑相适应原则，兼顾维护家庭稳定、尊重被害人意愿等因素综合考虑，宽严并用，区别对待。根据司法实践，对于实施家庭暴力手段残忍或者造成严重后果；出于恶意侵占财产等卑劣动机实施家庭暴力；因酗酒、吸毒、赌博等恶习而长期或者多次实施家庭暴力；曾因实施家庭暴力受到刑事处罚、行政处罚；或者具有其他恶劣情形的，可以酌情从重处罚。对于实施家庭暴力犯罪情节较轻，或者被告人真诚悔罪，获得被害人谅解，从轻处罚有利于被扶养人的，可以酌情从轻处罚；对于情节轻微不需要判处刑罚的，人民检察院可以不起诉，人民法院可以判处免予刑事处罚。

对于实施家庭暴力情节显著轻微危害不大不构成犯罪的，应当撤销案件、不起诉，或者宣告无罪。

人民法院、人民检察院、公安机关应当充分运用训诫，责令施暴人保证不再实施家庭暴力，或者向被害人赔礼道歉、赔偿损失等非刑罚处罚措施，加强对施暴人的教育与惩戒。

19. 准确认定对家庭暴力的正当防卫。为了使本人或者他人的人身权利免受不法侵害，对正在进行的家庭暴力采取制止行为，只要符合刑法规定的条件，就应当依法认定为正当防卫，不负刑事责任。防卫行为造成施暴人重伤、死亡，且明显超过必要限度，属于防卫过当，应当负刑事责任，但是应当减轻或者免除处罚。

认定防卫行为是否明显超过必要限度，应当以足以制止并使防卫人免受家庭暴力不法侵害的需要为标准，根据施暴人正在实施家庭暴力的严重程度、手段的残忍程度，防卫人所处的环境、面临的危险程度、采取的制止暴力的手段、造成施暴人重大损害的程度，以及既往家庭暴力的严重程度等进行综合判断。

20. 充分考虑案件中的防卫因素和过错责任。对于长期遭受家庭暴力后，在激愤、恐惧状态下为了防止再次遭受家庭暴力，或者为了摆脱家庭暴力而故意杀害、伤害施暴人，被告人的行为具有防卫因素，施暴人在案件起因上具有明显过错或者直接责任的，可以酌情从宽处罚。对于因遭受严重家庭暴力，身体、精神受到重大损害而故意杀害施暴人；或者因不堪忍受长期家庭暴力而故意杀害施暴人，犯罪情节不是特别恶劣，手段不是特别残忍的，可以认定为刑法第二百三十二条规定的故意杀人情节较轻。在服刑期间确有悔改表现的，可以根据其家庭情况，依法放宽减刑的幅度，缩短减刑的起始时间与间隔时间；符合假释条件的，应当假释。被杀害施暴人的近亲属表示谅解的，在量刑、减刑、假释时应当予以充分考虑。

（四）其他措施

21. 充分运用禁止令措施。人民法院对实施家庭暴力构成犯罪被判处管制或者宣告缓刑的犯罪分子，为了确保被害人及其子女和特定亲属的人身安全，可以依照刑法第三十八条第二款、第七十二条第二款的规定，同时禁止犯罪分子再次实施家庭暴力，侵扰被害人的生活、工作、学习，进行酗酒、赌博等活动；经被害人申请且有必要的，禁止接近被害人及其未成年子女。

22. 告知申请撤销施暴人的监护资格。人民法院、人民检察院、公安机关对于监护人实施家庭暴力，严重侵害被监护人合法权益的，在必要时可以告知被监护人及其他有监护资格的人员、单位，向人民法院提出申请，要求撤销监护人资格，依法另行指定监护人。

23. 充分运用人身安全保护措施。人民法院为了保护被害人的人身安全，避免其再次受到家庭暴力的侵害，可以根据申请，依照民事诉讼法等法律的相关规定，作出禁止施暴人再次实施家庭暴力、禁止接近被害人、迁出被害人的住所等内容的裁定。对于施暴人违反裁定的行为，如对被害人进行威胁、恐吓、殴打、伤害、杀害，或者未经被害人同意拒不迁出住所的，人民法院可以根据情节轻重予以罚款、拘留；构成犯罪的，应当依法追究刑事责任。

24. 充分运用社区矫正措施。社区矫正机构对因实施家庭暴力构成犯罪被判处管制、宣告缓刑、假释或者暂予监外执行的犯罪分子，应当依法开展家庭暴力行为矫治，通过制定有针对性的监管、教育和帮助措施，矫正犯罪分子的施暴心理和行为恶习。

25. 加强反家庭暴力宣传教育。人民法院、人民检察院、公安机关、司法行政机关应当结合本部门工作职责，通过以案说法、社区普法、针对重点对象法制教育等多种形式，开展反家庭暴力宣传教育活动，有效预防家庭暴力，促进平等、和睦、文明的家庭关系，维护社会和谐、稳定。

七、《民政部全国妇联关于做好家庭暴力受害人庇护救助工作的指导意见》（民发〔2015〕189号）（2015年9月24日发布2015年9月24日实施效力级别：部门规范性文件）

为加大反对家庭暴力工作力度，依法保护家庭暴力受害人，特别是遭受家庭暴力侵害的妇女、未成年人、老年人等弱势群体的人身安全和其他合法权益，根据《中华人民共和国妇女权益保障法》《中华人民共和国未成年人保护法》《中华人民共和国老年人权益保障法》《社会救助暂行办法》等有关规定，现就民政部门和妇联组织做好家庭暴力受害人（以下简称受害人）庇护救助工作提出以下指导意见：

一、工作对象

家庭暴力受害人庇护救助工作对象是指常住人口及流动人口中，因遭受家庭暴力导致人身安全受到威胁，处于无处居住等暂时生活困境，需要进行庇护救助的未成年人和寻求庇护救助的成年受害人。寻求庇护救助的妇女可携带需要其照料的未成年子女同时申请庇护。

二、工作原则

（一）未成年人特殊、优先保护原则。为遭受家庭暴力侵害的未成年人提供特殊、优先保护，积极主动庇护救助未成年受害人。依法干预处置监护人侵害未成年人合法权益的行为，切实保护未成年人合法权益。

（二）依法庇护原则。依法为受害人提供临时庇护救助服务，充分尊重受害人合理意愿，严格保护其个人隐私。积极运用家庭暴力告诫书、人身安全保护裁定、调解诉讼等法治手段，保障受害人人身安全，维护其合法权益。

（三）专业化帮扶原则。积极购买社会工作、心理咨询等专业服务，鼓励受害人自主接受救助方案和帮扶方式，协助家庭暴力受害人克服心理阴影和行为障碍，协调解决婚姻、生活、学习、工作等方面的实际困难，帮助其顺利返回家庭、融入社会。

（四）社会共同参与原则。在充分发挥民政部门和妇联组织职能职责和工作优势的基础上，动员引导多方面社会力量参与受害人庇护救助服务和反对家庭暴力宣传等工作，形成多方参与、优势互补、共同协作的工作合力。

三、工作内容

（一）及时受理求助。妇联组织要及时接待受害人求助请求或相关人员的举报投诉，根据调查了解的情况向公安机关报告，请公安机关对家庭暴力行为进行调查处置。妇联组织、民政部门发现未成年人遭受虐待、暴力伤害等家庭暴力情形的，应当及时报请公安机关进行调查处置和干预保护。民政部门及救助管理机构应当及时接收公安机关、妇联等有关部门护送或主动寻求庇护救助的受害人，办理入站登记手续，根据性别、年龄实行分类分区救助，妥善安排食宿等临时救助服务并做好隐私保护工作。救助管理机构庇护救助成年受害人期限一般不超过10天，因特殊情况需要延长的，报主管民政部门备案。城乡社区服务机构可以为社区内遭受家庭暴力的居民提供应急庇护救助服务。

　　（二）按需提供转介服务。民政部门及救助管理机构和妇联组织可以通过与社会工作服务机构、心理咨询机构等专业力量合作方式对受害人进行安全评估和需求评估，根据受害人的身心状况和客观需求制定个案服务方案。要积极协调人民法院、司法行政、人力资源社会保障、卫生等部门、社会救助经办机构、医院和社会组织，为符合条件的受害人提供司法救助、法律援助、婚姻家庭纠纷调解、就业援助、医疗救助、心理康复等转介服务。对于实施家庭暴力的未成年人监护人，应通过家庭教育指导、监护监督等多种方式，督促监护人改善监护方式，提升监护能力；对于目睹家庭暴力的未成年人，要提供心理辅导和关爱服务。

　　（三）加强受害人人身安全保护。民政部门及救助管理机构或妇联组织可以根据需要协助受害人或代表未成年受害人向人民法院申请人身安全保护裁定，依法保护受害人的人身安全，避免其再次受到家庭暴力的侵害。成年受害人在庇护期间自愿离开救助管理机构的，应提出书面申请，说明离开原因，可自行离开、由受害人亲友接回或由当地村（居）民委员会、基层妇联组织护送回家。其他监护人、近亲属前来接领未成年受害人的，经公安机关或村（居）民委员会确认其身份后，救助管理机构可以将未成年受害人交由其照料，并与其办理书面交接手续。

　　（四）强化未成年受害人救助保护。民政部门和救助管理机构要按照《最高人民法院最高人民检察院公安部民政部关于依法处理监护人侵害未成年人权益行为若干问题的意见》（法发〔2014〕24号）要求，做好未成年受害人临时监护、调查评估、多方会商等工作。救助管理机构要将遭受家庭暴力侵害的未成年受害人安排在专门区域进行救助保护。对于年幼的未成年受害人，要安排专业社会工作者或专人予以陪护和精心照料，待其情绪稳定后可根据需要安排到爱心家庭寄养。未成年受害人接受司法机关调查时，民政部门或救助管理机构要安排专职社会工作者或专人予以陪伴，必要时请妇联组织派员参加，避免其受到"二次伤害"。对于遭受严重家庭暴力侵害的未成年人，民政部门或救助管理机构、妇联组织可以向人民法院提出申请，要求撤销施暴人监护资格，依法另行指定监护人。

四、工作要求

　　（一）健全工作机制。民政部门和妇联组织要建立有效的信息沟通渠道，建立健全定期会商、联合作业、协同帮扶等联动协作机制，细化具体任务职责和合作流程，共同做好受害人的庇护救助和权益维护工作。民政部门及救助管理机构要为妇联组织、司法机关开展受害人维权服务、司法调查等工作提供设施场所、业务协作等便利。妇联组织要依法为受害人提供维权服务。

（二）加强能力建设。民政部门及救助管理机构和妇联组织要选派政治素质高、业务能力强的工作人员参与受害人庇护救助工作，加强对工作人员的业务指导和能力培训。救助管理机构应开辟专门服务区域设立家庭暴力庇护场所，实现与流浪乞讨人员救助服务区域的相对隔离，有条件的地方可充分利用现有设施设置生活居室、社会工作室、心理访谈室、探访会客室等，设施陈列和环境布置要温馨舒适。救助管理机构要加强家庭暴力庇护工作的管理服务制度建设，建立健全来访会谈、出入登记、隐私保护、信息查阅等制度。妇联组织要加强"12338"法律维权热线和维权队伍建设，为受害人主动求助、法律咨询和依法维权提供便利渠道和服务。

（三）动员社会参与。民政部门和救助管理机构可以通过购买服务、项目合作、志愿服务等多种方式，鼓励支持社会组织、社会工作服务机构、法律服务机构参与家庭暴力受害人庇护救助服务，提供法律政策咨询、心理疏导、婚姻家庭纠纷调解、家庭关系辅导、法律援助等服务，并加强对社会力量的统筹协调。妇联组织可以发挥政治优势、组织优势和群众工作优势，动员引导爱心企业、爱心家庭和志愿者等社会力量通过慈善捐赠、志愿服务等方式参与家庭暴力受害人庇护救助服务。

（四）强化宣传引导。各级妇联组织和民政部门要积极调动舆论资源，主动借助新兴媒体，切实运用各类传播阵地，公布家庭暴力救助维权热线电话，开设反对家庭暴力专题栏目，传播介绍反对家庭暴力的法律法规；加强依法处理家庭暴力典型事例（案例）的法律解读、政策释义和宣传报道，引导受害人及时保存证据，依法维护自身合法权益；城乡社区服务机构要积极开展反对家庭暴力宣传，提高社区居民参与反对家庭暴力工作的意识，鼓励社区居民主动发现和报告监护人虐待未成年人等家庭暴力线索。

附录2 侵害未成年人权益被撤销监护人资格典型案例

案例1 生母多次虐待幼子，村委会申请撤销监护人资格（福建仙游案）

时间：2014 年 6 月

标签：殴打、虐待；村委会申请；全国首例；最高院典型案例

来源：中国法院网

一、基本案情

福建省仙游县榜头镇梧店村村民林某某（女）多次使用菜刀割伤年仅 9 岁的亲生儿子小龙（化名）的后背、双臂，用火钳鞭打小龙的双腿，并经常让小龙挨饿。自 2013 年 8 月始，当地镇政府、村委会干部及派出所民警多次对林某某进行批评教育，但林某某拒不悔改。2014 年 1 月，共青团莆田市委、市妇联等部门联合对林某某进行劝解教育，林某某书面保证不再殴打小龙，但其后林某某依然我行我素。同年 5 月 29 日凌晨，林某某再次用菜刀割伤小龙的后背、双臂。为此，仙游县公安局对林某某处以行政拘留 15 日并处罚款人民币 1000 元。6 月 13 日，申请人仙游县榜头镇梧店村民委员会以被申请人林某某长期对小龙的虐待行为已严重影响小龙的身心健康为由，向法院请求依法撤销林某某对小龙的监护人资格，指定梧店村民委员会作为小龙的监护人。在法院审理期间，法院征求小龙的意见，其表示不愿意随林某某共同生活。

二、裁判结果

福建省仙游县人民法院经审理认为，监护人应当履行监护职责，保护被监护人的身体健康、照顾被监护人的生活，对被监护人进行管理和教育，履行相应的监护职责。被申请人林某某作为小龙的监护人，未采取正确的方法对小龙进行教育引导，而是采取打骂等手段对小龙长期虐待，经有关单位教育后仍拒不悔改，再次用菜刀割伤小龙，其行为已经严重损害小龙的身心健康，故其不

宜再担任小龙的监护人。依照民法及未成年人保护法的有关规定，撤销被申请人林某某对小龙的监护人资格；指定申请人仙游县榜头镇梧店村民委员会担任小龙的监护人。

三、典型意义

撤销父母监护权是国家保护未成人合法权益的一项重要制度。父母作为未成年子女的法定监护人，若不履行监护职责，甚至对子女实施虐待、伤害或者其他侵害行为，再让其担任监护人将严重危害子女的身心健康。结合本案情况，仙游县人民法院受理后，根据法律的有关规定，在没有其他近亲属和朋友可以担任监护人的情况下，按照最有利于被监护人成长的原则，指定当地村民委员会担任小龙的监护人。本案宣判后，该院还主动与市、县两级团委、妇联沟通，研究解决小龙的救助、安置等问题。考虑到由村民委员会直接履行监护职责存在一些具体困难，后在团委、民政部门及社会各方共同努力之下，最终将小龙妥善安置在 SOS 儿童村，切实维护小龙合法权益。本案为 2015 年 1 月 1 日开始施行的最高人民法院、最高人民检察院、公安部、司法部《关于依法处理监护人侵害未成年人权益行为若干问题的意见》中有关有权申请撤销监护人资格的主体及撤销后的安置问题等规定的出台，提供了实践经验，并对类似情况发生时，如何具体保护未成年人权益，提供了示范样本。

案例 2　父母拒不履行监护责任或者侵害被监护人合法权益，民政局申请撤销监护人资格（江苏徐州案）

时间：2015 年 1 月

标签：殴打、虐待、性侵、遗弃；民政局申请；最高院典型案例

来源：中国法院网

一、基本案情

邵某某和王某某 2004 年生育一女，取名邵某。在邵某未满两周岁时，二人因家庭琐事发生矛盾，邵某某独自带女儿回到原籍江苏省徐州市铜山区大许镇生活。在之后的生活中，邵某某长期殴打、虐待女儿邵某，致其头部、脸部、四肢等多处严重创伤。2013 年又因强奸、猥亵女儿邵某，于 2014 年 10 月 10 日被法院判处有期徒刑十一年，剥夺政治权利一年。王某某自 2006 年后从未看望过邵某，亦未支付抚养费用。邵某某被采取刑事强制措施后，王某某及

家人仍对女儿邵某不闻不问致其流离失所、生活无着。邵某因饥饿离家，被好心人士张某某收留。邵某某的父母早年去世，无兄弟姐妹。王某某肢体三级残疾，其父母、弟、妹均明确表示不愿意抚养邵某。2015 年 1 月铜山区民政局收到铜山区检察院的检察建议，于 1 月 7 日作为申请人向铜山区人民法院提起特别程序请求撤销邵某某和王某某的监护人资格。

二、裁判结果

江苏省徐州市铜山区人民法院判决：一、撤销被申请人邵某某对邵某的监护权。二、撤销被申请人王某某对邵某的监护权。三、指定徐州市铜山区民政局作为邵某的监护人。

三、典型意义

通过对该案的审判，确定了当父母拒不履行监护责任或者侵害被监护人合法权益时，民政局作为社会保障机构，有权申请撤销父母的监护权，打破"虐童是家事"的陈旧观念，使受到家庭成员伤害的未成年人也能够得到司法救济。在未成年人其他近亲属无力监护、不愿监护和不宜监护，临时照料人监护能力又有限的情形下，判决民政局履行带有国家义务性质的监护责任，指定其作为未成年人的监护人，对探索确立国家监护制度作出大胆尝试。该案件审理中的创新做法：第一，激活监护权撤销制度使之具有可诉性，明确了民政部门等单位在"有关单位"之列，使撤销监护权之诉具备了实际的可操作性；第二，引入指定临时照料人制度，案件受理后，为未成年人指定临时照料人，既确保未成年人在案件审理过程中的生活稳定，也有利于作为受害人的未成年人表达意愿、参加庭审；第三，引入社会观护制度，案件审理中，法院委托妇联、团委、青少年维权机构对受害未成年人进行观护，了解未成年人受到侵害的程度、现在的生活状态、亲属情况及另行指定监护人的人选等内容，给法院裁判提供参考；第四，加强未成年人隐私保护，庭审中采用远程视频、背对镜头的方式让邵某出庭，寻求受害女童隐私保护和充分表达意愿的平衡。对裁判文书进行编号，向当事人送达裁判文书时送达《未成年人隐私保护告知书》，告知不得擅自复印、传播该文书。在审理终结后，对全部卷宗材料进行封存，最大限度保护受害人的隐私，确保其在另行指定监护人后能健康成长。

案例 3　父母不履行监护职责的留守儿童，祖父母可获监护身份（陕西兴平案）

时间：2015 年 11 月

标签：不履行监护职责；留守儿童；最高院典型案例

来源：中国法院网

一、基本案情

申请人屈某某、张某某系屈某一之父母。屈某一与被申请人岳某某（女）婚后生育子女岳某一（姐）、岳某二（弟）。2007 年，屈某一意外死亡，岳某某独自离家未归。多年来岳某一、岳某二与两申请人（祖父母）一起生活。被申请人岳某某现已再婚。申请人屈某某、张某某申请撤销岳某某对岳某一、岳某二的监护权，同时指定申请人屈某某、张某某为岳某一、岳某二的监护人，被申请人岳某某表示同意。

二、裁判结果

陕西省兴平市人民法院经审理认为，监护人应当履行监护职责，保护被监护人的人身、财产及其他合法权益。被申请人岳某某在其丈夫去世后，未履行对其子女岳某一、岳某二的抚养、照顾、教育、管理义务。现被申请人岳某某对申请人屈某某、张某某的申请表示同意，且岳某一、岳某二一直与申请人屈某某、张某某（祖父母）共同生活，由申请人抚养至今，故对两申请人的主张予以支持。

三、典型意义

父母作为未成年人的法定监护人，应当履行法定监护职责。本案中，被申请人作为未成年人的母亲，长期不履行对于子女的监护职责，而由未成年人的祖父母实际进行抚养、照顾等监护义务。将监护人变更为未成年人的祖父母，不但符合实际的监护情况，也符合包括被申请人在内的各方利害关系人的意愿，符合未成年人保护的立法意旨。实践中，祖父母抚养孙子女等留守儿童的现象日益普遍，在作为法定监护人的父母不履行或者不能履行监护职责的情况下，赋予祖父母监护人身份，有利于稳定家庭关系及社会秩序，促进未成年人权益保障，这也是本案的典型意义所在。

案例 4　收养关系形成的监护权，不履行监护职责亦可撤销（江苏常州案）

时间：不详

标签：不履行监护职责；留守儿童；最高院典型案例

来源：中国法院网

一、基本案情

徐某某出生于 2010 年 2 月 21 日，出生后被遗弃在江苏省常州市武进区某寺庙门外，由该寺庙出家人释某抱回寺内。因徐某某需落户口，释某年纪较大，不符合收养要求。2011 年 12 月 29 日，徐某某由寺庙出家人徐某收养，并办理了收养登记手续。徐某某先由徐某的妹妹、妹夫代养，后又送回该寺庙抚养，由徐某及寺内其他人员共同照顾。2014 年 9 月 25 日，徐某某被送至常州市儿童福利院，寺庙支付了保育教育费、寄养儿童伙食费等费用共计 19480元。徐某某被送至常州市儿童福利院后，徐某未探望过徐某某，亦未支付过徐某某的相关费用。徐某某患有脑裂畸形，至今未治愈。

二、裁判结果

江苏省常州市天宁区人民法院认为，监护人不履行监护职责或者侵害被监护人的合法权益的，应当承担责任，人民法院可以根据有关人员或者有关单位的申请，撤销监护人的资格。徐某某生父母不详，且患有脑裂畸形疾病。2014年 9 月 25 日，徐某某由某寺庙送至常州市儿童福利院抚养至今，其间徐某长期不履行监护职责，庭审中亦明确表示其不具备抚养、监护徐某某的能力。申请人常州市儿童福利院愿意担任徐某某的监护人，并已自 2014 年 9 月 25 日起实际履行了监护职责。故申请人常州市儿童福利院申请撤销被申请人徐某的监护资格，由申请人担任徐某某的监护人，符合法律规定，应当予以支持。判决：一、撤销被申请人徐某对徐某某的监护人资格；二、指定常州市儿童福利院为徐某某的监护人。该判决为终审判决，现已生效。

三、典型意义

本案是一起撤销因收养关系形成的监护权案件。不履行监护职责的消极不作为行为，导致未成年人身心健康受到侵害的行为，亦应认定为监护侵害行为。徐某与徐某某通过收养关系成为其监护人，但实际上徐某某一直由多人轮流抚养，徐某某患有脑裂畸形，因徐某怠于行使监护职责，无法进行手术医治，已严重影响了徐某某的健康成长，在徐某某被送至常州市儿童福利院后，徐某未探望过徐某某，亦未支付过相关费用，其不履行监护职责的行为构成对徐某某的侵害。徐某某年仅五岁，且患有脑裂畸形疾病，无法主动维护其自身权益，其是一名弃婴，无法查明其亲生父母及近亲属的情况。常州市儿童福利院作为民政部门设立的未成年人救助保护机构，对徐某某进行了抚养、照顾，实际承担了监护职责，由其作为申请人提出申请符合法律规定，体现了国家监护制度对于未成年人监护权益的补充和保障，指定其作为徐某某的监护人，也符合未成年人利益最大化的原则和本案的实际情况。

案例 5　监护人缺位时，民政局所属福利院可承担监护职责（黑龙江鹤岗案）

时间：不详

标签：殴打、遗弃；福利院；最高院典型案例

来源：中国法院网

一、基本案情

被申请人耿某某、马某系同居关系，双方于 2007 年 4 月生育儿子耿某一。马某有智力残疾，耿某某经常因为家庭琐事殴打耿某一，给耿某一造成了严重的身体和精神上的伤害。耿某某也经常殴打马某，致使马某离家出走，下落不明。公安机关在调查耿某一被殴打时，耿某某也离家出走，下落不明。耿某一的祖父、祖母均已去世，耿某一的外祖父、外祖母已经离婚，与其外祖母已无联系，其外祖父无正式工作，体弱多病无力作为监护人承担监护责任。由于父母均出走，耿某一独自一人在家，社区居委会、兴山区团委及鹤岗市团委为了保护未成年人的合法权益，将耿某一送至鹤岗市流浪乞讨人员救助站即鹤岗市未成年人社会保护中心。为了保护耿某一的人身安全，鹤岗市流浪乞讨人员救助站作为申请人，向鹤岗市兴山区人民法院起诉要求撤销耿某某、马某的监护权。

二、裁判结果

黑龙江省鹤岗市兴山区人民法院经审理认为，耿某某经常殴打耿某一，给其造成了严重的身体及精神伤害，其已经不能继续承担监护责任。马某虽是耿某一的母亲，但是其作为限制民事行为能力人，无独立生活能力，也无力继续承担监护责任。耿某一的其他近亲属均无力作为耿某一的监护人。鹤岗市兴山

区人民法院依照法律规定，对此案进行了缺席审理，判决撤销了被申请人耿某某、马某的监护人资格。指定鹤岗市民政局作为耿某一的监护人，由鹤岗市民政局所属的鹤岗市儿童福利院承担对耿某一的监护职责。

三、典型意义

本案是一起撤销监护权的典型案例。虽然我国法律对撤销监护权作了规定，但是在现实生活中撤销监护权的案件却非常少。本案在审理中的最大亮点就是让未成年人的利益最大化，在依法指定民政局担任监护人的同时，由民政局所属的儿童福利院承担了监护职责。现阶段我国的儿童福利院受到了国家的高度重视，其居住、教育设施、人员配备较为完善，这样的生活、教育环境更有利于未成年人的健康成长，同时也解决了剥夺监护权后未成年人的生活和教育问题。

案例6　父母故意伤害子女，法院可指定其他亲属为监护人（浙江乐清案）

时间：不详

标签：故意伤害；其他亲属；最高院典型案例

来源：中国法院网

一、基本案情

被申请人何某某系叶某某的前夫、被监护人何某一的父亲。何某某与叶某某无其他子女，双方离婚时协议何某一由叶某某抚养。何某一的外祖母已死亡。申请人叶某一系何某一的舅舅。2015年4月25日19时许，被申请人何某某前往叶某某家，将叶某某父亲和叶某某捅死，将何某一捅伤。2015年9月26日，何某一户籍地所在村委会出具证明，认为由申请人叶某一作为何某一的监护人有利于其成长。法院于2014年10月24日征询何某一的意见，其同意由申请人叶某一作为其监护人。

二、裁判结果

浙江省乐清市人民法院经审理认为，监护人应履行对被监护人的监护职责，暴力伤害被监护人，严重损害被监护人身心健康的，法院可以判决撤销其监护人资格。本案中，被申请人何某某捅死何某一的外祖父和母亲，并捅伤何某一，严重损害了何某一的身心健康，申请人叶某一作为何某一的舅舅申请撤销何某某的监护资格，应予以支持，由申请人叶某一担任何某一的监护人更有利于何某一走出心理阴影、健康成长。依照法律相关规定，判决撤销被申请人何某某监护人资格，指定申请人叶某一作为何某一的监护人。该判决现已发生法律效力。

三、典型意义

本案是一起父亲故意伤害子女而被撤销监护权的典型案例。父母作为子女的法定监护人，本应保护被监护人的身体健康，照顾被监护人的生活，被申请人何某某却将被监护人何某一捅成重伤（二级），令人扼腕。法院依照有关法律规定，撤销被申请人何某某作为何某一监护人的资格，充分保障了未成年人的合法权益。审理过程中，对于指定何人为何某一的监护人，法院充分考虑了何某一本人的意愿和其户籍地所在村委会的意见，从有利于何某一走出心理阴影、健康成长的角度考虑，指定何某一的舅舅叶某一担任其监护人。

案例7　经居委会认可的相关人员可作为申请人申请撤销监护人监护资格（上海长宁案）

时间：不详

标签：不尽抚养义务；其他相关人员申请；最高院典型案例

来源：中国法院网

一、基本案情

申请人秦某某、周某某系夫妻关系，1978年6月领养了周某。1999年至2000年，秦某某、周某某因周某吸食毒品屡教不改并偷拿家中财物导致矛盾激化，双方于2000年11月21日经上海市长宁区人民法院主持调解，解除了秦某某、周某某与周某之间养父母与养女关系。2005年3月23日，周某在外非婚生育一女，取名周某一。2005年6月，周某找到秦某某、周某某希望能暂时代为照顾周某一。但当老两口接手孩子后，周某只是每年偶尔来看看孩子，也未支付过抚养费。自2013年2月起，周某未再看望过周某一，也未履行抚养义务，经秦某某、周某某多次电话联系，仍无法联系到周某。周某一现就读于上海市某小学四年级，成绩优良，但因被申请人周某未履行监护职责，未能办理户籍。

本案在审理期间法院委托上海市阳光社区青少年事务中心长宁工作站进行

社会观护。社会观护员反映：周某一自幼由两申请人照顾，被申请人偶尔回家一次。现一年多没有回家或者联系周某一。平时申请人周某某负责接送周某一，课余经常带周某一去各种游乐场所和公园，申请人秦某某负责周某一的饮食起居和学习。周某一明确表示希望和两申请人生活在一起，不喜欢母亲周某。因为周某下落不明以及消极处理周某一的户籍问题，导致周某一目前处于没有户籍、没有医保、没有身份证的状况，亦增加了两申请人的经济负担。社会观护员建议从保障未成年人权益出发，由两申请人担任周某一监护人为宜。

二、裁判结果

上海市长宁区人民法院经审理后认为，两申请人虽为年迈老人，且与未成年人周某一无法律关系、无抚养义务，但出于对未成年人的关爱之情，长期抚养周某一，并经所在居民委员会同意，向人民法院提出撤销周某的监护人资格。而在周某一的生父尚不明确情况下，生母周某作为唯一法定监护人不亲身切实履行抚养周某一的义务，不承担抚养费用，未能有效履行抚养未成年人的义务，不宜再担任周某一的监护人。鉴于两申请人长期抚养周某一，具有抚养能力，双方形成亲密抚养关系，且相关证据亦表明未成年人周某一在两申请人的照顾下成长状况良好，学习成绩优良，可以认为两申请人具备监护周某一的资格和条件。判决：一、撤销被申请人周某的监护人资格。二、变更申请人秦某某、周某某为周某一的监护人。

三、典型意义

这个案件是上海首例监护人不尽抚养义务被撤销监护权的案件。这个案件给我们的启示是，并不是只有虐待未成年子女才会受到法律制裁，监护人长期不尽抚养义务，也会被剥夺监护权，由国家或者他人代为行使监护权。孩子不是父母的私有财产，他们是国家的未来，一旦发现未成年人权益受到侵害，公民有报告的义务，这样才会逐步减少未成年人权益受侵害的现象。

案例 8　生母获刑，民政局申请撤销监护人监护资格（浙江遂昌案）
时间：不详
标签：强奸获刑；民政局申请；最高院典型案例
来源：中国法院网

一、基本案情

被申请人何某某（女）与案外人杨某某原系夫妻，双方协议离婚时约定婚生女儿杨某随被申请人何某某共同生活。2013 年上半年至 2014 年 7 月 13 日，被申请人何某某的情人张某某在明知杨某是未满 14 周岁幼女的情况下，先后多次让何某某将杨某带到遂昌县某宾馆房间内，由何某某做杨某的思想工作后，与杨某发生性关系。2015 年 7 月 3 日，遂昌法院以强奸罪分别判处张某某有期徒刑十年零六个月，何某某有期徒刑十年。案发后，杨某随其父亲杨某某共同生活。

二、裁判结果

浙江省遂昌县人民法院经审理认为，监护人应当履行监护职责，保护被监护人的人身、财产及其他合法权益。本案中，被申请人何某某罔顾伦理道德、漠视法律，帮助他人性侵被监护人，严重损害了被监护人的身心健康。为维护被监护人合法权益，依照法律有关规定，判决撤销被申请人何某某作为杨某的监护人资格。该判决已发生法律效力。

三、典型意义

无论是从伦理道德还是从法律角度而言，为人父母者都应尽心尽力地对未成年子女进行管理和教育，妥善照顾未成年子女的生活，保护其身心健康和人身安全。本案被申请人何某某作为杨某的亲生母亲，却帮助他人性侵杨某，有悖伦理道德，触犯刑法规定，严重损害了被监护人杨某的身心健康。在遂昌县人民检察院告知杨某的父亲杨某某可申请撤销何某某监护人资格后，杨某某并未提起诉讼，遂昌县民政局在检察机关的建议下，向法院起诉撤销何某某的监护人资格，充分体现了司法机关、行政机关为制止监护侵害行为、维护未成年人合法权益所作的共同努力。

案例 9　怠于履行监护人义务，亦可被撤销监护资格（浙江义乌案）
时间：不详
标签：怠于履行监护义务；祖父母申请；最高院典型案例
来源：中国法院网

一、基本案情

申请人余某某、陈某某系被监护人余某一的祖父、祖母，案外人余某与被申请人王某系余某一的父母。2002 年 5 月，余某因车祸亡故，余某某、陈某某、王某及余某一获赔死亡补偿费等费用，其中赔偿给王某、余某一的费用合计 193897. 19 元。自 2003 年开始，被申请人王某未与余某一共同生活，余某一的生活起居由两申请人照顾，教育、医疗等费用均由两申请人支付。2008 年 1 月 25 日，被申请人王某再婚，2015 年 3 月 11 日离婚。庭审中，被申请人王某自认领取了余某生前单位发放给余某一的生活费等款项。

二、裁判结果

浙江省义乌市人民法院经审理认为，父母作为未成年人的监护人，应当履行监护职责，保护被监护人的人身、财产及其他合法权益，监护人不履行监护职责或侵害被监护人的合法权益的，应当承担责任。本案被申请人王某自认，从 2003 年开始余某一与两申请人共同生活，余某一的教育、医疗等费用均由两申请人支付，且其领取了属于余某一的生活费等款项挪作他用，可以认定被申请人王某作为余某一的监护人未尽监护职责，侵害了被监护人余某一的合法权益。申请人余某某、陈某某长期抚育照料余某一，具有监护能力，从有利于余某一学习、生活的角度出发，依照法律有关规定，判决撤销被申请人王某对余某一的监护资格，指定申请人余某某、陈某某为余某一的监护人。该判决已发生法律效力。

三、典型意义

本案是一起监护人怠于履行监护职责，侵害被监护人合法权益的典型案件。被申请人王某长期未与被监护人余某一共同生活，未对其尽到抚养、教育职责，且将属于余某一的生活费等款项挪作他用，侵犯了被监护人的财产权利。法院在审理过程中，走访了被监护人余某一所在的社区、学校及其父亲生前单位，了解被监护人的生活状况，还征询了被监护人余某一的意见，其表示已经多年未见过被申请人，愿意跟其爷爷、奶奶共同生活。法院根据本案事实，从有利于余某一的生活、学习角度考虑，判决撤销王某作为余某一的监护人资格。

案例 10 司法与行政有力协作，共同保护受侵害未成年人（四川泸州案）

时间：不详

标签：强奸获刑；司法建议；民政局申请；最高院典型案例

来源：中国法院网

一、基本案情

卢某某系卢某一的父亲，卢某某明知卢某一未满 14 周岁且精神发育迟滞，仍与其发生性关系并导致卢某一怀孕。2015 年 12 月 14 日，四川省泸州市纳溪区人民法院以强奸罪判处卢某某有期徒刑五年零六个月。现卢某某在监狱服刑。该刑事案进入审理阶段后，法院认为应当依法撤销卢某某的监护权，遂向泸州市纳溪区民政局发出司法建议，建议泸州市纳溪区民政局申请撤销卢某某的监护权资格。泸州市纳溪区民政局接受法院司法建议，向法院申请撤销被申请人卢某某监护权。由于卢某一的母亲饶某某患有重度精神发育迟滞，卢某一的祖父母、外祖父母均已去世。现在唯有能力照顾卢某一的姑姑已经 60 多岁。

二、裁判结果

四川省泸州市纳溪区人民法院经审理认为，被申请人卢某某作为卢某一的监护人，对被监护人卢某一实施性侵，严重损害了卢某一的身心健康，已经不适合再担任卢某一的监护人，故对申请人泸州市纳溪区民政局的申请，依法予以支持。由于卢某一的母亲患重度精神发育迟滞，无独立生活能力，不能尽到监护责任，其祖父母、外祖父母均已去世，其姐姐系未成年人，无监护能力。另外，综合卢某一的其他亲属的经济条件及身体状况等因素，亦不适合担任卢某一的监护人，依照《中华人民共和国民法通则》及最高人民法院、最高人民检察院、公安部、民政部《关于依法处理监护人侵害未成年人权益行为若干问题的意见》相关规定，依法判决撤销被申请人卢某某对卢某一的监护人资格，指定泸州市纳溪区民政局担任卢某一的监护人。宣判后，本案没有上诉，判决已发生法律效力。

三、典型意义

近年来，监护人侵害未成年人权益的事件时有发生，对未成年人身心健康造成严重伤害，引起社会各界广泛关注。为维护未成年人合法权益，最高人民法院、最高人民检察院、公安部、民政部出台《关于依法处理监护人侵害未成年人权益行为若干问题的意见》，对处理监护人的侵害行为作出明确规定，进一步加强了未成年人司法保护和行政保护。其中，明确规定有性侵害未成年人等七种情形的，法院可以判决撤销监护人资格，并赋予民政部门等申请撤销监护人资格及依法院指定担任监护人的权利。本案是由民政部门申请撤销未成年人亲生父母监护权的典型案例，法院依法撤销亲生父亲监护人资格，指定民政部门担任监护人，并积极协调对其进行安置、救助，最大限度保障了未成年人的合法权益，赢得了较高的社会评价，并为处理该类型的案件提供了可供参考的司法样本。

案例 11　法官介入受害儿童救助、帮扶，延伸了法院对未成年人的司法保护（湖北利川案）

时间：不详

标签：强奸获刑；司法保护；民政局申请；最高院典型案例

卿某某被撤销监护人资格案

来源：中国法院网

一、基本案情

被申请人卿某某与桂某某于 1997 年同居生活，1999 年 8 月 11 日女儿卿某出生。2005 年桂某某因病去世后，卿某某与钟某某再婚，又于 2012 年离婚。此后卿某某便独自带着卿某租房居住。在此期间，卿某某多次强奸卿某。人民法院于 2014 年 12 月 5 日，判处卿某某有期徒刑十三年零六个月，现卿某某在监狱服刑。自卿某某被公安机关羁押之后，卿某一直独自居住在廉租房内，由民政局进行救助。

二、裁判结果

湖北省利川市人民法院经审理认为：被申请人卿某某对女儿卿某实施了性侵害，严重侵害被监护人的权益，依照最高人民法院、最高人民检察院、公安部、民政部《关于依法处理监护人侵害未成年人权益行为若干问题的意见》第 35 条第（一）项的规定，对被申请人卿某某的监护权应依法予以撤销。

同时法院认为，申请人利川市民政局作为履行社会保障职责的国家机关，在收到利川市人民检察院的书面建议后，及时将卿某视为孤儿进行救助，并向法院提出申请，要求撤销被申请人卿某某对卿某的监护权，自愿承担对卿某的监护职责。这不仅能够为卿某今后的生活提供经济保障，还能够协调相关部门解决卿某的教育、医疗、心理疏导等一系列问题。从对未成年人"特殊""优先"保护原则和未成年人最大利益原则出发，由申请人利川市民政局取得卿某的监护权，更有利于保护卿某的生存、受教育、医疗保障等权利，更有利于卿某的身心健康。依照民法、未成年人保护法等有关规定，判决：一、撤销被申请人卿某某对卿某的监护权。二、指定利川市民政局作为卿某的监护人。该判决已发生法律效力。

三、典型意义

本案是一起监护人对亲生女儿实施性侵害后被申请撤销监护权的案件，其典型意义在于法院把涉案未成年人的帮扶救助作为审理案件的延伸，保护了未成年人的健康成长，取得了较好的社会效果。这类案件中，被监护人因受侵害，其生理、心理及亲情关系均遭到破坏，往往对未来生活充满绝望，其重建信心及恢复社会关系难度大。本案被害人遭侵害后，曾两度轻生。宣判后，法院始终把树立被害人对新生活的信心，挽救其前途命运作为工作重点，办案法官主动介入对被害人的帮扶、救助工作中。自 2014 年起，法院每年额外申请 5000 元司法救助款，不仅解决被害人经济上的困难，更从心理上不断疏导、生活上关心关怀、学习上教育鼓励，逐渐使被害人走出心理阴影，重新回归学校。现今卿某学习刻苦，成绩优异，并当选为校学生会的干部。

案例 12　监护人没有履行监护职责的能力，社会救助站承担起监护职责（海南琼海案）

时间：不详

标签：流浪人员；社会救助站申请、安置；最高院典型案例

来源：中国法院网

一、基本案情

吴某某（女）系广西籍，流浪于海南省琼海市，在海南省没有固定住所，没有生活经济来源。2015 年 4 月 25 日，吴某某独身一人在琼海市妇幼保健院生育一名女婴吴某。4 月 26 日早上，吴某某带着孩子私自出院，流浪在海南省琼海市嘉积镇街道。琼海市公安局嘉积派出所、嘉积镇综合办及琼海救助站相关人员找到吴某某，并将吴某某和孩子送往琼海市人民医院，吴某被收入琼

海市医院新生儿科，但吴某某拒绝住院，当天便自行离开医院，不知所踪。2015年5月5日，吴某出院，交由琼海市救助站送往嘉积镇院代为抚养至今，抚育费用由琼海市救助站支付。琼海市救助站代为抚养期间，向吴某某的父亲及母亲发出抚养信函，吴某某父母于2015年7月8日声明：因年事已高，且家庭经济困难，无能力抚养，故自愿放弃对外孙女（吴某）的抚养权。2015年7月22日，琼海市救助站报请琼海市嘉积镇派出所依法传唤吴某某到派出所商讨女婴抚养事宜，吴某某当场发表自愿放弃孩子抚养权和监护权的声明。2015年8月25日，琼海市救助站于2015年11月2日起诉至法院。

二、裁判结果

海南省琼海市人民法院经审理认为，吴某某系流浪人员，没有生活来源，经济困难，虽为孩子的母亲，但未尽照顾孩子的责任，甚至将孩子丢弃于医院，私自离开。孩子出院以后，均由琼海市救助站抚养。吴某某的父母也表示因经济困难，无法抚养孩子而放弃抚养权。孩子的父亲也不知何人。为有利于孩子的健康和成长，依照《中华人民共和国民法通则》第十六条之规定，撤销被申请人吴某某对吴某的监护人资格，指定申请人琼海市流浪乞讨人员救助管理站为吴某的监护人。

三、典型意义

从本案情况来看，吴某某作为吴某的母亲，是吴某第一监护人，但吴某某长期在外流浪，没有固定住所，没有生活来源，事实上无法承担起监护孩子职责。吴某某在孩子出生后，没有承担起抚养孩子的义务，孩子一直交由琼海市救助站抚养，在琼海市嘉积镇派出所调解和法院审理期间，明确声明自愿放弃孩子抚养权和监护权。基于保护女婴生命和健康成长需要，琼海市救助站依法提起了撤销监护权诉讼，琼海市人民法院根据最高人民法院、最高人民检察院、公安部、民政部《关于依法处理监护人侵害未成年人权益行为若干问题的意见》35条规定的规定，撤销吴某某的监护人资格，指定申请人琼海市流浪乞讨人员救助管理站为吴某的监护人。判决彰显了国家保护未成年人理念，也为民政部门、人民法院依法履行未成年人国家监护职责提供了范本。

案例 13　父亲施暴，母亲在基金会协助下申请撤销父亲监护人资格（北京通州案）

时间：不详

标签：身体暴力；基金会帮扶救助；反家庭暴力法实施一周年十大典型案例

来源：《法制日报》

一、基本案情

程某（女）与李某系夫妻关系，婚生子李某程。因李某程哭闹，李某在吸毒后用手扇打李某程头面部，造成李某程硬膜下大量积液，左额叶、左颞叶脑挫伤，经鉴定为重伤二级。后李某被判处有期徒刑七年。中华少年儿童慈善救助基金会（以下简称基金会）对李某程及程某展开救助，为李某程筹集部分医疗及生活费用。基金会与程某签订《共同监护协议》，约定由基金会作为李某程的辅助监护人，与程某共同监护李某程，并由程某向北京市通州区人民法院起诉撤销李某的监护人资格，同时确认基金会为李某程的辅助监护人。还约定，为了使李某程更好地康复，经征得程某同意，基金会可以寻找合适的寄养机构照料李某程。程某向北京市通州区人民法院提出申请，请求撤销李某对李某程的监护人资格；指定基金会作为李某程的辅助监护人，与程某共同监护李某程。基金会以第三人身份参加诉讼。

二、裁判结果

北京市通州区人民法院判决撤销李某的监护人资格；驳回了程某的其他申请。

三、典型意义

本案是一起未成年人母亲申请撤销父亲监护人资格的案件。撤销监护人资格制度，是未成年人权益保护的重要手段，目的是及时终止对未成年人的家庭伤害，提供安全庇护，促进未成年人健康成长。李某作为李某程之父，不仅未尽到对孩子的关怀照顾义务，反而在吸毒后将不足三个月的幼儿李某程殴打至重伤二级，严重侵害了未成年人合法权益。程某作为李某程之母，申请撤销李某对李某程的监护人资格，符合反家庭暴力法的规定，法院予以支持。在撤销李某监护人资格的同时，为保障李某程的合法权益，法院判决程某作为李某程的法定监护人，应积极履行对李某程的监护义务。

虽然基金会在筹集善款、及时救治李某程的过程中，起到了积极的作用，其行为应当得到表彰和肯定，但基金会并不在法定的监护人主体范围内，且我国法律法规中并无辅助监护人的概念。因此对于程某要求基金会担任辅助监护人的请求，法院不予支持。

案例 14　联动社区共建未成年人综合保护工作机制，及时救助困境儿童（四川成都案）

时间：2018 年 5 月

标签：殴打、不履行监护职责；公益组织帮扶救助；检察机关介入帮扶；最高检未成年人检察社会支持体系建设工作典型案（事）例

来源：正义网

一、基本案情

2017 年 12 月 8 日，四川省成都市锦江区某社区志愿者向成都云公益发展促进会报告，其社区内有 1 名未成年女孩小胡（5 岁，父亡，跟随母亲）长期无人监管。次日，云公益帮助小胡进入成都市未成年人救助中心，并将相关情况报告锦江区检察院。锦江区检察院立即联系街道协助开展工作，同时引入云公益专业社工对小胡开展心理干预，对小胡母亲胡某的监护能力进行调查和评估。根据社工社会调查，发现胡某存在长期吸食毒品，多次带小胡共同盗窃，对小胡进行殴打等监护侵害行为，已具备剥夺监护权条件。检察机关固定相关证据后，会同区未保中心、派出所、民政局、滨河社区及云公益发展促进会召开联席会议，一方面建议民政部门向法院申请撤销胡某的监护权，另一方面为小胡成长共商共建支持性计划。

二、裁判结果

2018 年 5 月，法院判决撤销胡某监护权，小胡也进入成都市儿童福利院接受监护，并于同年 9 月顺利进入某小学一年级就读。目前小胡生活于双亲健全的模拟家庭，学习生活状态良好，心态积极乐观向上。

三、典型意义

检察机关在开展未成年人民事行政检察工作中，充分发挥法律监督职能，

联动社区共建未成年人综合保护工作机制，积极调动社区志愿者发现监护缺失、监护侵害线索。对发现的监护缺失、监护侵害案件，一方面引入专业社工为相关未成年人提供包括心理干预、走访调查、监护人监护能力评估、跟踪服务等方面的支持；另一方面开展跨部门协作，通过联席会议明确职责，为未成年人远离监护侵害、妥善进行监护安置以及未来生存、就学等问题共建长期性综合救助计划，及时救助困境儿童，切实保障他们健康成长。

案例 15　异地撤销监护有效保护流浪儿童权益（安徽蚌埠案）
时间：2017 年 6 月
标签：不履行监护职责；流浪儿童救助；全国首例异地撤销监护权
来源：《人民日报》

一、基本案情

年仅 8 岁的未成年人妞妞被亲生父母以每年 5 万元的租金"出租"给某盗窃团伙，被犯罪嫌疑人何某莲带往四处行窃。2016 年 6 月 20 日，妞妞先后被何某莲等人唆使，在蚌埠市禹会区、蚌山区溜进店内盗窃他人财物，后经公安机关侦破，犯罪嫌疑人于 6 月 23 日在郑州被抓获，妞妞则因是未成年人被送到蚌埠市救助管理站。犯罪嫌疑人何某莲声称自己是妞妞的母亲，为了解真实情况，救助管理站工作人员先后两次赴湖南道县走访。经比对 DNA 后，确认何某、李某才是妞妞的亲生父母，两人共生育 4 个子女，并长期在上海、广州等地打工。平日里，何某夫妇对妞妞不闻不问，并在公安机关多次电话传唤其到蚌埠认领孩子的情况下，予以拒绝。因为长期无人照看，妞妞刚到救助站时性格孤僻，行为怪异，不能与人正常交流。蚌埠市救助管理站安排专人负责她的日常照料，并让站内的心理咨询师为其进行心理矫治。为了让其融入社会，回归正常生活，救助管理站还将她送到一所寄宿制学校接受教育。鉴于临时救助无法从根本上解决问题，蚌埠市救助管理站通过聘任律师，多次与市中级人民法院和蚌埠市少年法庭进行案情分析和沟通，决定对妞妞实施法律保护。

二、裁判结果

2017 年 6 月 2 日，依据最高人民法院、最高人民检察院、公安部、民政部《关于依法处理监护人侵害未成年人权益行为的若干问题的意见》，安徽省蚌埠市蚌山区人民法院作出裁决：支持申请人蚌埠市救助管理站的申请，撤销湖南省道县村民何某、李某夫妇对女儿妞妞的监护权，这也是全国首例异地撤销监护权的案例。

三、典型意义

安徽蚌埠案件释放积极信号，"异地撤销监护"将成为保护流浪儿童权益的有效途径。民政部门、法院在此类案件办理中的异地沟通、协调机制亟待加强，有效保护流浪儿童权益。受到家长及近亲属不良对待的"流浪儿童"，民政救助部门发现他们后，往往先将其转到户籍所在地的民政部门，由当地民政部门向法院提起诉讼，并不利于程序开展与案件审理，容易致儿童反复流浪现象出现。

案例 16　跨区县、多部门联动，解决养母家暴儿童问题（北京海淀案）

时间：2017 年 11 月

标签：辱骂、殴打；救助管理资讯站；北京首例指定民政部门担任未成年人监护人案件

来源：《北京晨报》

一、基本案情

李某系小芳（女，未成年人）养母。作为监护人，李某长期对小芳实施辱骂、殴打等家庭暴力行为，强迫其彻夜捡拾废品导致睡眠严重不足，影响休息、学习。且李某怠于履行监护职责，放任其男友王某对小芳进行暴力殴打，并导致小芳多次遭受他人犯罪侵害，确属依法应撤销其监护人资格的情形。因小芳自幼被李某捡拾并办理收养手续，本案中不存在符合法律规定的其他依法具有监护人资格的个人或组织。西城区民政局所属的西城区救助管理咨询站作为临时庇护机构，近一年来对小芳给予了临时监护、生活照顾、学习帮助等照顾。

二、裁判结果

庭审中，北京市丰台区人民检察院作为李某犯罪案的公诉机关就本案支持起诉。作为全市首例检察机关就涉未成年人民事案件支持起诉并参与庭审的案件，海淀法院在申请人一侧靠近审判台位置，专设支持起诉人席位。根据最有利于未成年人的原则，为维护小芳的合法权益，综合考虑其本人意

愿，海淀法院依法判决撤销李某作为小芳监护人的资格，指定北京市西城区民政局为小芳的监护人。该案适用特别程序审理，一审终审，宣判当日案件已生效。

三、典型意义

本案系北京首例民政部门作为申请人要求撤销未成年人养母监护人资格的案件、北京市首例检察机关出庭支持起诉的涉未成年人民事案件，也是北京市首例法院判决指定民政部门担任未成年人监护人的案件。本案中的儿童能得到及时救助和妥善安置，得益于海淀区、丰台区、西城区多城区从事未成年人保护工作的公安、检察、法院、民政、团委、妇联、社工机构、法援律师等机关、机构的共同努力，充分体现了全方位高效保护。为推动全市未成年人保护工作的进一步发展，保障更多处于诉讼困境中的未成年人得到及时有效救助，海淀法院向北京市未成年人保护委员会致函，以此推动全市未成年人保护工作联动机制的有效运行。

案例 17　父亲去世母亲被撤销监护权，儿童落户社区家庭户（江苏南京案）

时间：2017 年 11 月

标签：遗弃；民政局被指定为监护人；社区家庭户；南京首例民政局履行监护职能案件

来源：《新华日报》

一、基本案情

2006 年，小峰的爸妈经法院判决离婚了。之后，小峰跟着爸爸生活。2007 年，小峰的爸爸再婚。2014 年，小峰的爸爸因病去世，之后小峰的继母便将小峰的生母阿娟（化名）告上法庭，要求将小峰的抚养权变更归阿娟。2016 年 6 月，法院作出生效判决，判令小峰由阿娟抚养。阿娟一直拒不履行抚养义务，也未支付小峰的教育、医疗、生活等费用。南京玄武公安分局办证服务中心负责人李克俭介绍，当时，后宰门社区发现这一情况后，联系街道、玄武区民政局一起做工作，请来南京同心未成年人保护与服务中心（以下简称"同心未保中心"），对小峰开展临时监护工作。南京市玄武区民政局诉至法院，认为阿娟作为亲生母亲，拒不履行监护职责长达六个月以上，导致小峰生活无着，是事实上的遗弃行为，不再适宜继续履行监护职责，依法应当被撤销监护人资格。

二、裁判结果

案件审理中，阿娟依然表示拒不抚养孩子，同意法院撤销其监护人资格，也同意指定南京市玄武区民政局为监护人。由于小峰的一些近亲属明确表示不愿意担任小峰的监护人，最终，法院指定玄武区民政局为小峰的监护人。这也是南京首例撤销监护人资格案件。

三、典型意义

玄武区民政局通过政府购买服务的方式，委托同心未保中心对小峰进行心理疏导和学业辅导，并为其寻找寄养家庭，给予经济补助，使其获得比较稳定的学习和生活条件。但小峰又面临一个新的难题，户口无处安放。当年小峰父母离婚时，阿娟放弃了自己的房产，所以小峰和爸爸在唯一的房产内生活，户口也在这处房产里。然而，小峰爸爸因生活所迫，最后连唯一的住房也卖掉了，小峰和爸爸的户口便迁到了亲戚家。如今，亲戚的房子也要卖掉，小峰的户口必须迁出。南京市公安局人口管理支队联合玄武区民政局、玄武公安分局、同心未保中心等相关部门、单位开了多次协调会，研究小峰的户口问题。

按照现行的户籍政策，由于寄养责任人并非小峰的监护人，所以也不能将户口迁过去。而作为小峰的监护人，玄武区民政局是一个单位，也不可能将小峰作为"家人"的形式将户口迁过去。

经过多方协调，最终警方根据相关规定，在后宰门社区的社区户中，给小峰立了一个家庭户。近日，一本崭新的户口本已经送到了小峰手上。据悉，这也是南京解决的首个孩子监护人监护权被撤销后户口无处安放的案例。社区家庭户是社区户的一种，其享有的权利和正常的南京户口没有太多差别。以后如果小峰有了自己的住房，可以直接将户口迁过去。

案例 18　检察机关跨区域督促异地撤销监护权（湖南道县案）

时间：2017 年 12 月

标签：遗弃；犯罪；异地撤销；全国首例检察机关跨区域督促异地撤销监护权的案件

来源：中国日报网

一、基本案情

2016 年 9 月至 11 月间，小何（女，8 岁，湖南省道县人）、小汪（女，5 岁，湖南省道县人）被父母送入睢某秀等人组织的盗窃犯罪团伙，在该团伙的指使下，先后在青浦区吾悦广场、米格天地、徐泾镇等地，多次窃取手机、钱包等财物，公安机关将其抓获后送至上海市嘉定区新春学校收容抚养。2017 年年初，公安机关将其送回户籍地湖南省道县读书。检察官认为，小何、小汪的父母本人带领孩子盗窃或将孩子交由犯罪团伙，任由犯罪分子教唆孩子犯罪，剥夺了孩子的受教育权、发展权等基本权利，严重影响了未成年人的身心正常发展，依靠原生家庭已不足以给孩子创造健康的生活环境。为避免两人再次被其父母侵害，最大限度地保护其身心健康，青浦区人民检察院的检察官深入湖南道县实地了解情况，走访当地群众，调查涉案孩子的家庭背景，制定切实可行的打击和挽救方案。之后，青浦区人民检察院向道县人民政府制发了检察建议，督促当地相关职能部门提起撤销监护权之诉，并多次与当地相关单位电话沟通、协商，最终就证据标准、提起撤销监护权之诉的程序、涉案儿童监护权的归属达成了一致。

二、裁判结果

2017 年 9 月 13 日，湖南省道县民政局社会救助站向道县人民法院提出申请，要求撤销小何、小汪父母的监护权。2017 年 12 月 7 日，湖南省道县人民法院作出判决，撤销何某、唐某对被监护人小何的监护权，撤销汪某、汪某某对被监护人小汪的监护权，另行指定监护人。在征求孩子本人意愿的情况下，法院另指定了小何的爷爷奶奶、小汪的外公外婆担任监护人。

三、典型意义

该案件作为全国首例检察机关督促异地职能部门剥夺监护权案件，解决了长期以来困扰办案机关的外流犯罪整治难、儿童保护配合弱的问题，打通了未成年人刑事保护与民事保护的分野，开启了犯罪地与儿童居住地跨区域协作、司法机关与行政机关跨部门配合的新篇章。

案例 19　父母不尽责，社区居委会成为监护人（广东深圳案）
时间：2017 年 3 月

标签：无法履行监护职责；福利中心生活；社区居委会监护

来源：《南方日报》

一、基本案情

玲玲 10 个月大的婴儿时，父亲就染上了毒品。从她记事起，父亲就经常被警察带走强制戒毒。8 岁那年，玲玲的父亲在一次吸毒之后不知所踪，再也没有回来。而母亲经深圳市康宁医院治疗后诊断患有精神病性症状的狂躁症及人格障碍，后被鉴定属于二级精神残疾，目前生活困难，并无固定的工作、收入和居所，也无力抚养玲玲。经社区居委会和街道方面多次做工作，玲玲的外祖父母拒绝承担抚养责任，玲玲的姑姑曾抚养过其一段时间，后因生活压力等问题不愿再承担抚养责任。龙城街道为妥善处理玲玲的生活问题，安排玲玲的姑姑与龙城街道社会事务办签署了《临时代养协议》，将玲玲安排在龙岗区社会福利中心生活。2014 年 2 月 15 日，玲玲的母亲向龙城街道出具了一份《声明书》，声称自己无力抚养小孩，同意孩子在深圳市龙岗区社会福利中心生活和学习。然而，玲玲慢慢长大进入青春期，想要正常、健康、稳定地生活学习，面临的问题也会越来越多，因此，继续待在福利中心并非长久之计。为此，龙岗区龙城街道吉祥社区西埔居民委员会向龙岗区人民法院提出申请，要求撤销玲玲亲生父母的监护资格，指定社区居委会担任玲玲的监护人。

二、裁判结果

案件受理时适逢最高人民法院、最高人民检察院、公安部、司法部联合发布的《关于依法处理监护人侵害未成年人权益行为若干问题的意见》出台不久，该司法解释旨在落实及细化《中华人民共和国民法通则》和《中华人民共和国未成年人保护法》对于未成年人监护人选任的相关问题。法官随即将案情向分管院领导和庭长进行了汇报。龙岗区人民法院高度重视，迅速为此案指定了两名资深法官作为合议庭的组成人员。法官迅速与街道和社区居委会取得了联系，在繁重的审判业务之余多次走访、约谈，详细了解玲玲的成长背景和生活现状，指导申请人及时补充相应的证据材料，并到玲玲的居住地龙岗区社会福利中心进行了走访了解，就其本人的意愿征求了意见。为保护玲玲的合法权益，有利于玲玲的身心健康，依照《中华人民共和国民法通则》《中华人民共和国未成年人保护法》、最高人民法院、最高人民检察院、公安部、民政部《关于依法处理监护人侵害未成年人权益行为若干问题的意见》以及《中华人民共和国民事诉讼法》的相关规定，龙岗区人民法院作出了这样的判决：撤销玲玲父母对被监护人玲玲的监护资格，指定深圳市龙岗区龙城街道吉祥社区西埔居民委员会担任玲玲的监护人直至其具备完全民事行为能力时止。

三、典型意义

龙岗区人民法院将玲玲的监护权判给了基层社区居委会，是在监护权确认案件方面的一次大胆探索。该案审结后，主办法官多次回访，了解玲玲生活现状。难能可贵的是，龙岗法院对儿童的司法保护没有止步于监护权的审理，而是在巨大工作量的压力下，坚持在司法裁判之外，用多元化的纠纷解决机制，化解社会纠纷，真正完成了保护未成年人的"最后一公里"。

附录3 侵害未成年人权益被撤销监护人资格案件汇总表

（此表根据最高人民法院官方发布典型案件、中国裁判文书网、媒体报道整理）

编号	起诉判决时间	案件地区	申请主体	侵害类型	侵害情况和判决情况	判决指定监护人	安置情况	资料来源
1	2014年6月	福建仙游	村民委员会	虐待	儿童（9岁）长期被母亲虐待，公安处拘留罚款；后经有关单位教育后拒不悔改，法院撤销母亲监护人资格。	村民委员会	SOS儿童村	最高法案例 首例撤销监护权案例
2	2014年11月	上海长宁	儿童生母的原养父母	遗弃	儿童（2005年生）生母长期不尽抚养义务，导致儿童无户籍、身份证和医保，被判决撤销其监护权，由儿童生母的原养父母担任监护人，是上海首例监护人不尽义务被撤销监护权的案件。	儿童生母的原养父母	儿童生母的原养父母抚养儿童。	最高法案例 上海首例监护人不尽抚养义务被撤销监护权案件
3	2015年1月	江苏徐州	区民政局	遗弃 虐待 强奸 猥亵	儿童（2004年生）被生母（肢体残疾）遗弃，生父2014年因殴打、虐待、强奸和猥亵女儿被判有期徒刑十一年，法院最终撤销父母双方监护权。	区民政局	区民政局同临时照料人签订了寄养协议，按江苏省困境儿童救助标准对其进行补助。	最高法案例 首例由民政部门提起撤销案例、首例撤销父母双方监护权案例
4	2014年12月起诉 2015年5月判决	浙江诸暨	儿童祖父母	疏忽照顾	生父裁判无期徒刑，随生母改嫁后，母亲冷落儿童（2005年生）。	儿童祖父母	由祖父母抚养	中国裁判文书网

续表

编号	起诉判决时间	案件地区	申请主体	侵害类型	侵害情况和判决情况	判决指定监护人	安置情况	资料来源
5	2015年1月起诉7月判决	四川资阳	儿童祖父母	遗弃	乐至县儿童（2008年生）父母离婚后，与父亲生活，母亲未支付抚养费，父亲2014年因死亡，母亲下落不明，法院判决撤销母亲监护权，指定祖父母为监护人。	儿童祖父母	由祖父母抚养	中国裁判文书网
6	2015年3月起诉8月判决	云南曲靖麒麟	儿童两位姑姑	遗弃	儿童（2004年生），父亲2011年病故，母亲近一年未履行监护职责。法院判决撤销母亲监护权，指定两名姑姑担任共同监护人。	儿童两位姑姑	儿童随两名姑姑生活	中国裁判文书网
7	2015年4月	重庆垫江	垫江县救助站	虐待企图猥亵	儿童（弃婴，1999年生）养父未充分尽到监护义务，长期采取打、骂、罚站、罚跪、不许睡觉等方式折磨、虐待儿童，甚而要求与儿童同床共睡。	垫江县民政局	垫江县救助管理站立即将儿童送往垫江县鑫淼老年公寓，并依法向该院起诉，要求撤销受害女该养父的监护权，另行指定合适的监护人。	中国裁判文书网
8	2015年4月	江苏泰州	儿童生父	纵容性侵	继父长期多次对儿童实施奸淫，儿童生母自开始就知得其的罪行，但既未阻止也未报警。案发后，继父被判处刑罚，儿童生父提出变更监护权之民事诉讼，检察机关支持起诉，后法院经调解变更监护权。	儿童生父	随生父生活	江苏省泰州市人民检察院官方微博

续表

编号	起诉判决时间	案件地区	申请主体	侵害类型	侵害情况和判决情况	判决指定监护人	安置情况	资料来源
9	2015年4月起诉判决	河南安阳汤阴	儿童姑姑	无力抚养	儿童父亲2012年因病去世，母亲患病为低保户，无力尽到母亲的简化责任和义务，姑姑自愿承担监护职责，并由村委会出具证明，指定姑姑为监护人。	儿童姑姑	由姑姑抚养	中国裁判文书网
10	2015年5月起诉6月判决	四川宜宾	儿童祖父母	无力抚养	两儿童（分别为2009年生、2011年生）父亲去世后，母亲经济能力较差，客观上无力抚养，法院判决撤销母亲监护权，指定祖父母为监护人。	儿童祖父母	由祖父母抚养	中国裁判文书网
11	2015年5月起诉11月判决	广东珠海	儿童舅舅	遗弃	儿童（2004年生）后由母亲抚养，并和舅舅住在一起，母亲委托舅舅抚养，因2015年急性脑溢血去世，因儿童与父亲失联多年，父亲未尽监护职责，法院判决撤销其父亲监护权，指定儿童舅舅为监护人。	儿童舅舅	由舅舅照顾和抚养	中国裁判文书网
12	2015年6月判决	山东青岛	市福利院	遗弃	儿童患有重度精神发育迟缓和癫痫，七年前某日儿童全身烫伤后被父母遗弃在某医院，经民政局批准，福利院临时代养儿童，办理集体户口，儿童父母虽来探望但拒绝将儿童接回，由福利院撤销两人监护权，由福利院担任儿童监护人。	市福利院	由福利院抚养儿童	中国裁判文书网

续表

编号	起诉判决时间	案件地区	申请主体	侵害类型	侵害情况和判决情况	判决指定监护人	安置情况	资料来源
13	2015年6月起诉8月判决	山东潍坊	儿童祖父母	遗弃	儿童（2012年8月生）父亲2012年意外身亡，母亲改嫁后不抚养儿童，法院判决撤销母亲监护权，并指定祖父母为监护人。	儿童祖父母	与儿童祖父母生活	中国裁判文书网
14	2015年7月起诉	浙江乐清	市民政局	性侵	母亲离家出走，父亲多次奸淫女儿（贵州籍，1998年生），儿童报案后父亲被判决强奸罪有期徒刑五年，并被撤销监护权。	市民政局		浙江卫视 浙江首例由民政局提起的监护权撤销案
15	2015年7月判决	浙江遂昌	县民政局	诱骗强奸	生母诱骗女儿与情夫发生性关系，法院以强奸罪分别判处生母情夫有期徒刑十年零六个月，儿童生母有期徒刑十年。	儿童生父	儿童随生父生活	最高法案例
16	2015年7月起诉判决	甘肃天水张家川	县民政局	服刑无法抚养	三个儿童（2009年，2010年，2013年生2女1子）父亲被判有期徒刑十二年，儿童母亲2014年5月因贩卖毒品被公安局拘留过，2015年4月因贩毒品被判处有期徒刑五年零六个月	县民政局		中国裁判文书网
17	2015年4月起诉9月判决	江苏盐城大丰	儿童外祖父母	服刑无法抚养	儿童父母2012年离婚，儿童父亲2013年因交通事故过世，儿童母亲2015年因吸毒被判有期徒刑9个月，并因吸毒被公安局留置，自儿童出生后未正常履行监护职责，法院判决撤销父母监护权，指定外祖父母为监护人。	儿童外祖父母	随外祖父母生活	中国裁判文书网

附录3 侵害未成年人权益被撤销监护人资格案件汇总表

编号	起诉判决时间	案件地区	申请主体	侵害类型	侵害情况和判决情况	判决指定监护人	安置情况	资料来源
18	2015年9月	青海海北门源	儿童祖父母	遗弃	父母离婚后，儿童母亲对儿童生活上学不管不问，判决撤销母亲监护权，指定祖父母为监护人。	儿童祖父母	儿童随祖父母生活	中国裁判文书网
19	2015年9月起诉11月判决	浙江乐清	儿童舅舅	暴力伤害	儿童（1999年生）生父母离婚（2015年4月），生父（2015年4月）将儿童捅成二级重伤，申请过程中，儿童户籍地所在村委会出具证明，认为由申请人儿童舅舅作为其监护人有利于向某一成年，过程中法院征求并采纳了儿童意见。	儿童舅舅	儿童舅舅担任监护人并承担监护职责	最高法案例
20	2015年9月起诉10月判决	广东广州花都	儿童祖母	无力抚养	儿童父母离婚，母亲于2015年1月去世，父亲没有固定收入和场所且自愿放弃监护权，法院判决其监护权归儿童祖母。	儿童祖母	随祖母生活	中国裁判文书网
21	2015年10月起诉11月判决	浙江台州	儿童母亲	性侵	2013年父亲对女儿实施了性侵，后因被害人发现而案发，2013年8月，法院以强奸罪依法判处儿童父亲有期徒刑六年零六个月。2015年11月，法院判决撤销其父亲监护权。	儿童母亲	随母亲生活	中国裁判文书网

编号	起诉判决时间	案件地区	申请主体	侵害类型	侵害情况和判决情况	判决指定监护人	安置情况	资料来源
22	2015年10月起诉判决	江苏常州	儿童母亲	猥亵	儿童生父先后6次对儿童（4岁）实施猥亵，武进区人民检察院起诉儿童生父被判处有期徒刑三年零六个月。后由儿童生母起诉撤销生父监护权。	儿童生母	儿童随生母生活，因生母打工收入较少，且还需要抚养一个大女儿，符合进检察院的救助政策，因此该院启动了刑事被害人司法救助机制，发放了5000元救助金。	现代快报
23	2015年11月判决	山西长治	儿童外祖父	遗弃	儿童（2007年生，母亲于2008年离婚，父亲于2014年被他杀死亡，父亲自儿童2岁后未履行过抚养职责，法院撤销父亲监护权，指定外祖父为监护人。	外祖父	跟随外祖父生活	中国裁判文书网
24	2015年11月	海南琼海	市救助站	遗弃	广西籍生母流浪至琼海市，经济困难，产下儿童（2015年4月生）后未尽照顾儿童责任并将儿童丢弃于医院，儿童生父不详，外祖父母经济困难放弃抚养权，法院判决撤销生母监护人资格，指定市救助管理站为监护人。	市救助站	市救助站抚养	最高法案例

续表

编号	起诉判决时间	案件地区	申请主体	侵害类型	侵害情况和判决情况	判决指定监护人	安置情况	资料来源
25	2015年11月	广西贺州	区民政局	虐待性侵	生父不详，生母去世，继父多次虐待和性侵继女（12岁），法院以强奸罪判处继父有期徒刑七年。	儿童舅舅		正义网
26	2015年11月起诉12月判决	重庆大足	村委会	无力抚养	三名儿童（2003年生、2007年生、2013年生）父亲于2015年去世，儿童母亲为视力一级残疾兼智力障碍残疾人，因三名未成年人处于无人监护的状态，法院撤销其母亲监护人，指定村委会为监护人。	村委会	将儿童送往在重庆市儿童爱心庄园	中国裁判文书网
27	2016年1月	广东深圳	居委会	服刑无法抚养	两名儿童父母涉嫌刑事犯罪被逮捕后，不愿将监护权委托他人，导致儿童无人监管。	近亲属		深圳政法网
28	2016年2月判决	吉林洮南	市民政局	遗弃	儿童父母2009年离婚后，2009年父亲下落不明，将儿童遗弃，儿童对儿童不闻不问，法院判决撤销儿童父母监护权，指定民政局为监护人。	市民政局	由民政局抚养	中国裁判文书网
29	2016年2月判决	上海杨浦	儿童祖母	遗弃	儿童（2006年生）为父母非婚生子，其父亲因吸毒被强制戒毒，母亲离家出走，儿童一直由祖母抚养，法院判决撤销儿童父母双方监护权，指定儿童祖母为监护人。	儿童祖母	由儿童祖母抚养	中国裁判文书网

续表

编号	起诉判决时间	案件地区	申请主体	侵害类型	侵害情况和判决情况	判决指定监护人	安置情况	资料来源
30	2016年3月起诉4月判决	四川成都	儿童母亲	强奸	2015年儿童父亲因强奸大女儿（1999年生）被判有期徒刑四年，法院判决撤销父亲对大女儿和小女儿（2001年生）监护权，指定母亲为监护人。	儿童母亲	两个儿童与母亲一同生活	中国裁判文书网
31	2016年4月起诉判决	浙江杭州桐庐	儿童母亲	强奸	儿童（2005年生）父亲和母亲于2009年离婚，2014年5月至2015年10月期间，儿童父亲多次奸淫女儿，并于2016年4月被判强奸罪有期徒刑四年八个月，法院判决撤销父亲监护权。	儿童母亲	与儿童母亲生活	中国裁判文书网
32	2016年4月起诉5月判决	山东滕州	市民政局	拐卖	同居情侣以2万元的价格出卖亲生女婴（2015年生），分别被法院以拐卖儿童罪判决有期徒刑五年和有期徒刑三年缓刑三年。经滕州市民政局申请，法院当庭判决撤销二人的监护权。	儿童祖父母		大众日报

附录3　侵害未成年人权益被撤销监护人资格案件汇总表

编号	起诉判决时间	案件地区	申请主体	侵害类型	侵害情况和判决情况	判决指定监护人	安置情况	资料来源
33	2016年4月	山东泰安	县民政局	强奸遗弃	儿童父亲因强奸罪一审被判处有期徒刑十四年，其行为严重危害了其未成年女儿的身心健康，儿童生母不履行监护职责（未抚养育，未支付抚养费用，在明知父亲性侵害其女被采取刑事强制措施后仍不管不问，拒不履行监护职责超过六个月以上，导致女儿流离失所，生活无着。	县民政局	干警向控申部门积极申报救助金一万元，民政部门门光来院为被害人办理孤儿救助，将其安置在民政部门。未检系公安和教育部门，帮助儿童解决了户口同题，并安排其进入县职业学校进行学习。检察院在办案过程中，积极联系具有二级心理咨询师资格的小学教师为其进行心理疏导。	泰安市检察院
34	2016年4月	四川泸州	区民政局	性侵	母亲重度精神发育迟滞，父亲性侵女儿（精神发育迟滞且不满14岁），2015年12月法院以强奸罪判处生父有期徒刑五年六个月。判决撤销生父监护权，但其祖父母、外祖父母均已去世，其姐姐未成年人，无监护能力，亦无其他适合担任监护人亲属，故判由区民政局担任其监护人。	区民政局		最高法案例

— 189 —

续表

编号	起诉判决时间	案件地区	申请主体	侵害类型	侵害情况和判决情况	判决指定监护人	安置情况	资料来源
35	2016年4月起诉5月判决	广东佛山	儿童外祖父	遗弃	儿童（2001年生）母亲于2011年被诊断为尿毒症后，儿童父亲家出走，两人于2015年离婚，儿童母亲去世后，儿童父亲未履行监护人职责。法院判决撤销儿童父亲监护权，指定儿童外祖父为监护人。	儿童外祖父	由儿童外祖父抚养	中国裁判文书网
36	2016年5月起诉	四川自贡	市救助站	遗弃	生母遗弃儿童（6岁），改嫁后拒绝抚养义务	区民政局	由市儿童福利院抚养	四川日报
37	2016年7月	北京通州	儿童生母	暴力伤害	父亲在吸毒后将儿童李某打伤至重伤二级，生母亲申请撤销儿童李某的监护人资格，法院判决予以支持，但对于其要求慈善基金会担任辅助监护人的请求，法院不予支持。	儿童生母	儿童生母承担监护职责，慈善基金会为儿童募集善款。	北京青年报北京市首例在婚内要求撤销对方监护权的案例
38	2016年2月起诉7月判决	安徽砀山	儿童生父	虐待	儿童生母和其男友虐待女孩（6岁），2016年6月，安徽省宿州市中级人民法院判决本案犯故意伤害罪，儿童母亲及其男友分别被判处两年零四个月和两年零两个月。	儿童生父	儿童随父亲一起生活，在居住地就近入学、生活条件不错。	中国青年报

续表

编号	起诉判决时间	案件地区	申请主体	侵害类型	侵害情况和判决情况	判决指定监护人	安置情况	资料来源
39	2016年7月起诉8月判决	山东菏泽	单县民政局	虐待	儿童（2001年生）自2014年至2015年7月同被其亲生父亲多次采取威胁恐吓其的手段实施人身伤害，并于2016年4月因犯罪被判处有期徒刑十三年六个月。法院判决撤销父亲监护权，由其另一监护人母亲承担监护职责。	儿童母亲	儿童由其母亲联系通过转学到其姐处上学。	中国裁判文书网
40	2016年8月判决	湖南常德	市救助站	疏忽照顾	母亲沉溺吸毒，疏于管教女儿（4岁），儿童外祖父无固定收入、身患疾病，且明确表示不愿担任监护人。2014年7月开始，长期接受市救助站的救助和照顾，法院判决撤销生母监护权，指定市救助站担任监护人。	市救助站	救助站从资金、人员等方面保障对小智的后续照顾。	红网
41	2016年9月判决	四川南充	儿童外祖父母	疏忽照顾	儿童母亲2013年因病去世后，父亲怠于履行监护职责，疏忽对儿童照顾，法院判决撤销父亲监护权，指定儿童外祖父母为监护人。	儿童外祖父母	儿童由外祖父母抚养	中国裁判文书网
42	2016年9月起诉11月判决	江苏宿迁	社区居委会	教唆乞讨犯罪	儿童（2012年10月生）生母离家出走，生父患有精神障碍，教唆儿童进行乞讨和沿路索要钱财，偷窃等违法犯罪行动，被判决撤销其监护权，改由社区居委会监护。	社区居委会	儿童被该村镇相关部门送至市儿童福利院育护。	中国裁判文书网

续表

编号	起诉判决时间	案件地区	申请主体	侵害类型	侵害情况和判决情况	判决指定监护人	安置情况	资料来源
43	2016年10月起诉11月判决	湖北荆门京山	县救助站	遗弃	儿童（2009年生）父亲不详，母亲未婚，将儿童交给同事抚养，未办理抚养手续，其同母亲无法上户口，导致儿童就学和办理社会救助。法院判决撤销母亲监护权，指定救助站为监护人。	县救助站		中国裁判文书网
44	2016年10月起诉11月判决	山东聊城	儿童祖父	遗弃	儿童父亲1999年去世后母亲改嫁，不履行监护职责，不支付抚养费，被判撤销母亲监护权，指定儿童祖父为监护人。	儿童祖父	随祖父生活	中国裁判文书网
45	2016年12月	广东广州越秀	儿童外祖父	服刑无法抚养	2010年儿童父亲将母亲杀害，父亲被判无期徒刑，法院判决撤销儿童外祖父监护权，指定儿童外祖父为监护人。	儿童外祖父	随外祖父生活	中国裁判文书网
46	2016年12月判决	广东广州越秀	儿童阿姨	服刑无法抚养	2014年10月儿童父母离婚，2016年4月儿童父亲将母亲杀害，10月父亲被判无期徒刑，法院判决撤销儿童父亲监护权，指定儿童阿姨为监护人。	儿童阿姨	随阿姨生活	中国裁判文书网

续表

编号	起诉判决时间	案件地区	申请主体	侵害类型	侵害情况和判决情况	判决指定监护人	安置情况	资料来源
47	2016年9月起诉2017年1月判决	陕西西安长安	儿童祖父母	遗弃	儿童（2014年生）父母2013年结婚，并在外打工，将儿童交由父母抚养，2015年1月儿童父亲突发疾病死亡，儿童母亲外出隐匿，对儿童不予照顾，法院撤销儿童母亲监护权，指定祖父母为监护人。	儿童祖父母	随祖父母生活	中国裁判文书网
48	2017年1月判决	江苏苏州	儿童母亲	强奸猥亵	儿童生父自2015年6月始多次强奸、猥亵自己亲生女儿，被妻子发现后当即报警，后被法院以强奸罪、猥亵儿童罪判处有期徒刑十一年，并于2017年判决撤销儿童父亲监护权。	儿童母亲	由儿童母亲抚养被侵害的大女儿和其他一女一子	人民法院报
49	2017年2月起诉判决	甘肃陇南西和	儿童二叔	无力抚养	儿童（2007年生）母亲2009年去世，父亲2012年去世，由其二叔抚养，2013年儿童二叔因家庭困难将其送到市福利院抚养，法院撤销儿童二叔监护权，指定县民政局为监护人。	县民政局	在市福利院生活	中国裁判文书网

续表

编号	起诉判决时间	案件地区	申请主体	侵害类型	侵害情况和判决情况	判决指定监护人	安置情况	资料来源
50	2017年3月	广东深圳	社区居委会	无力抚养	父亲吸毒后失踪，母亲患有精神病性症状的狂躁症及人格障碍，后被鉴定属于二级精神残疾，生活困难，也无力抚养儿童（2004年生），外祖父母、姑姑拒绝承担抚养责任，法院判决撤销生父母的监护资格，指定社区居委会担任其监护人。	社区委员会	在征得儿童同意之后，将其寄养在一户普通市民家中，由社区居委会审批资金，为儿童采购电脑，报送书法培训课等，在校学习也逐步恢复正常。	南方网 广东省首例监护人由自然人变更为法人的案件
51	2017年3月判决	江苏泰州泰兴	市救助站	遗弃	2016年10月儿童生母将其遗弃，3月15日上午，泰州市人民法院审理了一起特殊的案件，21岁的泰兴市民张某被泰兴市救助管理站告上法庭，张某对其女儿的监护权被撤销，由泰兴市救助管理站代为监护人。这是泰州市首例指定监护单位为被弃婴儿的监护人。	市民政局		荔枝网
52	2017年3月申请4月判决	浙江金华	县民政局	故意杀人	生母因无力抚养新生婴儿（2016年生）从厕所四楼窗户扔下，母亲故意杀人罪，判处有期徒刑三年零六个月。后法院撤销婴儿母亲对婴儿的监护人资格，指定县民政局为婴儿的监护人。	县民政局	儿童父亲无法查找，祖父母自愿放弃监护权，儿童祖男年幼未成年，无法担任监护人，县民政局被指定为其监护人，履行监护职责。	浙江新闻

续表

编号	起诉判决时间	案件地区	申请主体	侵害类型	侵害情况和判决情况	判决指定监护人	安置情况	资料来源
53	2017年4月起诉判决	湖南长沙	区民政局	性侵	自儿童9岁起,生父对其实施猥亵,后发展至强行与其发生性关系,并导致儿童生母在2016年(16岁)怀孕。经儿童生母报案,法院以犯强奸罪依法判生父有期徒刑九年。	区民政局	法院安排国家二级心理咨询资格的检察官对儿童进行心理辅导,帮助其申请了2万元司法救助款,还为其设立了数万元的成长基金,用于支付他未来儿童的学费和生活费。	中国新闻网湖南首例检方支持起诉撤销监护权案
54	2017年4月起诉5月判决	江苏泰州	市儿童福利院	遗弃	儿童(2016年6月生)母亲在其出生5天时将其遗弃,被公安送至儿童福利院,儿童母亲及外祖父母因经济条件有限,拒绝抚养儿童,2016年儿童母亲因遗弃罪被判一年零三个月,父亲查找无音信,被法院判决撤销母亲监护权,指定市儿童福利院为监护人。	市儿童福利院	由儿童福利院抚养	中国裁判文书网

— 195 —

续表

编号	起诉判决时间	案件地区	申请主体	侵害类型	侵害情况和判决情况	判决指定监护人	安置情况	资料来源
55	2017年5月	江苏淮安	县福利院	遗弃	儿童生父系低保户，生母长期患病卧床且手有残疾，无力承担儿童抚养费用，两人将将重送医院救治后便不再过问。虽经警察多次批评教育，但两人仍然表示无能力抚养。法院根据盱眙县社会福利院的申请和检察院的支持起诉意见，依法撤销了生父母的监护人资格，并指定盱眙县社会福利院为监护人。	县福利院		中国网
56	2017年5月判决	江苏南京玄武	区民政局	遗弃	2006年，小峰（2004年生）的爸爸妈妈经法院判决离婚了。之后，小峰跟着爸爸生活。2007年，小峰的爸爸再婚。2014年，小峰的爸爸因病去世，之后小峰便由他的生母阿娟（化名）告上法庭，要求将小峰的抚养权变更归阿娟。2016年6月，法院作出生效判决，判令小峰由阿娟抚养。然而，阿娟一直拒不履行抚养义务，也不支付小峰的教育、医疗、生活等费用。此后，南京市玄武区民政局诉至法院，认为阿娟作为未来生母六个月以上，拒不履行监护职责，导致小峰生活无着，是事实上的遗弃行为，依法应当撤销监护人资格。由于小峰的一些近亲属明确表示不愿意担任小峰的监护人，最终，法院指定玄武区民政局为小峰的监护人。	区民政局	判决前由南京市同心未成年人保护和服务中心负责临时照料小武。此后，在区民政局的资助下，小武有了寄养妈妈。区民政局不仅为小武提供经济补助，还协调解决其生活、教育、心理等一系列的问题，使得小武的身心状态趋于稳定。经过多方协调，最终警方根据相关规定，在民政户口中，给小峰立了一个家庭户。	新华日报 南京首例撤销监护权案例

续表

编号	起诉判决时间	案件地区	申请主体	侵害类型	侵害情况和判决情况	判决指定监护人	安置情况	资料来源
57	2017年	广东广州	儿童祖父	遗弃	非婚生儿童生父殁死，生母格生非婚生儿童遗弃，后因儿童生父殁死，儿童生母祖父母向法院起诉，要求撤销其生母监护权。	有争议未确定		广州日报
58	2017年	广东广州白云	共青团白云区委员会	虐待猥亵	生父在儿童13岁时对其实施猥亵，生母称对此毫不知情。2015年生父因殴打儿童被群众报警，于2016年3月被法院以猥亵儿童罪、强制猥亵妇女罪，判处有期徒刑四年零十个月。此后共青团广州市白云区委员会此后向法院申请撤销其父亲监护权。		案发后，白云区社工赶在救助站对儿童施救以援手。儿童妈妈未到救助站来，母女俩争吵起来。儿童宁愿待在救助站也不愿回家。工作人员联系其叔叔，由公益律师主持，签署了一份文件，由叔叔暂时照顾儿童。	广州日报
59	2017年6月判决	安徽蚌埠	市救助站	出卖	湖南籍8岁女童被生父母以每年5万元"租"给某盗窃团伙，并跟随三名孕妇在安徽、河南等地行窃两年，被公安抓获后送到当地救助站，并呈现出心理退化情况，法院判决撤销其父母监护权，并指定其祖父母为监护人。	儿童祖父母	判决后，儿童回到湖南，祖父回来跟随祖父。在当地救助管理站的帮助下进入学校。	人民日报首例异地撤销监护权案件宣判

续表

编号	起诉判决时间	案件地区	申请主体	侵害类型	侵害情况和判决情况	判决指定监护人	安置情况	资料来源
60	2017年3月起诉7月判决	上海静安	民政部门看护中心	遗弃	儿童（2014年生）入院治疗后被其母亲遗弃，父亲不详，其母亲及外租母拒绝履行监护职责，并将儿童滞留在医院两年多。2016年5月儿童进入民政局下属两个儿童看护中心临时照料。2017年5月儿童母亲被判遗弃罪有期徒刑1年。	上海市儿童福利院	儿童福利院担任监护人	东方网
61	2017年4月起诉5月判决	浙江嘉兴桐乡	儿童母亲	强奸性侵	儿童（2006年10月出生）父亲于2014年上半年、2015年下半年、2016年10月4日晚上19:00在明知女儿未满14周岁的情况下，在租房内采用言语威胁、殴打手段三次对女儿进行强奸、口交的性侵害者。撤销其监护权。	儿童母亲	与母亲生活	中国裁判文书网
62	2017年5月起诉	贵州毕节	大方县民政局	性侵	儿童生母去世，儿童生父于2016年10月某晚，在家与其女同睡一床时，强行与其女发生性关系，后被其女之班主任老师报至公安机关案发。大方县法院以犯强奸罪判处儿童生父有期徒刑七年零六个月。大方县检察院书面建议当地民政部门申请撤销性侵害生女犯罪的监护人资格，将教育幼女转由其叔叔监护。	儿童叔叔	对儿童开展司法救助，为其申请到20000元司法救助金；协调民政部门，将被救者人作为特殊未成年人群体列入社会救助对象进行救助；同时，支持其父亲支付抚养费用。协调在社区公理咨询力量，对儿童开展专业心理咨询，对儿童福利隐患开展心理疏导及抚恤。	贵报传媒

续表

编号	起诉判决时间	案件地区	申请主体	侵害类型	侵害情况和判决情况	判决指定监护人	安置情况	资料来源
63	不详	江西遂川	县救助站	无力抚养 疏忽照顾	生父不详，生母患有精神疾病，常常儿童关在房内，危险重重。	县福利院	县福利院抚养	中国江西网江西省首例民政部门申请申请撤销监护人资格案
64	不详	江西万载	村委会	无力抚养	父母离婚，生父病逝，生母改嫁后生活困难，无力抚养两个女儿（其中大女儿为残障）	县福利院	县社会福利院抚养	中国江西网
65	不详	浙江义乌	儿童祖父母	遗弃	生父车祸死亡，生母领取抚恤金后未承担儿童抚养、抚养和教育职责，被判撤销生母监护权，由祖父母担任。	儿童祖父母	儿童祖父母承担监护抚养职责	最高法案例
66	2015年11月	陕西兴平	儿童祖父母	遗弃	生父意外死亡，生母离家再婚后不履行监护义务。	儿童祖父母	祖父母抚养	最高法案例
67	不详	江苏常州	市福利院	遗弃	儿童（2010年生）生父母不详，且患有脑裂畸形疾病，养父不履行监护责任，判决撤销养父监护人资格。	市福利院	2014年9月起市福利院实际履行监护职责	最高法案例
68	不详	黑龙江鹤岗	市救助站	虐待遗弃	儿童（2007年生）生父精神障碍，经常殴打儿童，父母均出走，判决撤销生父母监护权。	市民政局	由市儿童福利院担监护职责	最高法案例

续表

编号	起诉判决时间	案件地区	申请主体	侵害类型	侵害情况和判决情况	判决指定监护人	安置情况	资料来源
69	不详	湖北利川	市民政局	性侵	生母病逝，生父多次性侵女儿（1999年8月生），法院于2014年12月判处生父有期徒刑三年零六个月，后判决撤销生父监护权，由市民政局担任其监护人。	市民政局	自生父被羁押后，儿童独自住在廉租房内，由民政局将其视为孤儿进行救助。宣判后，办案法官主动介入帮扶救助中。自2014年起法院每年额外申请5000元司法救助款，并从心理上关心、学习上鼓励，逐渐使其走出阴影，回归学校。	最高法案例

续表

编号	起诉判决时间	案件地区	申请主体	侵害类型	侵害情况和判决情况	判决指定监护人	安置情况	资料来源
70	2017年7月	四川泸州纳溪	区妇联	不履行监护权	母亲生小雨（2003年出生）时只有17岁，未与父亲领取结婚证，父亲常年在外打工，爷爷奶奶领取抚养小雨3次，小雨得奶奶郁症和分离转换性障碍，爷爷奶奶年老多病，收入微薄，多次请求村和政府帮助。	父亲	小雨母亲已经再婚，且工作场所在工地上。小雨父亲以来相对照顾小雨多一些，长期以来单身，对照顾小雨多一些，法院最终从有利于孩子成长角度出发，征询了孩子意愿后，判决小雨和父亲一起居住生活。母亲需按月支付小雨养费500元，直至小雨能够独立生活时为止。而小雨父母的教育费、医疗费等，则由小雨父母各自担一半。	全国妇联（本案并非非妇联申请撤销监护权案件，而是妇联作为原告起诉孩子父母要求支付抚养费、孩子父母并未放弃监护权甚至当庭争夺监护权，最后监护权归父亲）

续表

编号	起诉判决时间	案件地区	申请主体	侵害类型	侵害情况和判决情况	判决指定监护人	安置情况	资料来源
71	2017年10月	北京西城	区民政	虐待	李某系小芳（女，未成年人）的养母，自幼便被李某捡拾并办理收养手续作为监护人。但是李某不仅没有尽到监护人的责任，反而长期对小芳实施辱骂、殴打等家庭暴力行为，强迫其彻夜捡拾废品导致睡眠严重不足，影响休息、学习，且李某怠于履行监护职责，放任其男友王某对小芳进行暴力殴打，并导致小芳多次遭受他人犯罪侵害，处于危困状态。	西城民政局	西城区救助管理咨询站作为临时庇护机构，近一年来对小芳给予了临时监护、生活照顾、学习帮助等照顾。承办法官为了了解小芳的生活近况和个人的意愿，决定到小芳接受紧急庇护的场所登门探访。同时为帮助她走出童年的心理阴影，法官专门邀请北京市青少年法律咨询中心的心理专家一同前往。为使其免受二次伤害，法庭采用专门的视频保护技术，让小芳在司法社工的陪护同下，在专门的保护室同步参与了法庭调查。	北京晨报

续表

编号	起诉判决时间	案件地区	申请主体	侵害类型	侵害情况和判决情况	判决指定监护人	安置情况	资料来源
72	2017年12月开庭	内蒙古呼和浩特玉泉区	检察院建议祖父母	身体虐待	2017年7月，犯罪嫌疑人贾某因与妻子发生感情纠纷，后又使用工具击打妻子头部致其死亡，使用工具击打女儿头部，致其晕厥。后经鉴定，其女儿头部伤为重伤二级。	祖父母	2017年11月，呼和浩特市玉泉区检察院未成年人检察部门帮助被害女童申请了司法救助金，并通知呼和浩特市法律援助中心为被害女童指派了诉讼代理人。未成年人检察部门干警依据儿童利益最大化原则，建议女童祖父母向法院申请撤销贾某监护人资格。之后，并同办案法官一起前往看守所，询问贾某监护权问题。贾某表示后悔，自愿放弃监护权。	新华网内蒙古检察机关首例支持起诉撤销监护人资格案

续表

编号	起诉判决时间	案件地区	申请主体	侵害类型	侵害情况和判决情况	判决指定监护人	安置情况	资料来源
73	2017年	四川德阳旌阳	旌阳区民政局	遗弃	王某婚外与刘某交往并怀孕，后生育女婴丹丹（化名）并在两日后将其遗弃在小巷内，二人均表示拒不履行监护职责。丹丹祖父母、外祖父母亦拒绝履行监护职责。旌阳区民政局遂向旌阳区法院提出申请，申请人王某、刘某的监护人资格；并指定申请人区民政局为丹丹的监护人。	区民政局	旌阳区法院依法判决：撤销被申请人王某、刘某为丹丹的监护人的资格；指定申请人区民政局为丹丹的监护人。并依遗弃罪判处王某拘役六个月，缓刑一年。	德阳市政府网站

续表

编号	起诉判决时间	案件地区	申请主体	侵害类型	侵害情况和判决情况	判决指定监护人	安置情况	资料来源
74	2018年1月22日审理 2月12日一审结束	云南曲靖麒麟区	当地妇联	身体虐待	2011年，曲靖市麒麟区东山镇的赵某经人介绍，与同镇的村民胡某同居，同年生下小涵。因二人关系其亲生不同，胡某认为孩子不是其亲生的，坚持不抚养小涵。2015年，赵某与同镇村民陶某同居。 2016年3月，当地妇联接到群众反映，5岁的小涵长期被陶某殴打。随即妇联、村委会及派出所、司法局等多部门前往当事人家中了解情况。经仔细查看，孩子身上并无新伤。调查人员对陶某进行了严历批评教育，派出所即对陶某出具了告诫书，陶某当时满口承诺对陶某诺言不再打小涵。 但事后，陶某又多次殴打小涵。2017年8月，妇联干部再次接到群众反映后，发现被学在家的小涵全身有多处明显伤痕，头顶伤口流着脓液，左手手臂骨折。由于身没有得到及时治疗，小涵的手臂已变形，无法自如活动。经了解，赵某表示自己没有好心人土的收养，希望得到社会好心人土的收养小涵，经司法鉴定，小涵全身多处陈旧性疤痕共12处、愈合疤痕长度累计18厘米，上前牙脱落，左上肢骨折。综合评定伤为轻伤一级。	市儿童福利院		中国法院网

续表

编号	起诉判决时间	案件地区	申请主体	侵害类型	侵害情况和判决情况	判决指定监护人	安置情况	资料来源
75	2017年2月提起诉讼	重庆武隆	武隆区港口镇芙蓉西路社区居委会	无力监护	余某甲一岁时，父亲不幸因故去世。母亲因遭受巨大精神创伤患上了严重的精神分裂症，2013年住院治疗，丧失了对余某甲的监护能力。余某甲也没有其他的近亲属，年幼的他身心成长最为重要的时期陷入无人监护的困境。2014年，经余某甲住所地居民委员会指定，由其姑母余某乙担任余某甲的监护人。七旬的余某乙体弱多病，家庭经济困难，逐渐对余某甲不管不问，12岁的余某甲因缺少监护人的监管，缺乏自我约束能力，开始出现逃学现象，学习成绩也一落千丈。余某甲遭受了一连串的打击后，对其健康成长带来了严重影响。	社区居委会	在征询余某乙和余某甲的意见后，申请人及被监护人均同意变更。最终，武隆法院依法判决撤销余某乙的监护人资格，由余某甲住所地的居民委员会担任其监护人。	中国法院网

206

续表

编号	起诉判决时间	案件地区	申请主体	侵害类型	侵害情况和判决情况	判决指定监护人	安置情况	资料来源
76	2018 年 5 月审结	安徽怀远	怀远县民政局	虐待疏忽照顾	在蚌埠市怀远县湿河乡，母亲离家出走，父亲不管不问，6 岁的女孩和 5 岁的男孩随爷爷生活，却与狗同吃同住，生活环境极差。 这兄妹俩的父亲、母亲、没有办理结婚登记。在女孩出生后 4 个月时，母亲离家出走，再未对两个孩子尽抚养义务，父亲也对两个孩子不闻不问。兄妹俩各自在江苏省南京市六合区生活。 2015 年 7 月，兄妹俩被发现住在南京市六合区一狗场内的废旧面包车里，穿着破烂衣服，在生锈的狗笼子里逃打闹，身上能看到被狗抓伤的痕迹。狗场内污水横流，恶臭难忍，生活很艰难。			

续表

编号	起诉判决时间	案件地区	申请主体	侵害类型	侵害情况和判决情况	判决指定监护人	安置情况	资料来源
76	2018年5月审结	安徽怀远	怀远县民政局	虐待 疏忽照顾	南京、怀远两地民政部门及公益组织给孩子两个孩子帮助，对孩子的父亲和爷爷进行批评教育。孩子回老家后会让孩子读书，爷爷一再保证，回老家后会让孩子读书学习。两个孩子随爷爷在怀远老家生活。当地政府帮助解决了孩子的户口及低保问题。2018年春节前，蚌埠市社会工作（者）协会、怀远县民政局在慰问困境儿童时，接到相关人员反映，两个孩子仍处于恶劣生活环境。经过实地调查了解，两个孩子与50多只狗生活在一起，与狗同吃同住，困了就睡在生锈的狗笼子上。狗笼子约两米高，上面铺着稻草。当时正值冬天，孩子依然穿着单衣单鞋，生活环境与南京无异。此外，孩子爷爷身体不好，有酗酒、赌博恶习，对孩子疏于照料，外出时，经常将两个孩子锁在院子里，不能与其他儿童玩耍和交流。	怀远县民政局	3月6日，蚌埠市社会工作（者）协会同怀远县民政局将两个孩子依法解救出来，送至怀远县社会福利中心生活。	

续表

编号	起诉判决时间	案件地区	申请主体	侵害类型	侵害情况和判决情况	判决指定监护人	安置情况	资料来源
77	2018年3月审结	浙江宁波衢州	儿童及母亲	胁迫儿童诈骗	2017年10月，浙江省宁波市火车南站，来自宜宾县复龙镇的14岁少年小金，在亲生父母多次胁迫他跳车假摔诈骗，终于被受害人罗某勇、小金因敢放过小金，母亲刘某芬胁迫小金，他们仍未放过小金，甚至在小金被摔到胃昏骨折后，他们仍未放过小金，要其通过住机会多搞儿次。法院通过小金敢住机会多搞儿次，判处有期徒刑一年六个月，并处罚金5000元；被告人罗某勇犯诈骗罪，判处有期徒刑一年，缓刑一年，并处罚金5000元。因母亲刘某芬诚恳悔改，小金谅解了母亲，表示愿意继续和母亲一起生活，但不想再和父母亲一起生活。2018年2月27日，刘某芬向鄞州区人民法院提出申请撤销被告人罗某勇对申请人小金的监护人资格。2017年3月20日，在鄞州人民法院适用特别程序不公开审理期间，被申请人刘某芬、罗某勇承认申请人小金所述属实，其愿意撤销对儿子的监护权。	母亲	宁波市、台州市、办案机关、政府部门及慈善机构均给了扶。了解到小金和小美帮了扶。了解到小金家庭经济困难，且父母被羁押导致生活无着，福明派出所民警立即组织全所民警捐款，不到一天就捐款了6800元。此后，派出所民警又向荆州区福明街道办事处申请，街道办为小金兄妹解决了6000元困难补助。小金所在的临海市某学校蒋校长告诉记者，台州市慈善总会给小金捐助了1000元人捐助了1000元。现小金免除了小金和小美每人每学期2200元的学费、住本费、依食费等5000余元。同时，学校还给小金兄姐买了书本、书包等学习用品，目前女宁、个孩子生活学习、生活得到了保障。	成都商报

— 209 —

续表

编号	起诉判决时间	案件地区	申请主体	侵害类型	侵害情况和判决情况	判决指定监护人	安置情况	资料来源
78	2018年7月28日审结	浙江杭州下城	区民政部门	遗弃单亲母亲来吸毒	桃冰是重庆人，未婚生下女儿小桃（化名）。然而，桃冰和孩子爸爸分手，25岁的她来到杭州，开始混迹于夜场并由此过起了与毒品相伴的日子。为了吸毒，她还以贩养吸，先后多次做行政处罚甚至判刑。这期间，桃冰又生下了女儿小小桃。2017年11月底，桃冰又因为吸贩卖毒品被移送下城区检察院审查起诉。就在检察官安顿16岁的小桃和16个月的小小桃时，2018年1月，桃冰在省人民医院生下女婴咪桃，经诊断患有先天性心脏病等多种疾病，她随后因无力支付治疗费用独自出院离开，向省人民医院多次联系桃冰系桃冰离开，向公安机关报警。下城区委政法委牵头，公安、监察、民政等相关部门成立了"护苗小组"进行专案解决。下城区民政局向法院申请撤销桃冰为咪桃监护人资格，指定民政部门为咪桃的监护人。	杭州市儿童福利院	2018年4月，下城警方将咪桃送至杭州市儿童福利院。	浙江新闻

续表

编号	起诉判决时间	案件地区	申请主体	侵害类型	侵害情况和判决情况	判决指定监护人	安置情况	资料来源
79	2018年	山东济南历城	南部山区管委会社会事务管理局	性侵	2017年夏天，15岁的小艺（化名）在家中午休时，常年酗酒的父亲王某某回家后意图对小艺实施性侵，被小艺的母亲阻止。案发后，小艺的母亲报警，公安机关及时出警，以王某某涉嫌强奸罪报请逮捕。历城区检察院审查后以王某某涉嫌强奸罪依法批准逮捕，并依法向法院提起公诉，最终法院以强奸罪（未遂）判处被告人王某某有期徒刑4年。2018年6月，南部山区管委会社会事务管理局采纳了检察机关的检察建议，向历城区人民法院提交了撤销王某某监护人资格的申请。近日，历城区社会事务管理局申请撤销王某某监护人资格一案，依法撤销王某某的监护资格。	母亲	目前小艺与母亲生活在一起，对小艺及其母亲的司法救助工作也正在进行中。	中国妇女报

编号	起诉判决时间	案件地区	申请主体	侵害类型	侵害情况和判决情况	判决指定监护人	安置情况	资料来源
80	2017年8月审结	安徽蚌埠龙子湖区	姑姑姑父	无力抚养	任某龙出生于2000年2月7日，任某龙的父亲任某胜，母亲桂某于2005年8月8日调解离婚，双方调解达成协议：任某龙由其父亲任某胜抚养监护。任某胜、桂某离异后二人即离开家，任某龙无人照料，其姑姑任某兰和姑父王某担负起照料任某龙的责任，王某生活至今，并由其二人监督照顾下在深圳自幼儿园起就读至今。另，任某胜、桂某表示无能力抚养任某龙，其也表示愿意由姑姑履行任某龙、姑父王某对自己履行监护权。	姑姑姑父	撤销被申请人任某胜、桂某对任某龙的监护权；指定申请人任某兰、王某为任某龙的监护人。	中国裁判文书网
81	2017年7月开庭2018年2月审结	甘肃兰州永登	爷爷奶奶	不履行监护职责	儿童（2013年10月生）是其父母非婚生儿子，2017年儿童父亲死亡，其母在外打工，其母拒绝履行抚养义务，其曾祖父母一直照料儿童。最终法院判决撤销其母监护权，由其曾祖父母、曾祖父母之子和村委会共同监护。	曾祖父母、曾祖父母之子和村委会共同监护		中国裁判文书网

续表

编号	起诉判决时间	案件地区	申请主体	侵害类型	侵害情况和判决情况	判决指定监护人	安置情况	资料来源
82	2018 年 4 月审结	内蒙古包头东河	东河区民政局	父母吸毒收监 祖父母 无力监护	儿童为父母非婚生子女，一直跟随母亲生活，其母非法持有毒品于 2014 年判处 15 年罚金 20000 元。2018 年 1 月因其吸贩毒严重，派出所要求其工作单位。其父母均无工作单位。儿童有一同母异父兄长因贩卖毒品被逮捕，羁押在派出所。儿童祖父母年事已高，祖母患有精神类疾病，需要他人照料，与儿童少有往来。法院判决撤销其父母、祖父母监护资格。	民政局	交由儿童福利机构抚养	中国裁判文书网
83	2018 年 4 月审结	内蒙古包头东河	东河区民政局	无力监护	儿童（2016 年 5 月生）父母 2016 年 4 月登记结婚，其母 2016 年和 2017 年两次戒社区戒毒，并于 2015 年因贩卖毒品被判 3 年 7 个月，2018 年再再犯被判 3 年 10 个月。其父因不慎从楼上坠落，瘫痪卧病在床，不能自理；儿童外祖母年事已高；儿童母亲与其父有有一子（2005 年生）仍未成年，但儿童父亲与前期育有一女，其父奶奶均已经成年，虽已成家，但不愿意对儿童进行监护。儿童父母均无工作单位。	东河民政局	儿童福利机构	中国裁判文书网

续表

编号	起诉判决时间	案件地区	申请主体	侵害类型	侵害情况和判决情况	判决指定监护人	安置情况	资料来源
84	2017年1月立案 7月审结 未撤销	江苏南京玄武	南京社会儿童福利院	遗弃	2013年5月未婚李某将尚未出生的小孩找好心外地人陈某领养，8月4日陈某将男婴卖到江苏姜堰市，在南京火车站被抓获。后男婴在南京社会儿童福利院生活，2014年11月，李某表示放弃对男婴的抚养权，南京社会儿童福利院担任临时监护人，2017年1月涉及上学入托的问题，申请撤销监护人资格。	儿童母亲	综合李某监护意愿、悔改表现、监护能力、身心状况和工作情况，法院认为李某担任其监护人有利于其健康和成长。	中国裁判文书网
85	2017年7月	重庆渝北	儿童母亲	以儿童名义借款	儿童（2001年2月生）父母于2011年5月离婚后协议约定其父亲抚养，但实际与其母亲生活。2013年其父亲与儿童共同向第三方借款500万元，儿童对此事情不知情，此借款也未用于其生活学习，法院认为严重侵犯了未成年财产权益，判决剥夺其监护权。	儿童母亲		中国裁判文书网

编号	起诉判决时间	案件地区	申请主体	侵害类型	侵害情况和判决情况	判决指定监护人	安置情况	资料来源
86	2017年6月立案11月审结	天津津南	儿童奶奶	虐待身体虐待	儿童（2011年7月生），为非婚生子女，出生后由姥姥抚养，半岁时由其父亲抱回，由其奶奶照顾。2017年6月20日其奶奶以其父亲对儿童实施家暴申请了人身安全保护令，法院于2017年6月22日发出人身保护令，禁止其父亲殴打、父亲承认自己和其同居女子均打过儿童，但同居女子为四级智力残疾，精神不稳定，其自己打儿童出于教育目的。	奶奶为临时监护人妈妈仍为监护人	法院认为其母亲多年没有联系、不实际抚养儿童，但仍然为其奶奶以其父亲照顾，儿童作为有表达能力的未成年人表达了的愿意与奶奶生活的意愿，因此撤销其父亲监护资格，指定奶奶为临时监护人。	中国裁判文书网
87	2018年8月审结	河南兰考	三儿童祖父母	不履行抚养职责	三儿童（2009年10月生、2011年4月生及2013年4月生）为非婚生儿童，其父亲于2018年4月交通事故身亡，其祖父母申请其母亲撤销其母亲监护权，因其母组家庭后组家庭后未履行过监护义务。	祖父母		中国裁判文书网

续表

编号	起诉判决时间	案件地区	申请主体	侵害类型	侵害情况和判决情况	判决指定监护人	安置情况	资料来源
88	2018年1月审结	江西九江都昌	都昌县阳峰村村委	不履行抚养职责	儿童（2003年11月生）自2016年9月开始就读中学，就读期间，其父亲在外打工从未支付及学习费用，一直未与祖父母沟通，儿童一直与祖父母生活，但祖父母年纪较大不能照顾其生活，其姑母表示愿担任其监护人，其父母表示愿意放弃监护。法院判决撤销其父亲抚养资格，指定姑母为监护人。	姑母		中国裁判文书网
89	2018年5月审结	贵州毕节赫章	赫章儿童福利院	服刑无法履行监护职责	朵朵（2017年5月生）父亲为当地小学教师，因涉嫌强奸未成年人（2000年10月生），生育一女朵朵，由于其生母为未成年在校学生，父亲还羁押于看守所，两人均没有监护能力。儿童父亲与妻子育有一子，此人不愿意监护朵朵，自愿放弃监护权，朵朵外祖父母家庭经济困难，子女众多不愿监护，朵朵外祖母表示无力抚养自己的子女。法院判决撤销其父亲为监护人，指定儿童福利院为监护人。	儿童福利院		中国裁判文书网

续表

编号	起诉判决时间	案件地区	申请主体	侵害类型	侵害情况和判决情况	判决指定监护人	安置情况	资料来源
90	2017年8月审结	浙江乐清	儿童祖母	不履行抚养职责	儿童（2012年3月生），为同居关系计划外女儿，被申请人为其父母，但均未履行过抚养和照顾的监护义务，并拒绝为儿童母办理户口登记。法院判决撤销其父母监护权，指定其祖母为监护人。	祖母		中国裁判文书网
91	2017年7月审结	贵州毕节黔西	民政局	虐待身体暴力	儿童父母离异后双双下落不明，2008年儿童祖父委托其姑父和姑母代为抚养和承担监护职责，2017年3月，儿童遭姑母监护，偷拿姑母200元，被姑父姑母发现后将儿童衣服脱掉，用打米机皮带和废电线等长时间抽打儿童，并训其光身子站在二楼阳台。2日后，姑父继续殴打儿童被群众发现报警，儿童致验伤为轻伤一级。经过镇社会事务办和村委会协调，儿童由其堂伯父代养并监护，签署了代养协议。2017年6月检察院出具适宜继续履行监护意见为姑父姑母不再适宜继续履行监护职责，建议民政部门提起诉讼，撤销其监护资格。6月26日，法院判处姑父姑母故意伤害罪留一年，法院最终撤销姑父和姑母监护权并指定堂伯父为监护人。	堂伯父		中国裁判文书网

续表

编号	起诉判决时间	案件地区	申请主体	侵害类型	侵害情况和判决情况	判决指定监护人	安置情况	资料来源
92	2018年6月审结	湖南湘潭雨湖	儿童祖父	父母吸毒	儿童（2015年9月生）为父母非婚生女儿，出生后由母亲抚养，母亲2015年3月因贩毒被判十五年，2016年2月贩毒与前罪并罚判二十年。其父吸毒，曾于2004年贩毒被判十一年，2012年贩毒被判七个月，被多次饮行政处罚和强制戒毒，无固定住所和职业，没有经济来源，无法履行监护职责，申请人年老体弱多病，也无法承担监护抚养责任，法院查明无其他监护抚养人。2016年11月起儿童一直在湘潭市社会福利院照料，撤销其父母监护人。	社会福利院	社会福利院抚养和监护	中国裁判文书网

续表

编号	起诉判决时间	案件地区	申请主体	侵害类型	侵害情况和判决情况	判决指定监护人	安置情况	资料来源
93	2018年8月审结	天津河北区	儿童外祖母	不履行监护职责	女童（2008年12月生）为父母婚生女，母亲2009年因病去世，其外祖母照料，儿童一直由外祖母照料。2016年7月，其父亲将其接走后，一直无法承担父亲责任，生活无法照顾儿童，经常殴打和体罚儿童，因为儿童不好好吃饭，每月打1~2次，学习上无法辅导。2016年11月，父亲将儿童打伤，案外人报警，每月打多次儿童去天津医院看病，看病后孩子多次要求其父亲去其外祖母加生活，但最终将父亲将其带走。2017年年初，其父亲无故不让儿童上课，并将房屋门窗封住，外祖母向教育局和公安局求助才将孩子救出来回到学校。其父亲没有工作同其经济是否可以保证收入，庭审上法院询问其父亲是否可以保证今后不再殴打儿童，其父亲虽然认识到自己的错误，但是无法予以保证，称没有不打孩子的。法院判决撤销父亲监护权，指定其外祖母为监护人。	外祖母		中国裁判文书网

续表

编号	起诉判决时间	案件地区	申请主体	侵害类型	侵害情况和判决情况	判决指定监护人	安置情况	资料来源
94	2017年4月	安徽六安金安			华某朝，男，2015年7月1日出生，系阿聪么牛日与赤黑扯子（已故）的亲生子，华金朝出生后，阿聪么牛日伙同赤黑扯子通过中间人介绍，将华金朝卖予他人。案发后，华金朝被公安机关解救，由德化县民政局先安置在泉州福利院生活，后又将其安置在辖区内一寄养家庭生活。华某朝的祖父赤黑菲黑虽有抚养华某朝的意愿，但其年事已高，自身尚需其他经济条件和身体条件；华某朝的外祖母赤黑么色牛日也有抚养华某朝的意愿，但其身体状况有未成年子女需要抚养，且身体状况不好，无论经济方面还是身体方面均不具备抚养华某朝的能力；华某朝的姐姐和哥哥均未成年，现其三人均由伯父赤黑扯子抚养，也不具备监护华某朝的能力。法院判决撤销其母监护权，指定民政局为监护人。	民政局		中国裁判文书网
95	2018年11月27日	福建省德化县	民政局	贩卖、服刑				中国裁判文书网

续表

编号	起诉判决时间	案件地区	申请主体	侵害类型	侵害情况和判决情况	判决指定监护人	安置情况	资料来源
96	2018年8月3日	河南省原阳县	儿童祖父母	怠于履行抚养义务	二儿童（2008年7月2日生，2010年3月2日生）系杜某、吴某婚生子女，杜某去世后，二儿童其祖父母与吴某、胡某共同生活，吴某再婚并在外打工，对子女疏于照料，怠于履行抚养义务。儿子在校期间骨折，母亲不同也未付医药费，且儿子明确表示不愿与母亲共同生活，作为对其实质性伤害的事实。但女儿在校期间，吴某有探视行为且有为其购置衣物、文具等关怀行为，祖父母无其他证据证明未尽义务的事实。因此，最终判决撤销吴某对其子的监护权为监护人，而未撤销吴某对其女的监护权。法院撤销监护权判决的审查重点："监护人有实施严重损害被监护人身心健康行为的，或怠于履行监护职责或者无法履行监护职责并且拒绝将监护部分或者全部委托给他人，导致被监护人处于危困状态的。"	祖父母		

续表

编号	起诉判决时间	案件地区	申请主体	侵害类型	侵害情况和判决情况	判决指定监护人	安置情况	资料来源
97	2018年5月24日	福建省云霄县	儿童祖父母	无抚养能力	2011年年初郭某与汤某相识后同居生活，双方没有办理结婚登记。2012年9月郭某因交通事故死亡。2012年11月29日汤某生育非婚生女郭某如。郭某死亡后汤某独自抚养非婚生女郭某如，无法给郭某监护。祖父母申请撤销汤某监护人资格，汤某亦同意。法院审查认为祖父母有固定的住所及稳定的收入，可以给郭某如提供良好的成长环境，判决撤销汤某某的监护权，指定祖父母为监护人。	祖父母	祖父母	
98	2018年5月15日	辽宁省昌图县	儿童祖父	未履行抚养义务	马某（2002年12月4日生）。马某某与郭某于2001年1月18日未办理结婚登记即同居生活，郭某于2005年10月离家出走，下落不明。在此期间，马某某因常年外出务工，马某某一直和祖父马某一同生活。2013年10月15日马某在施工地因意外事故去世。马某某去世后，被监护人马某某一直由申请人马某抚养、照顾。法院判决撤销郭某监护人资格，指定马某作为马某某的监护人。	祖父		

续表

编号	起诉判决时间	案件地区	申请主体	侵害类型	侵害情况和判决情况	判决指定监护人	安置情况	资料来源
99	2017年11月14日	福建省云霄县	儿童祖父母	无抚养能力	王某瑞（2011年12月26日生），王某馨（2013年12月1日生）。王某瑞、王某馨系王某国、王某琴的祖父母，王某国、王某瑞、母亲王某艺因病死亡，母亲王某萌没有生活来源，无法履行监护职责。法院判决撤销王某国、王某琴作为王某瑞、王某馨的监护人资格，指定王某国、吴某琴作为王某瑞、王某馨的监护人。	祖父母		
100	2017年6月13日	江苏南京市	南京市社会儿童福利院	遗弃	新生儿在医院救治被遗弃，医院报警。警方将婴儿转入儿童福利院，福利院申请撤销父母监护权。法院判决撤销父母监护权并指定福利院为监护人。	福利院		
101	2016年6月30日	青海省大通回族土族自治县	儿童祖父母	殴打	儿童父亲去世，先与祖父母生活，后又与母亲生活，在与母亲生活期间，曾被母亲殴打，因其母亲监护权，但法院认为撤销母亲监护权并不足以证实母亲符合法定的撤销监护权的条件，儿童遭受殴打后，祖父母报警，有出警记录及殴打受伤照片。		依然随母亲及其再婚家庭生活	

— 223 —

续表

编号	起诉判决时间	案件地区	申请主体	侵害类型	侵害情况和判决情况	判决指定监护人	安置情况	资料来源
102	2018年5月	四川省成都市	民政局	殴打、不履行监护职责	父亲去世，母亲吸毒，对孩子长期不监管，还多次殴打等监护侵害行为，对小胡进行殴打等监护侵害行为。该案由社区志愿者发现后报告公益组织，检察院固定证据，联合民政部门协同帮扶，最终撤销母亲监护资格，由儿童福利院监护。	福利院	福利院	正义网 最高检未成年人检察社会支持体系建设工作典型案（事）例
103	2017年12月	湖南省道县	民政局	遗弃	二儿童（湖南省道县人）父母将孩子送到犯罪团伙，儿童在盗窃中被上海警方抓获送回户籍地上学。上海青浦区检察院为进一步保护儿童，向道县法院提出检察建议，督促当地相关职能部门向法院申请撤销儿童父母监护权。	儿童祖父母		中国日报网 全国首例检察机关跨区域督促异地撤销监护权的案件

附录3 侵害未成年人权益被撤销监护人资格案件汇总表

编号	起诉判决时间	案件地区	申请主体	侵害类型	侵害情况和判决情况	判决指定监护人	安置情况	资料来源
104	2019年4月（起诉）	四川省巴塘县	儿童母亲	父亲强奸获刑	监护人傲某在半年内多次对被监护人实施强奸行为，并导致其怀孕。直到被害人生子，傲某的罪行才得以暴露。同年9月12日，该院以涉嫌强奸罪对傲某提起公诉。11月1日，法院依法判处被告人傲某有期徒刑13年。检察院在案件审查阶段告知被害人及其母亲有权申请撤销傲某监护权，检察官就申请撤销监护权的程序进行释法说理，并向被害人母亲送达《申请撤销监护人资格告知书》。被害人母亲决定支持起诉，该院经审查后决定支持起诉，向法院发出《支持起诉书》并提交相关证据材料。当天，县法院受理并立案审查。	儿童母亲		正义网

续表

编号	起诉判决时间	案件地区	申请主体	侵害类型	侵害情况和判决情况	判决指定监护人	安置情况	资料来源
105	2018年10月	江苏兴化	儿童祖父	父亲故意伤害，母亲遗弃	小月和小阳的父母在2018年1月离婚，离婚后父亲吴某剑还想与母亲谢某复婚，为此多次做出激举动，最终酿成悲剧。2月12日，吴某剑将自己和两个孩子锁在车库内纵火自焚，导致两个孩子被严重烧伤。即便如此，在两个孩子治疗期间，母亲谢某也从未进行探视，从未支出过治疗费。为此，小月和小阳的祖父吴某国依法向市法院申请撤销吴某剑、谢某对小月和小阳的监护权，并申请法院指定其为小月和小阳的监护人。	儿童祖父		兴化新闻网
106	2018年10月	河南省商城县	民政局	虐待、"出租"	刘某是河南省商城县双椿铺镇赵棚村村民。自2004年他和患有智障型精神病的李某菊同居后生生育了8子女，双方并未办理结婚证。这八个孩子里，第二个孩子（女）出生没多久就被丢失，第四个孩子（男）因病于2016年9月死亡。剩余6个孩子食不果腹，衣不蔽体，还经常遭父亲家暴，也被"出租"给犯罪团伙做小偷。法院判决撤销刘某菊的监护人资格，指定商城县民政局为六个孩子的监护人。	民政局		扬子晚报

— 226 —

续表

编号	起诉判决时间	案件地区	申请主体	侵害类型	侵害情况和判决情况	判决指定监护人	安置情况	资料来源
107	2018年12月	河北省张家口	共青团桥东区委	强奸猥亵	桥东区检察院在办理强奸案件时发现被监护人受监护人长达六年性侵。被害人母亲未向法院提起撤销监护权诉讼，由共青团桥东区委起诉撤销诉讼并成功判决撤销。	儿童母亲		桥东区长安网
108	2019年3月	上海市普陀区	儿童临时看护中心	父母卖出儿童获刑	由普陀区检察院出庭支持起诉，上海市儿童临时看护中心提起的申请撤销天天父母徐某、常某监护权纠纷一案在上海市普陀区法院开庭审理。被告人徐某、常某因狠心卖出自己两个月大的男宝宝获刑，目前在监狱服刑，其委托代理人到庭参加了诉讼。法院依法作出判决，支持了申请人的申请，撤销被申请人徐某、常某对男宝宝天天（化名）的监护权，指定徐某、常某的外公外婆为其监护人。天天的外公外婆系其祖父母。	儿童外祖父母		正义网
109	2019年1月	山东临沭县	儿童母亲	强奸	儿童多次遭父亲性侵，父亲获刑后，母亲向法院申请撤销父亲监护资格。	儿童母亲		山东政法委微博
110	2018年10月	宁夏石嘴山市		强奸	儿童多次遭父亲性侵，父亲获刑后，外祖父母、检察院联系法院判决儿童最终法院判决由其祖父母获得监护权。	儿童祖父母		民主与法制时报

— 227 —

续表

编号	起诉判决时间	案件地区	申请主体	侵害类型	侵害情况和判决情况	判决指定监护人	安置情况	资料来源
111	2018年6月	济南市南部山区	社会事务管理局	性侵	儿童遭父亲性侵，父亲获刑后，社会事务管理局申请撤销父亲监护权。	儿童母亲		齐鲁晚报
112	2019年3月起诉	北京市海淀区	区民政局	遗弃	男婴遭母亲遗弃，母亲获刑，民政局申请，本案仍在审理中。			北京市人大常委会门户网站
113	2018年8月	重庆市永川区	救助管理站	出卖儿童	母亲智力残疾，父亲将子女卖获刑，二儿童由救助管理站照料，遂申请撤销父亲监护资格，法院判撤销监护目将监护权分给了救助管理站。	救助管理站		法制时报
114	2018年9月	广东省台山市	市民政局	虐待	杨某某（男）涉嫌严重侵害其11岁的女儿小青。2018年1月台山市法院判处杨某某有期徒刑六年零六月。台山市检察院认为，杨某某的行为严重预害被监护人的身心健康，应当撤销杨某某的监护权。小青的母亲水平不高，没有能力提起撤销监护的诉讼。为了避免小青再次受到伤害，台山市检察院依法向台山市民政局发出书面检察建议，建议该局提起撤销杨某某监护权之诉。台山市民政局采纳了建议并向法院提起该市首例由检察机关监督提起的撤销监护权诉讼，检察官依法列席法庭出席支持起诉。	儿童母亲		正义网、中国普法网等

续表

编号	起诉判决时间	案件地区	申请主体	侵害类型	侵害情况和判决情况	判决指定监护人	安置情况	资料来源
115	2019年4月1日	四川省叙永县	妇联	性侵	12岁女孩小芳的母亲在外务工，小芳留守家中由亲生父亲独自监护，不料父亲杨某借机性侵小芳长达数月。2018年12月11日，经四川省叙永县检察院提起公诉，杨某因犯强奸罪被判处有期徒刑八年零六个月；犯猥亵儿童罪，被判处有期徒刑二年零六个月，决定执行有期徒刑十年。案发后，叙永县检察院向当地妇联发出检察建议，启动申请撤销监护人资格程序。	不明		检察日报

参考文献

［1］ 国务院妇女儿童工作委员会办公室，国家统计局，联合国儿童基金会. 中国儿童发展指标图集［G］. 2018.

［2］ 全国人大常委会法制工作委员会社会法室. 中华人民共和国反家庭暴力法解读［M］. 北京：中国法制出版社，2016：15.

［3］ 中国婚姻家庭研究院. 帮助家庭暴力受害妇女工作手册［M］. 北京：法律出版社，2017.

［4］ 韩晶晶. 儿童福利制度比较研究［M］. 北京：法律出版社，2012.

［5］ 陈京奇. 简要报告：中国儿童暴力状况研究［G］. 2005.

［6］ 建平，张华，王飞，李敏，曹春红，罗莎莎，张松杰，陈晶琦，张慧颖，王桂香，郭蔚蔚，彭玉林，石淑华，陈光虎，弋花妮，傅平，夏黎，古桂雄，俞红，陆彪，段志娴，王应雄，钟朝晖，李建，王琳. 中国城市中小学生忽视状况分析［J］. 中国学校卫生，2012，33（4）：385－387。

［7］ Bilukha O., Hahn R. A., Crosby A., et al., "The effectiveness of early childhood home visitation in preventing violence：a systematic review", American Journal of Preventive Medicine, 2005（28）：11－39.

［8］ Bronfenbrenner, U., "The Ecology of Human Development. Cambridge", MA：Harvard University Press, 1979.

［9］ Cao, Y., Yang, S., Wang, G., & Zhang, Y., "Sociodemographic Characteristics of Domestic Violence in China：A Population Case－Control Study", Journal of Interpersonal Violence, 2014（29）：683－706.

［10］ Cerdá, M., Morenoff, J., Hansen, B., Tessari Hicks, K., Duque, L., Restrepo, A., & Diez－Roux, A., "Reducing Violence by Transforming Neighborhoods：A Natural Experiment in Medellín, Colombia. American Journal of Epidemiology", 2012（175）：1045－1053.

［11］ Coley, R. L., Sullivan, W. C., &Kuo, F. E., "Where does community grow? The social context created by nature in urban public housing", Environment and Behaviour, 1997（29）：468－494.

[12] Conger, R. D., Elder, G. H., Lorenz, F. O., et al., "Linking economic hardship to marital quality and instability", Journal of Marriage and Family, 1990 (52): 643 –656.

[13] Diez Roux, A. V. & Mair, C., "Neighborhoods and health", Annals of the New York Academy of Sciences, 2010 (1186): 125 – 145.

[14] Erikson, Erik H., "Childhood and Society", New York: Norton, 1950.

[15] Finno – Velasquez, M., He, A. S., Perrigo, J. L. & Hurlburt, M. S., "Community informant explanations for unusual neighborhood rates of child maltreatment reports", Child and Adolescent Social Work Journal, 2017 (34): 191 –204.

[16] Gao, Atkinson – Sheppard, & Liu., "Prevalence and risk factors of child maltreatment among migrant families in China", Child Abuse & Neglect, 2017 (65): 171 – 181.

[17] Garbarino, & Kostelny, "Child maltreatment as a community problem", Child Abuse & Neglect, 1992 (16): 455 – 464.

[18] Haas, B., Berg, K., Schmidt – Sane, M., Korbin, J., &Spilsbury, J., "How might neighborhood built environment influence child maltreatment? Caregiver perceptions", Social Science & Medicine, 2018 (214): 171.

[19] Hwang, K. K., & Han, K., "Face and morality inconfucian society", In M. H. Bond (Ed.), Oxford handbook of Chinese psychology, New York: Oxford University Press, 2010: 491 –494.

[20] Kim, J., & Schwab, A. J., "Neighborhood Effects on the Etiology of Child Maltreatment: A Multilevel Study", ProQuest Dissertations and Theses, 2004.

[21] Knox, & Burkhart, "A multi – site study of the ACT Raising Safe Kids program: Predictors of outcomes and attrition", Children and Youth Services Review, 2004 (39): 20 –24.

[22] Kyegombe, N., Abramsky, T., Devries, K., et al., "What is the potential for interventions designed to prevent violence against women to reduce children's exposure to violence? Findings from the SASA! Study, Kampala, Uganda", Child Abuse & Neglect, 2015 (50): 128 – 140.

[23] Leung, P. W. S., Wong, W. C. W., Chen, W. Q., & Tang, C. S. K., "Prevalence and determinants of child maltreatment among high school students in Southern China: A large – scale school based survey", Child and Adolescent Psychiatry and Mental Health, 2008 (2): 27 –48.

[24] Liao, Lee, Roberts – Lewis, Hong, & Jiao, "Child maltreatment in China: An ecological review of the literature. Children and Youth Services Review", 2011 (33): 1709 – 1719.

[25] Ling, C., & Kwok, S., "An Integrated Resilience and Ecological Model of Child Abuse (REC – Model)", Journal of Child and Family Studies, 2007 (26): 1655 – 1663.

[26] Peterson, C., & Seligman, M. E. P, "Character strengths and virtues: A handbook and

classification", Oxford University Press, 2004.

[27] United Nations, "Sustainable Development Goals", https：//sustainabledevelopment. un. org (01. 05. 2019)

[28] Webster – Stratton, C. , & Taylor, T. , "Nipping Early Risk Factors in the Bud：Preventing Substance Abuse, Delinquency, and Violence in Adolescence Through Interventions Targeted at Young Children (0 – 8 Years)", Prevention Science, 2001 (2)：165 – 92.

[29] World Health Organization, "INSPIRE Handbook：action for implementing the seven strategies for ending violence against children", 2018.

[30] Zhao, Zhou, Wang, Jiang, &Hesketh. , "Care for left – behind children in rural China：A realist evaluation of a community – based intervention", Children and Youth Services Review, 2017 (82)：239 – 245.

[31] 儿童及少年保护——教育人员工作手册 [M]. 台北：台北教育部, 2018：52.

[32] 中国科学院心理所. 反家暴法个案管理项目调研报告 [G]. 2018：5 – 6.

[33] 范斌. 弱势群体的增权及其模式选择 [J]. 学术研究, 2004.

[34] 国务院. 中国儿童发展纲要 (2011—2020 年) [OL]. http：//www. gov. cn/gongbao/content/2011/content_1927200. htm (01. 05. 2019).

[35] 国务院. 关于加强困境儿童保障工作的意见 [OL]. http：//www. gov. cn/zhengce/content/2016 – 06/16/content_5082800. htm (01. 05. 2019).

[36] INSPIRE：消除针对儿童的暴力行为 [G]. 世界卫生组织, 2016：8.

[37] 联合国. 儿童权利公约 [OL]. https：//www. un. org/zh/documents/treaty/files/A – RES – 44 – 25. shtml, 1989.

[38] 苏凤杰. 儿童友好家园工作指南 [M]. 北京：北京师范大学出版社, 2010.

[39] 陶芳标, 张洪波, 王德斌, 杨善发, 苏普玉, 凤尔翠, 张丽英. 社会文化因素对安徽省农村儿童体罚行为的影响 [J]. 中国全科医学, 2004 (7)：172 – 174.

[40] 夏天. 2018 年反家暴社会组织现状与需求报告 [G]. 北京沃启公益基金会, 2019：3 – 4.

[41] 世界宣明会 – 中国. 家庭教育活动指引手册 [G]. 2018.